〈개정증보판〉

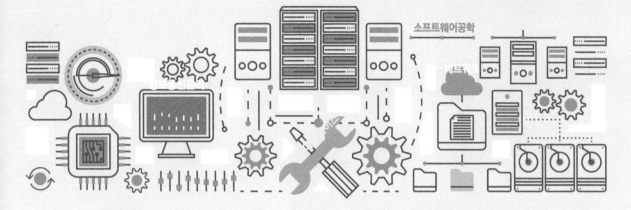

정보·컴퓨터
전공 A

강오한 지음

PREFACE

정보·컴퓨터 표시과목의 임용고시 시험은 전공과목의 수가 많고 범위가 넓어서 학생들이 임용시험 준비에 많은 어려움을 느끼고 있다. 이러한 문제점을 해결하기 위하여 한국교육과정평가원과 컴퓨터교육학회에서는 컴퓨터교육과 교수들을 중심으로 정보·컴퓨터 표시과목 임용시험 표준화 작업을 수행하여 결과를 발표하였으며, 이를 근거로 컴퓨터교육 관련학과의 교육과정 편성과 임용시험 출제에 참고하도록 권고하고 있다. 필자는 이를 기반으로 대학에게 전공과목의 강의와 정보·컴퓨터 표시과목의 임용고시 특강을 하면서 임용고시에 대비하여 체계적으로 교육하고 학습할 수 있는 교재의 필요성을 느끼게 되었다.

이 책은 임용시험 공부를 체계적이고 효율적으로 준비할 수 있도록 정보·컴퓨터 표시과목의 임용시험 표준화 작업의 연구결과를 기준으로 전공교과목에 대한 핵심 내용을 문제풀이 형식으로 수록하였다. 이 책의 구성과 내용 측면에서 중요한 특징은 다음과 같이 요약할 수 있다.

정보·컴퓨터 표시과목의 기본이수과목(영역)에서 다루는 주요 개념을 학습할 수 있도록 과목별로 문제를 출제하고 풀이하였다. 이 책에서 다루는 내용은 정보·컴퓨터 표시과목의 13개 기본이수과목 중에서 자료구조, 알고리즘, 네트워크, 데이터베이스, 정보통신윤리, 소프트웨어공학, 컴퓨터(정보)교육론 과목에 대한 핵심 개념들이다.

이와 함께 이 책에서는 임용고시 기출문제의 과목별 출제 경향을 반영하여 내용을 수록하였다. 과목별로 기출문제의 평가영역과 평가내용요소의 구성 비율을 분석한 후 이를 참조하여 내용을 구성하고 문항을 수록하였다.

임용고시 준비를 위해서는 전공과목의 주요 내용을 요약하여 정리하고 문제의 답안을 직접 작성해 보는 것이 매우 중요하다. 이 책을 사용하여 학습함으로써 임용고시에 대비한 실전연습과 함께 심화학습을 통해 전공지식을 넓히고 문제풀이 능력을 키울 수 있기를 기대한다. 끝으로 이 책을 사용하여 학습한 후 예비 교사들이 교직의 꿈을 실현하는 데 도움이 되기를 바란다.

2023년 2월

저자 씀

CONTENTS

자료구조/알고리즘

※ 자료구조 과목의 평가 영역 및 평가 내용 요소

평가 영역	평가 내용 요소
데이터 구조 기초	기본 자료형과 추상 자료형
	순차 데이터구조와 연결 데이터구조(배열의 개념 및 종류, 링크를 이용한 노드 연결 개념 및 종류)
선형 데이터구조	배열의 연산 및 응용
	연결 리스트의 개념 및 연산
	배열 및 연결리스트를 이용한 선형 리스트의 구현 및 응용(다항식, 가용 공간 리스트)
	스택과 큐의 개념
	스택과 큐의 표현 및 연산
	스택과 큐의 응용(괄호쌍 검사, 후위 수식 변환 및 계산, 환형큐, 대기큐)
트리	트리의 개념 및 기본 용어 이해
	이진트리의 개념 및 특징
	이진트리의 연산 및 순회
	트리의 응용(우선순위의 큐, 힙 정렬, 균형 이진탐색트리, 다원탐색트리, B+트리)
그래프	그래프의 개념 및 기본 용어 이해
	그래프의 순회 및 응용(깊이/너비우선, 신장트리, 최소신장트리, 단일출발점 최단경로)
해싱	해싱의 개념 및 기본 용어
	정적 및 동적 해싱의 개념 및 연산
	해싱의 응용

※ 알고리즘 과목의 평가 영역 및 평가 내용 요소

평가 영역	평가 내용 요소
알고리즘 기초	알고리즘의 정의와 요건
	알고리즘의 표현
	성능 분석에 필요한 시/공간 복잡도
	점근 표기법
알고리즘 설계원리	재귀 알고리즘 설계 원리
	분할/축소 정복(이진탐색/선택/하노이탑)
	그리디(Greedy)알고리즘(동전거스름돈/부분 배낭 채우기/최소신장트리/최단경로/허프만코드)

평가 영역	평가 내용 요소
	동적 프로그래밍(모든 쌍 간 최단경로/동전거스름돈/0-1 배낭 채우기)
	되추적(그래프채색/여왕말/미로 찾기/0-1배낭 채우기/방문판매원)
	한정분기(0-1배낭 채우기/방문판매원)
정렬/탐색 알고리즘	정렬 알고리즘(버블/선택/삽입/합병/퀵/힙/계수/기수정렬)
	탐색 알고리즘(순차탐색/이진탐색)

1.1 데이터 구조 기초

'int a[5][4][5] ;', 'int b[10][20] ;'로 선언된 3차원과 2차원 배열이 있다. 컴퓨터에서 정수는 4바이트를 차지하고, 행 우선으로 배열이 표현되었다고 가정했을 때 물음에 답하시오.

(1) a[2][0][4]의 시작 주소는 무엇인가? 단, a[0][0][0]는 1000번지에 저장되어 있다고 가정한다.

(2) (b[4] + 5)의 주소와 (*(b + 5) + 10)의 주소 차이는 얼마인가?

풀이 (1) $1000 + (2 \times 4 \times 5 + 0 \times 5 + 4) \times 4$

$= 1000 + (40 + 4) \times 4 = 1176$

따라서 a[2][0][4]의 시작 주소 : 1176

(2) (b[4] + 5)의 주소 : $(4 \times 20 + 5) \times 4 = 340$

(*(b + 5) + 10)의 주소 : $(5 \times 20 + 10) \times 4 = 440$

$440 - 340 = 100$

따라서 주소 차이는 100이다.

스택(Stack)이 배열의 형태인 stack[100]으로 정의되어 있을 때, element 구조로 된 새로운 항목(item)을 추가하거나 삭제하고자 한다. 스택이 가득 찼을 때와 비었을 때 호출할 함수는 각각 stack_full(), stack_empty()이며, 스택의 가장 위를 가리키는 변수를 *top이라 하고 아래 물음에 답하시오.

(1) 항목을 삽입하는 프로그램을 C언어로 작성하시오.

(2) 항목을 삭제하는 프로그램을 C언어로 작성하시오.

풀이　(1)

```
void add (int *top, element item) {
    if (*top >= 99) {
        stack_full( ) ;
        return ;
    }
    stack[++(*top)] = item ;
}
```

(2)

```
element del (int *top) {
    element item ;
    if (*top == -1) {
        stack_empty() ;
        return ;
    }
    item = stack[(*top)--] ;
    return item ;
}
```

선형큐가 배열의 형태 queue[100]으로 정의되어 있을 때, 새로운 항목(item)을 추가하거나 삭제하고자 한다. 큐가 가득 찼을 때와 비었을 때 호출할 함수는 각각 queue_full(), queue_empty()이며, 큐의 처음과 끝을 가리키는 변수를 각각 *front와 *rear라 가정하고 아래 물음에 답하시오.

(1) 항목을 삽입하는 프로그램을 C언어로 작성하시오.
(2) 항목을 삭제하는 프로그램을 C언어로 작성하시오.

풀이　(1)

```
void addq (int *rear, element item) {
    if (*rear == MAX_QUEUE_SIZE - 1) {
        queue_full() ;
        return ;
    }
    queue[++(*rear)] = item ;
}
```

(2)

```
element deleteq (int *front, int *rear) {
    if (*front == *rear)
        return queue_empty( ) ;
    return queue[++(*front)] ;
}
```

환형큐(circular queue)에서 하나의 항목(item)을 추가하거나 삭제하고자 한다. 큐가 가득
찼을 때와 비었을 때 호출할 함수는 각각 queue_full(), queue_empty()이며, 큐의 처음과
끝을 가리키는 변수를 각각 *front와 *rear라 가정하고 아래 물음에 답하시오.

(1) 항목을 삽입하는 프로그램을 C언어로 작성하시오.

(2) 항목을 삭제하는 프로그램을 C언어로 작성하시오.

풀이 (1)

```
void addqueue (int *front, int *rear, element item)
    {
        *rear = (*rear+1) % MAX_QUEUE_SIZE ;
        if (*front == *rear) {
            queue_full(*rear) ;
            return ;
        }
        queue[*rear] = item ;
    }
```

(2)

```
element deleteq (int *front, int *rear)
    {
        if (*front == *rear)
            return queue_empty( ) ;
        *front = (*front+1) % MAX_QUEUE_SIZE ;
        return queue[*front] ;
    }
```

같은 배열 내에서 두 개 이상의 스택이나 큐를 구현하는 다중스택, 다중큐에 대한 아래 물음에 답하시오.

(1) 크기가 m인 기억장치(stack이라는 배열)에 n개의 스택을 구현하고자 한다. boundary[i]는 스택의 최하단 원소의 바로 왼쪽 원소를 가리키고, top[i]는 최상단 원소를 가리킨다. i($0 \leq i <$ MAX_STACKS)를 스택의 번호라고 할 때 boundary[i]와 top[i]의 초깃값을 식으로 나타내고, 아래 삽입과 삭제 알고리즘을 완성하시오.

```
element s_delete(int i) {              void s_add(int i, element item) {
  if( _____㉠_____ )              if( _____㉢_____ )
     return stack_empty() ;                stack_full(i) ;
     _____㉡_____ ;                _____㉣_____ ;
}                                      }
```

(2) 크기가 m인 기억장치에(queue라는 배열) n개의 큐를 구현하고자 한다. front[i]는 삭제 시, rear[i]는 삽입 시 변하는 포인터이다. 단, i($0 \leq i <$ MAX_QUEUE)를 스택번호라고 할 때 front[i]와 rear[i]의 초깃값을 식으로 나타내고, 아래 삽입과 삭제 알고리즘을 완성하시오. 단, 큐의 크기는 동적으로 가정한다.

```
element q_delete(int i) {              void q_add(int i, element item) {
  if( _____㉠_____ )                    if( _____㉢_____ )
     return queue_empty() ;                queue_full() ;
     ____㉡____ ;                        ____㉣____ ;
}                                      }
```

(3) 다중스택에서 삽입 시 특정 스택만 full되어도 full 조건에 위반되어 item을 삽입할 수 없다. 아래 알고리즘을 사용하여 빈 공간이 있으면 계속 삽입하도록 하고, m=10, n=3일 때 아래 함수들을 호출한 결과를 배열로 나타내시오.

```
s_add(0,'F') s_add(0,'I') s_add(1,'G') s_add(1,'H')
s_add(1,'T') s_add(2,'G') s_add(2,'!') s_add(2,'!')
s_add(1,'I') s_add(1,'N')
```

> if ((i < j < n) and (top(j) < boundary(j + 1)인 스택 최소 j를 찾아서)
>   then 스택 i + 1, i + 2, …, j를 오른쪽으로 한자리 이동한 뒤 삽입.
> Else if ((0 ≤ j < i) and (top(j) < boundary(j + 1))인 스택 최대 j를 찾아서)
>   then 스택 j + 1, j + 2,…, i를 왼쪽으로 한자리 이동한 뒤 삽입.
> Else 오버플로우

풀이 (1) boundary[i]와 top[i]의 초깃값 : (m / n) * i - 1

```
element s_delete(int i) {
    if (top[i] == boundary[i])
        return stack_empty() ;
    return stack[top[i]--] ;
}
```

```
void s_add(int i, element item) {
    if (top[i] == boundary[i + 1])
        return stack_full(i) ;
    stack[++top[i]] = item ;
}
```

(2) front[i]와 rear[i]의 초깃값 : (m / n) * i - 1

```
void q_add(int i, element item) {
    if (rear[i] == front[i+1])
        return queue_full() ;
    queue[++rear[i]] = item ;
}
```

```
element q_delete(int i) {
    if(front[i] == rear[i])
        return queue_empty() ;
    return queue[++front[i]] ;
}
```

(3)

■ m = 10, n = 3

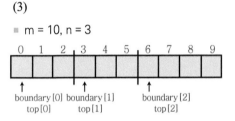

■ s_add(0, 'F')

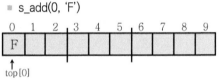

■ s_add(0, 'I')

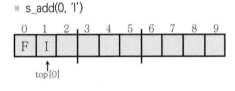

■ s_add(1, 'G')

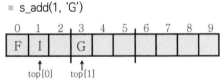

■ s_add(1, 'H')

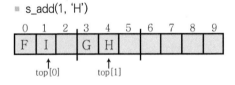

■ s_add(1, 'T')

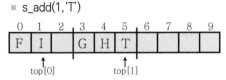

■ s_add(2, 'G')

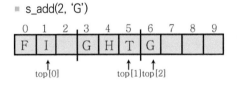

■ s_add(2, 'I')

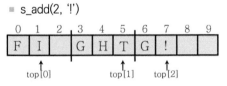

■ s_add(2, 'I')

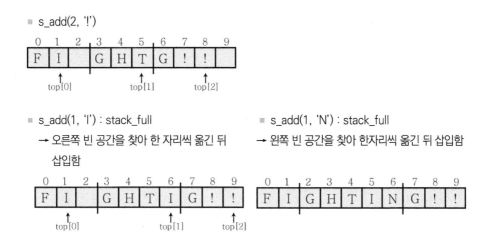

■ s_add(1, 'I') : stack_full
  → 오른쪽 빈 공간을 찾아 한 자리씩 옮긴 뒤 삽입함

■ s_add(1, 'N') : stack_full
  → 왼쪽 빈 공간을 찾아 한자리씩 옮긴 뒤 삽입함

1.2 선형 데이터 구조

다음은 정수형 데이터를 갖는 단일연결 리스트(singly linked list)의 노드 구조를 C언어로 정의한 것이다. 리스트에서 하나의 노드를 삭제하고 삽입하는 아래 물음에 답하시오. 단, ptr 은 리스트의 처음 노드를 가리키고, node는 삽입할 노드의 앞 노드, d_node는 삭제할 노드를 가리키며, trail은 삭제할 노드의 앞 노드를 가리킨다.

```
typedef struct list_node *list_pointer ;
    typedef struct list_node {
        int data ;
        list_pointer link ;
    } ;
    list_pointer ptr=NULL ;
```

(1) 50을 삽입하는 프로그램을 C언어로 작성하시오.

(2) 삭제하는 프로그램을 C언어로 작성하시오.

 (1)

```
void insert (list_pointer *ptr, list_pointer node)
    {
            list_pointer temp ;
            temp = (list_pointer) malloc(sizeof(list_node)) ;
            if (IS_FULL(temp)) {
```

```
                fprintf(stderr, "The memory is full\n") ;
                exit(1) ;
        }
        temp → data = 50 ;
        if (*ptr) {
            temp → link = node → link ; /* ① */
            node → link = temp ; /* ② */
        }
        else {
            temp → link = NULL ; /* ptr이 NULL인 경우 */
            *ptr = temp ;
        }
    }
```

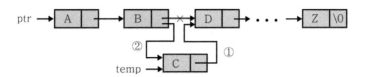

(2)

```
void del_list (list_pointer *ptr, list_pointer trail, list_pointer d_node)
    {
        if (trail)
            trail → link = d_node → link ; /* ① */
        else  /* 삭제할 노드가 ptr인 경우 */
          *ptr = (*ptr) → link ;
        free(d_node) ;
    }
```

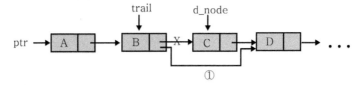

 다음은 이중연결 리스트(doubly linked list)의 노드 구조를 C언어로 정의한 것이다. 리스트에서 하나의 노드를 삭제하고 삽입하는 아래 물음에 답하시오. 단, ptr은 리스트의 처음 노드를 가리키고, node는 삽입할 노드의 앞 노드를, newnode는 삽입할 노드를 가리키며, deleted는 삭제할 노드를 가리킨다.

```
typedef struct node *node_pointer ;
    typedef struct {
        node_pointer llink ;
        int data ;
        node_pointer rlink ;
    } node ;
```

(1) 삽입하는 프로그램을 C언어로 작성하시오.

(2) 삭제하는 프로그램을 C언어로 작성하시오.

───

풀이 (1)

```
void dinsert (node_pointer node, node_pointer newnode)
    {
        newnode → llink = node ; /* ① */
        newnode → rlink = node → rlink ; /* ② */
        node → rlink → llink = newnode ; /* ③ */
        node → rlink = newnode ; /* ④ */
    }
```

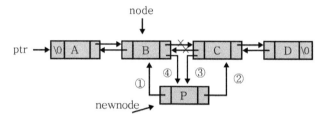

(2)

```
void ddelete (node_pointer ptr, node_pointer deleted)
    {
        if (ptr == deleted) /* 삭제할 노드가 헤드노드인 경우 */
            printf("Deletion of head node is not permitted.\n") ;
        else {
            deleted → llink → rlink = deleted → rlink ; /* ① */
            deleted → rlink → llink = deleted → llink ; /* ② */
            free(deleted) ;
        }
    }
```

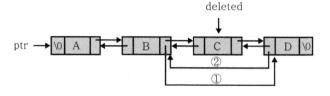

다항식(polynomial)의 노드 구조를 정의하고, 다음 다항식을 단일연결 리스트, 이중연결 리스트, 이중연결 환형 리스트 형태로 나타내시오.

$$P = 3x^9 + 2x^4 + 1$$

풀이 다항식을 리스트로 표현하기 위해서는 계수와 지수, 다음 항이나 이전 항을 가리키기 위한 포인터가 필요하다.

(1) 단일연결 리스트

① 타입 선언

```
typedef struct poly_node *poly_pointer ;
        typedef struct poly_node {
            int coef ;
            int expon ;
            poly_pointer link ;
        } ;
```

②

coef	expon	link

③ $P = 3x^9 + 2x^4 + 1$의 표현

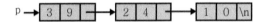

(2) 이중연결 리스트

① 타입 선언

```
typedef struct poly_node *poly_pointer ;
        typedef struct poly_node {
            int coef ;
            int expon ;
            poly_pointer l_link ;
            poly_pointer r_link ;
        } ;
```

②

l_link	coef	expon	r_link

③ $P = 3x^9 + 2x^4 + 1$의 표현

(3) 이중연결 환형 리스트

① 타입 선언

```
typedef struct poly_node *poly_pointer ;
       typedef struct poly_node {
           int coef ;
           int expon ;
           poly_pointer l_link ;
           poly_pointer r_link ;
       } ;
```

②

l_link	coef	expon	r_link

③ $P = 3x^9 + 2x^4 + 1$의 표현

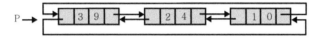

1.3 트리

트리(tree)에 관련된 아래의 물음에 답하시오.

(1) 차수가 k인 트리의 링크 이용률은 얼마인가?

(2) 노드 수가 n인 이진트리에서 차수가 1인 노드의 수를 n_1, 차수가 2인 노드의 수를 n_2라 할 때, 이것을 이용하여 단말 노드의 수 n_0을 구하시오.

(3) 이진트리에서 레벨 p(p ≥ 1)에서의 최대 노드 수는 얼마인가?

(4) 높이 h인 이진트리의 최대 노드 수는 얼마인가?

(5) 노드 수가 n인 완전 이진트리의 높이 h는 얼마인가?

(6) 높이가 h인 m원 탐색 트리의 최대 노드 수는 얼마인가?

(7) 이진 탐색 알고리즘의 시간 복잡도를 구하시오

풀이 (1) 노드 수가 n일 때

사용가능 링크 수는 kn, 사용 링크 수는 n-1이므로 점유율은 (n-1) / kn이다.

노드 수 n이 매우 크면 점유율은 $\lim_{n \to \infty}$ (n-1) / kn = 1/k이 된다.

k ≥ 2이므로 k가 2인 이진트리의 점유율은 50%로 가장 높다.

(2) $n = n_0 + n_1 + n_2$ …… ①

$n = B(\text{가지 수}) + 1$ …… ②

$B = n_1 + 2n_2$ …… ③

② 식에서 ③ 식을 대입하면 $n = n_1 + 2n_2 + 1$ …… ④

④ 식에서 ① 식을 빼면

$$
\begin{array}{r}
n = n_1 + 2n_2 + 1 \\
- \ ) \ n = n_0 + n_1 + n_2 \\
\hline
0 = -n_0 + n_2 + 1 \qquad \therefore \ n_0 = n_2 + 1
\end{array}
$$

(3) 레벨 p에서의 최대 노드 수를 a_i라 할 때 $a_1 = 1$이고, $a_i = 2 \cdot a_{i-1} \, (i > 1)$이다.

따라서

$$
\begin{array}{r}
a_2 = 2 \cdot a_1 \\
a_3 = 2 \cdot a_2 \\
a_4 = 2 \cdot a_3 \\
\text{양변의 곱}: \quad \times \ ) \ a_p = 2 \cdot a_{p-1} \\
\hline
\therefore \quad a_p = 2^{p-1}
\end{array}
$$

(4) 레벨 i에서의 최대 노드 수는 2^{i-1}이므로 높이 h인 BT의 최대 노드 수는 각 레벨에서의 최대 노드 수를 모두 더한 값이다.

$$n = \sum_{i=1}^{h} 2^{i-1} = 1 \cdot (2^{h-1}) / (2-1) = 2^h - 1$$

공식) $\sum_{i=1}^{n} a \cdot r^{i-1} = a(r^n - 1) / r - 1$

(5) 높이 h-1까지의 노드 수 : $2^{h-1} - 1$

높이 h까지의 최대 노드 수 : $2^h - 1$

따라서 $2^{h-1} - 1 < n \leq 2^h - 1$

즉, 높이 h-1의 최대 노드 수보다 n이 크기 때문에 높이가 h로 증가했고, 높이 h일 때 최대로 가질 수 있는 노드 수는 $2^h - 1$

→ $2^{h-1} < n+1 \leq 2^h$

→ $\log_2(2^{h-1}) < \log_2(n+1) \leq \log_2 2^h$

→ $h-1 < \log_2(n+1) \leq h$

즉, h는 $\log_2(n+1)$보다 작지 않은 정수 중 최솟값이다.

따라서 $h = \lceil \log_2(n+1) \rceil$ 이다.

(6) 레벨 i의 최대 노드 수를 a_i라고 할 때

$$a_1 = 1 \quad a_i = ma_{i-1} \,(i > 1)$$
$$a_2 = ma_1$$
$$a_3 = ma_2$$
$$a_4 = ma_3$$
$$\vdots$$
$$\times)\ \underline{a_i = ma_{i-1}}$$
$$a_i = m^{i-1}$$

각 레벨의 최대 노드 수를 모두 더한 값이 n이다.

따라서 $n = \sum_{i=1}^{h} m^{i-1} = (m^h-1)\,/\,(m-1)$이 된다.

(7) n개의 원소 탐색시간을 T(n)이라 하면

$$T(n) = T(n/2) + C$$

여기서 C는 n개의 원소를 이분하여 원소가 속한 그룹을 찾는데 소요되는 상수 시간이다.

$$T(n) = T(n/2) + C$$
$$T(n/2) = T(n/2^2) + C$$
$$\vdots \quad\quad \vdots$$
$$+)\ \underline{T(n/2^{k-1}) = T(n/2^k) + C}$$
$$T(n) = T(n/2^k) + KC$$

여기서 $n = 2^k$라 두면, $K = \log_2 n$이므로 $T(n) = T(1) + C \cdot \log_2 n = O(\log_2 n)$

아래와 같이 리스트 형태로 표현된 트리가 있다. 이 트리를 이진트리(binary tree)로 나타내고 순회한다고 가정하고 물음에 답하시오.

$$(A(B(E(K, L), F), C(G), D(H(M, I, J))))$$

(1) 이진트리를 배열로 표현할 때 배열의 점유율은?

(2) 전위(preorder), 중위(inorder), 후위(postorder) 순회 방식을 사용할 경우 노드 C는 각각 몇 번째 출력되는가?

(3) 중위 순회는 순환 함수(recursion function)를 사용하여 스택으로 구현할 수 있다. 주어진 이진트리를 중위 순회할 때 스택에 저장되는 최대 개수는?

(4) 선형 큐를 사용하여 주어진 이진트리를 레벨 순서(level order) 방식으로 순회하고자 한다. 이를 위하여 필요한 큐의 최소 크기는?

풀이

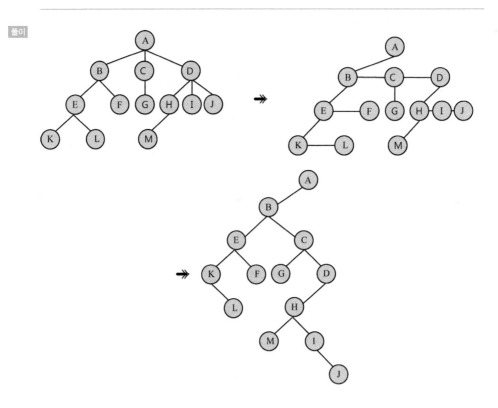

(1) 배열을 위한 공간은 이진트리의 각 레벨에서 1, 2, 4, 8, 16, 32, 64가 된다. 마지막 레벨의 경우 J 노드 이후의 공간은 필요 없으며, 이 공간의 크기는 4 + 32 = 36이 된다. 따라서 레벨 7의 J 노드까지의 공간은 64 - 4 - 32 = 28이 된다. 그리고 J 노드까지의 공간은 레벨 7인 완전 이진트리의 전체 노드 수에서 J 노드 이후의 노드 수를 뺀 것으로 127 - 36 = 91이 된다.

따라서 배열 점유율은 13 / 91 ≒ 0.143 = 14.3%이다.

(2) ▪ Preorder : A, B, E, K, L, F, C, G, D, H, M, I, J ⟹ 7번째

　　▪ Inorder : K, L, E, F, B, G, C, M, H, I, J, D, A ⟹ 7번째

　　▪ Postorder : L, K, F, E, G, M, J, I, H, D, C, B, A ⟹ 11번째

(3) 스택에 저장되는 최대 개수 : 4개

(4) 선형큐인 경우 4개가 필요하다. 이것은 같은 레벨에 있는 최대 노드 수이다. 환형큐일 경우에는 순회할 때 자식노드를 큐에 넣고 해당 노드를 출력(삭제)하면 5개, 해당 노드를 출력(삭제)한 후 자식노드를 큐에 넣으면 4개가 필요하다.

다음과 같이 이진트리로 된 산술식을 중위순회, 전위순회, 후위순회의 결과로 나타내시오.

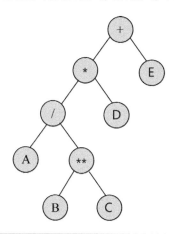

풀이 ① 전위순회의 결과 : + * / A ** B C D E
② 중위순회의 결과 : A / B ** C * D + E
③ 후위순회의 결과 : A B C ** / D * E +

중위표기(infix notation)로 표현된 다음 식을 전위표기(prefix notation)로 나타내시오.

$$a \times (b + c) / d - g$$

풀이 ■ 전위 표기식 : - / × a + b c d g

다음과 같이 이진트리로 바꾼 후, 전위 순회한 결과를 표시한다.

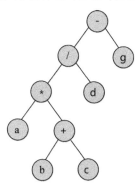

다음의 중위표기(infix notation)로 나타낸 산술문을 후위표기(postfix notation)로 나타내시오. 그리고 후위표기로 표현된 결과를 연산하는 과정을 스택을 사용하여 나타내시오.

중위 표기 식 : 9 - (3 + 5)×1

풀이 ① 스택을 사용하여 중위 표기식인 '9 - (3 + 5)×1'을 후위 표기식으로 변환하는 과정은 다음과 같다.

토큰	출 력 상 태	스 택 상 태				top
		[0]	[1]	[2]	[3]	
9	9					-1
-	9	-				0
(	9	-	(			1
3	9 3	-	(			1
+	9 3	-	(	+		2
5	9 3 5	-	(	+		2
)	9 3 5 +	-				0
×	9 3 5 +	-	×			1
1	9 3 5 + 1	-	×			1
eos	9 3 5 + 1 × -					

■ 후위 표기식 : 9 3 5 + 1 × -

② 스택을 사용하여 후위 표기식인 '9 3 5 + 1 × -'를 연산하는 과정은 다음과 같다.

토큰	스택 상태			Top
	[0]	[1]	[2]	
9	9			0
3	9	3		1
5	9	3	5	2
+	9	3+5		1
1	9	3+5	1	2
*	9	(3+5)×1		1
-	9-(3+5)×1			0

깊이(depth)가 k인 이진트리(binary tree)의 최대 노드의 수를 계산하고 그것을 증명하시오.

풀이 깊이가 k인 이진트리의 최대 노드 수는 $2^k - 1 (k \geq 1)$이다.

- **귀납기초** : 레벨 i=1일 때는 오직 하나의 노드인 루트만이 존재한다. 그러므로 레벨 i에서의 최대 노드 수는 $2^{i-1} = 2^0 = 1$이다.
- **귀납가설** : 모든 $j(1 \leq j \leq i)$에 대해서 레벨 j에서의 최대 노드 수는 2^{j-1}이다.

귀납가설에 의해 레벨 i-1의 최대 노드 수는 2^{i-2}이다. 이진트리에서 각 노드의 링크 수는 최대 차수는 2이므로, 레벨 i의 최대 노드 수는 레벨 i-1에서의 최대 노드 수의 2배, 즉 2^{i-1} $(2^{i-2} \times 2^1 = 2^{(i-2)+1} = 2^{i-1})$이다. 따라서 깊이가 k인 이진트리의 최대 노드 수는 각 레벨의 합이 된다.

$$\sum_{i=1}^{k} (레벨\ i의\ 최대\ 노드수) = \sum_{i=1}^{k} 2^{i-1} = 2^k - 1$$

 다음 그림의 3개 트리(tree)를 가상적인 근(root) 노드에 대한 자식 노드로 가정하여 1개의 트리로 보고 아래 물음에 답하시오.

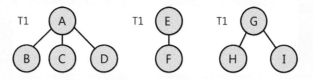

(1) 위의 트리를 이진트리로 변환하시오.
(2) (1)에서 변환한 이진트리를 연결 리스트로 표현하시오.
(3) (1)에서 변환한 이진트리를 배열로 표현하시오.
(4) (1)에서 변환한 이진트리가 기억장소에 저장된 형태를 주소와 함께 표로 나타내시오. 단, 트리가 저장된 시작 주소는 100이며, 하나의 노드를 저장하기 위한 기억공간의 크기는 10으로 가정한다.
(5) Threaded 이진트리로 변환하는 경우에 메모리 내에서의 표현을 그림으로 나타내시오.

풀이 (1)

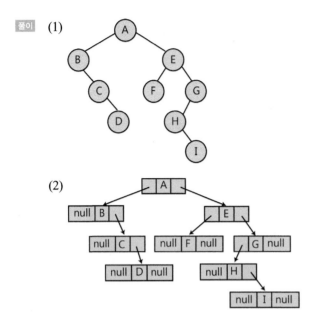

(2)

(3) 다음 배열에서 I 노드 다음의 공간은 필요 없다.

0	1	2	3	4	5	6	7	8	9	10	11	12	13	14	15~26	27	28
A	B	E	−	C	F	G	−	−	−	D	−	−	H	−	−	−	I

(4) 시작주소는 100이며, 한 노드의 기억공간의 크기도 10이라고 가정한다.

100	A	110	120
110	B	null	140
120	E	150	160
140	C	null	200
150	F	null	null
160	G	230	null
200	D	null	null
230	H	null	380
380	I	null	null

(5) 중위 순회(inorder) : B, C, D, A, F, E, H, I, G

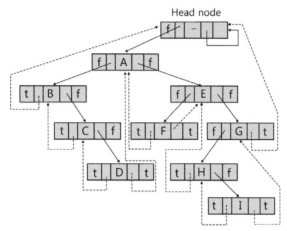

다음 조건에 따라 스레드 이진트리(threaded binary tree)의 중위 순회에 대한 물음에 답하시오.

조건

① 중위 순회를 위해 후속 노드인 중위 후속자만 NULL 링크에 저장한다.
② 노드 구조는 다음과 같다. 여기서 isThrea가 TRUE이면 right는 중위 후속자이고, FALSE이면 오른쪽 자식을 가리키는 포인터이다.

```
typedef struct TreeNode {
    int data ;
    struct TreeNode *left, *right ;
    int isThread ; //오른쪽 링크가 스레드이면 TRUE임
} TreeNode ;
```

(1) 다음 함수는 노드 p의 중위 후속자를 반환하는 것이다. if문과 while문의 기능을 설명하시오.

```
TreeNode *find_suc(TreeNode *p)
{
    TreeNode *q = p -> right ;
    if (q == NULL || p -> isThread == TRUE)
        return q ;
    while (q -> left != NULL)
        q = q -> left ;
    return q ;
}
```

(2) 다음 함수는 트리의 중위 순회를 나타낸 것이다. 함수가 완성될 수 있도록 ㉠, ㉡을 채우시오.

```
thread_inorder (TreeNode *nd)
{
  TreeNode *q ;
  q = nd ;
  while (q -> left)
    q = q -> left ;
  do
  {
    printf ("%c", _____㉠_____) ;
    _____㉡_____
  } while (q) ;
}
```

풀이 (1) ① p의 isThread가 TRUE이면 중위 후속자인 오른쪽 자식을 반환한다. 이때 오른쪽
　　　　자식이 NULL이면 후속자가 없는 것이므로 NULL을 반환한다.
　　　② isThread가 FALSE이면 서브 트리의 가장 왼쪽 노드로 이동한다. 즉, 왼쪽 자식이
　　　　NULL이 될 때까지 왼쪽 링크를 따라 이동한다.

　　(2) ㉠ q -> data
　　　　㉡ q = find_suc (q) ;

패자 트리(tree of loser)에 관한 다음 물음에 답하시오.

(1) 패자 트리를 정의하시오.
(2) 4개의 런에 있는 레코드가 각각 100, 50, 18, 60일 경우, 이를 사용하여 패자 트리를 나타내시오.

풀이 (1) 패자 트리는 각 비단말 노드가 패자에 대한 포인터를 유지하는 토너먼트 트리이다.
　　(2) 편의상 각 노드는 레코드에 대한 포인터 대신 레코드의 키값을 포함하고 있으며, 단말
　　　　노드는 각 런의 첫 번째 레코드를 포함하고 있다. 부가적인 노드로 노드 0은 전체 토너
　　　　먼트의 승자를 표현하기 위해 추가되어 있다.

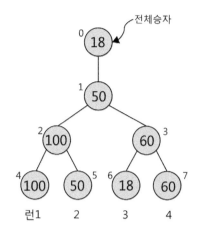

 프로세스는 CPU를 할당받기 위해 우선순위 큐에 들어 있으며, 우선순위 큐를 힙(Heap)으로 구성한다. 조건에 따라 물음에 답하시오.

조건

① 프로세스는 실행 중에 높은 우선순위의 작업이 들어와도 선점되지 않는다.
② CPU Burst가 짧을수록 우선순위가 높다.
③ 힙에서 CPU Burst를 키값으로 사용한다.
④ P_1, P_2, P_3, P_4가 먼저 우선순위 큐에 아래 순서로 도착하였다.

5	10	20	15

⑤ P_5, P_6, P_7, P_8의 도착시간과 CPU Burst는 아래 표와 같다.

프로세스	도착시간	CPU Burst
P_5	0	7
P_6	7	4
P_7	9	1
P_8	10	4

(1) 시간 11에서의 힙 구성을 트리 형태로 그리시오.

(2) 시간 11에서 우선순위 큐에 남아있는 프로세스를 나열하시오.

(3) 정렬이 안 된 배열, 정렬된 배열, 정렬이 안 된 연결리스트, 정렬된 연결리스트와 비교할 때 힙이 우선순위 큐 구현 시 가장 적합하다. 그 이유를 쓰시오.

풀이 시간에 따른 힙의 구성은 다음과 같다. 초기 상태에 4개의 프로세스가 있으며, 처음에 P_5가 도착하여 트리에 추가된다.

▪ 초기

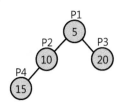

▪ P₅가 도착

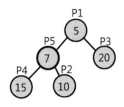

▪ 시간 0 : P₅가 도착하여 재구성되고, 높은 우선순위를 가지는 P₁이 수행되어 힙에서 빠져나감

▪ 시간 5 : P₁의 작업이 끝나고, 높은 우선순위를 가지는 P₅가 수행되어 힙에서 빠져나감

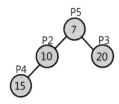

<P₁이 빠져나간 후>

▪ 시간 7 : P₆이 도착

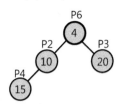

▪ 시간 9 : P₇이 도착

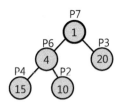

▪ 시간 10 : P₈이 도착

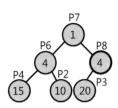

▪ 시간 11

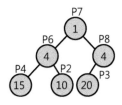

(1) 시간 11일 때 구성

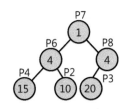

(2) P₇, P₆, P₈, P₄, P₂, P₃

(3) 힙으로 구성할 때 삽입과 삭제 시간이 트리 높이인 $O(\log_2 n)$이 되므로 다른 구현보다 시간복잡도 측면에서 유리하다.

	정렬 안 된 배열	정렬된 배열	정렬 안 된 연결리스트	정렬된 연결리스트	Heap
삽입	$\Theta(1)$	$O(n)$	$\Theta(1)$	$O(n)$	$O(\log_2 n)$
삭제	$\Theta(n)$	$\Theta(1)$	$\Theta(n)$	$\Theta(1)$	$O(\log_2 n)$

이진트리의 순회 결과가 다음과 같을 때 아래 물음에 답하시오.

- 전위(Preorder) 순회 : ABCDEFGHI
- 중위(Inorder) 순회 : CBDAFHGIE

(1) 위의 결과를 이용하여 이진 탐색트리를 그리시오.
(2) 중위 순회를 할 때 스택의 변화과정을 나타내시오.

풀이 (1) 전위 순회의 첫 번째인 A는 root 노드, 따라서 중위 순회의 A를 중심으로 왼쪽(CBD)은 root의 왼쪽 subtree, 오른쪽(FHGIE)은 오른쪽 subtree로 구분한다. 이를 이용하면 전위 순회 BCD는 왼쪽 subtree의 순회 결과임을 알 수 있으며, 같은 방법으로 B가 왼쪽 subtree의 root임을 알 수 있다. 따라서 중위 순회 결과와 비교하면 C가 왼쪽 자식, D가 오른쪽 자식임을 알 수 있다. 이 방법을 반복 적용하면 A 노드의 오른쪽 subtree를 그릴 수 있다.

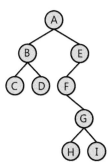

- Preorder(VLR) = A B C D E F G H I
- Inorder(LVR) = C B D A F H G I E

(2)

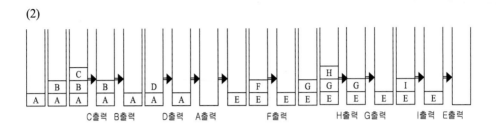

C출력 B출력 D출력 A출력 F출력 H출력 G출력 I출력 E출력

 트리(tree)에 관한 아래 물음에 답하시오.

(1) 이진 탐색 트리에서 평균 및 최악 탐색시간이 최소가 되기 위한 조건은 무엇인가?

(2) 이진 탐색 트리에서 최악의 경우 탐색시간은 얼마인가?

(3) n개의 노드에 대해 평균과 최악의 경우 탐색시간을 $O(\log_2 n)$로 하기 위해 AVL 트리가 제안되었다. AVL 트리의 구조적 특징은 무엇인가?

(4) 키들의 입력 순서가 (10, 20, 30, 25, 27, 5, 2, 26, 28, 21, 22)인 경우에 AVL 트리를 구성하시오.

풀이 (1) 이진 탐색 트리가 완전이진트리를 유지할 경우

(2) n

(3) 서브트리들의 높이가 균형을 이루는 이진트리

(4) 회전 시 하위 노드부터 회전시킴

LR 회전 : LL→RR 회전, RL 회전 : RR→LL 회전

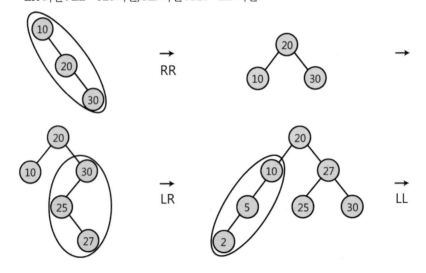

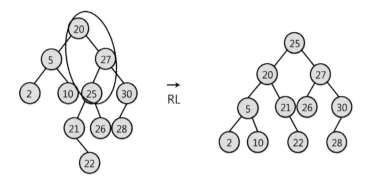

노드 수가 5개인 것으로 가정하고 최악의 탐색시간을 갖는 트리를 그림으로 나타내시오. 이러한 트리를 무엇이라고 하는가?

풀이 ■ skewed tree(경사 트리)

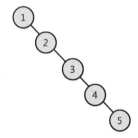

AVL 트리에 관한 아래 물음에 답하시오.

(1) 높이균형 이진트리(height balanced binary tree)를 정의하시오.
(2) 아래 트리에서 Feb가 삽입되면 재균형이 필요하다. 재균형 후의 트리를 그리시오.

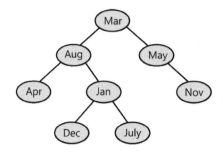

풀이 (1) 공백 트리는 높이 균형을 이룬다. 트리 T가 왼쪽과 오른쪽 서브 트리인 T_L과 T_R을 가진 이진트리라고 할 때 다음 조건을 만족하면 T는 높이 균형을 이루며 그 역도 성립한다.

① T_L과 T_R의 높이 균형을 이룬다.

② $|H_L - H_R| \leq 1$ (H_L과 H_R은 각각 T_L과 T_R의 높이)

(2) 왼쪽 서브트리와 오른쪽 서브트리의 높이의 차(균형인수)가 -1, 0, 1 중에서 하나의 값을 가져야 한다.

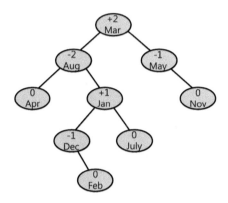

• Aug, Jan, Dec 노드를 RL 회전시킴

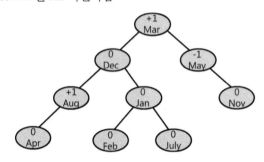

아래 2-3 트리에서 키값 60이 삽입된 후에 만들어지는 새로운 2-3 트리를 그리시오.

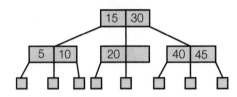

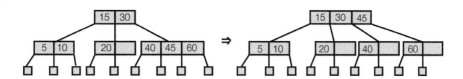

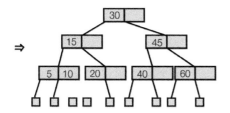

- 차수가 2보다 큰 탐색 트리로서 삽입과 삭제 알고리즘이 AVL 트리보다 간단하다.
- 정의 : 2-3 트리는 공백이거나 다음의 특성을 만족하는 탐색 트리이다.

① 각 내부 노드는 2-노드 또는 3-노드이다. 2-노드는 하나의 원소를 가지며, 3-노드는 두 개의 원소를 가진다.

② left_child와 middle_child가 2-노드의 자식들을 나타내고, data_l은 이 노드의 원소이며, data_l.key는 그것의 키라고 가정한다. left_child를 루트로 하는 2-3 서브 트리의 모든 원소는 data_l.key보다 작은 키를 가지며, middle_child를 루트로 하는 2-3 서브 트리의 모든 원소는 data_l.key보다 큰 키를 가진다.

③ left_child, middle_child, right_child가 3-노드의 자식 노드들을 나타내고, data_l과 data_r을 이 노드에 있는 두 개의 원소라 하면 data_l.key<data_r.key이다. left_child를 루트로 하는 2-3 서브 트리의 모든 키는 data_l.key보다 작다. middle_child를 루트로 하는 2-3 서브 트리의 모든 키는 data_r.key보다 작고 data_l.key보다 크다. 그리고 right_child를 루트로 하는 2-3 서브 트리의 모든 키는 data_r.key보다 크다.

④ 모든 외부 노드는 같은 레벨에 있다.

B 트리 및 B+ 트리에 대한 다음 물음에 답하시오.

(1) m-원 탐색트리, B트리, B+트리를 정의하시오.

(2) 아래의 조건에 따라 각 트리의 노드를 구성하시오.

조건

- 입출력을 위한 기본 크기는 56바이트이다.
- n은 키값의 수를 나타내며 4바이트이다.
- p는 서브트리 및 다음 레코드를 가리키는 포인터이며 4바이트이다.
- k는 키값을 나타내며 8바이트이다.
- 한 노드에 반드시 하나의 n은 포함되며, 나머지는 효율 측면에서 최적으로 구성한다.

(3) 위에서 구성한 노드를 이용하여 조건에 따라 주어진 값을 삽입하고 삭제한 후의 B 트리
와 B+ 트리를 그리시오.

조건

- 오버플로우로 키값이 상위로 이동할 때 중간값으로 2개가 선택될 수 있을 때 작은 값을
선택한다.
- 편의를 위해 트리를 구성할 때 노드에는 k만 표시한다.
- B+ 트리에서 오버플로우로 홀수개의 키값을 가진 노드가 분할될 때 왼쪽 노드가 키값을
많이 가지게 한다.
- B+ 트리에서 인덱스 노드 값은 왼쪽 자식의 데이터 노드 값 중 가장 큰 값으로 설정한다.
삽입할 값 : 57, 32, 14, 95, 46, 11, 88, 79, 20, 58, 65, 53, 52, 51
삭제할 값 : 20, 79

풀이 (1) ■ m-원 탐색 트리(m-way search tree)의 정의

m-원 탐색 트리는 공백이거나, 다음 성질들을 만족한다.

① 루트는 최대 m개의 서브트리를 가지며, 다음 구조로 구성된다.

n, p_0, (e_1, p_1), (e_2, p_2), ..., (e_n, p_n)

$p_i(0 \leq i \leq n < m)$은 서브 트리에 대한 포인터이고, $e_i(1 \leq i \leq n < m)$은 원소이다. 각 원소 e_i
는 키 $e_i.k$를 가지고 있다.

② $e_i.k < e_{i+1}.k \ (1 \leq i < n)$이다.

③ $e_0.k = -\infty$이고 $e_{n+1}.k = \infty$이다. $0 \leq i \leq n$에 대하여 서브트리 p_i의 모든 키는 $e_{i+1}.k$보다 작
고 $e_i.k$보다 크다.

④ 서브트리 $p_i(0 \leq i \leq n)$도 m-원 탐색 트리이다.

■ B-트리의 정의

차수 m인 B-트리는 공백이거나, 다음 성질을 만족하는 m-원 탐색 트리이다.

① 루트 노드는 적어도 2개의 자식을 갖는다.

② 루트 노드와 외부 노드를 제외한 모든 노드는 적어도 $\lceil m/2 \rceil$개의 자식을 갖는다.

③ 모든 외부 노드들은 같은 레벨을 구성한다.

차수 m이 3인 B-트리에서 모든 내부 노드의 차수는 2 또는 3이고, m이 4인 B-트리에서 모든 내부 노드의 차수는 2, 3, 4가 된다. 따라서 차수가 3인 B-트리와 차수가 4인 B-트리를 각각 2-3 트리와 2-3-4 트리하고도 한다.

▪ B^+ 트리의 정의

B^+ 트리는 B-트리와 비슷한 계통의 트리이며, 다음과 같은 차이점이 있다.

① B^+ 트리에는 인덱스 노도와 데이터 노드가 존재한다. B^+ 트리의 인덱스 노드는 B-트리의 내부 노드와 일치하고, 데이터 노드는 외부노드와 일치한다. 인덱스 노드는 원소를 저장하지 않고 키와 포인터를 저장하며, 데이터 노드는 포인터를 저장하지 않고 키와 원소를 저장한다.

② 데이터 노드는 왼쪽부터 오른쪽 순서로 링크되어 있고, 이중 연결 리스트를 형성한다.

차수 m인 B^+-트리는 공백이거나, 다음 성질을 만족하는 m-원 트리이다.

① 모든 데이터 노드는 같은 레벨에 있고 리프 노드이다. 데이터 노드는 원소만 포함한다.

② 인덱스 노드는 차수 m인 B-트리로 정의된다. 각 인덱스 노드는 키를 가지고 있지만 원소를 갖지는 않는다.

③ $p_i(0 \le i \le n < m)$가 서브 트리에 대한 포인터이고, $k_i(1 \le i \le n < m)$이 키일 때, 인덱스 노드의 형식은 $(n, p_0, (k_1, p_1), (k_2, p_2), ..., (k_n, p_n))$이다. $k_0 = -\infty$, $k_{n+1} = \infty$이다. 서브 트리 p_i의 모든 원소는 $0 \le i \le n$일 때 k_{i+1}보다 작고 k_i보다 크거나 같은 키를 갖는다.

(2) ▪ B 트리의 노드

    $<n, p_0, k_1, p_1, k_2, p_2, k_3, p_3, k_4, p_4>$

    $(4 + 4 + \underline{8+4} + \underline{8+4} + \underline{8+4} + \underline{8+4} = 56바이트)$

    ▪ B+ 트리의 구성

     - 인덱스 노드 : $<n, p_0, k_1, p_1, k_2, p_2, k_3, p_3, k_4, p_4>$

             $(4 + 4 + \underline{8+4} + \underline{8+4} + \underline{8+4} + \underline{8+4} = 56바이트)$

     - 데이터 노드 : $<n, p_0, k_1, k_2, k_3, k_4, k_5, p_1>$

             $(4 + 4 + \underline{8} + \underline{8} + \underline{8} + \underline{8} + \underline{8} + 4 = 52바이트)$

     여기서 k_6를 추가하면 전체 길이가 56바이트를 초과하므로 키는 5개로 제한된다.

(3) ■ B 트리

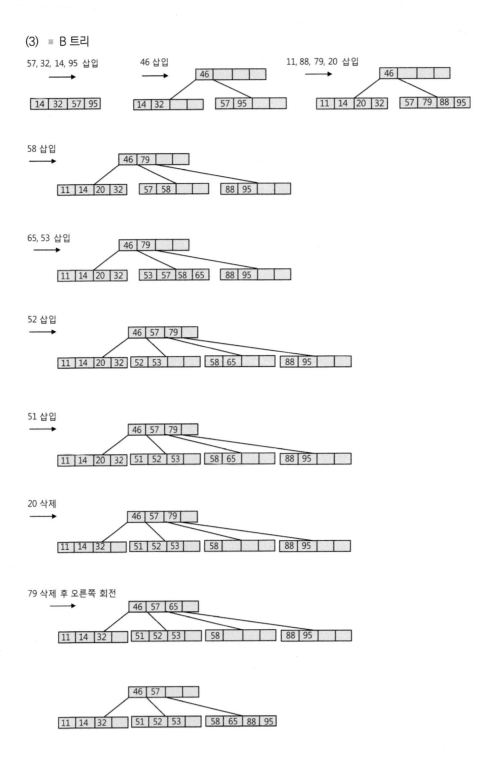

■ B⁺ 트리

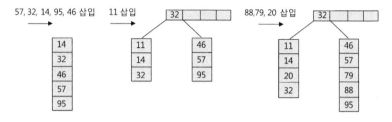

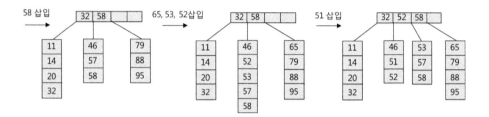

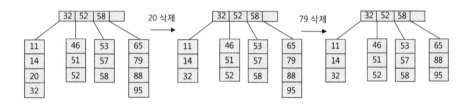

4개의 식별자 (a_1, a_2, a_3, a_4) = (else, malloc, printf, scanf)에 대한 최적이진 탐색트리를 구하고자 한다. 아래 물음에 답하시오. 단, a_i 탐색 확률이 p_i이고 탐색중인 식별자가 실패 노드에 있을 확률이 q_i일 때 (p_1, p_2, p_3, p_4) = (1, 4, 2, 1)이고, $(q_0, q_1, q_2, q_3, q_4)$ = (4, 2, 4, 1, 1)로 가정한다. 확률에는 편의를 위해 20을 곱하였다.

(1) 아래 내용을 참조하여 A[i][j]와 R[i][j]를 완성하시오.

> A[i][j]는 최선의 루트 노드 R을 선택하기 위한 nxn 2차원 배열로 1≤i≤j≤n에 대해 $K_i < K_{i+1} <$ … $< K_j$를 갖는 이진탐색트리에 대한 최소 평균 탐색비용으로 아래와 같이 정의한다.

$$A[i][j] = \min_{i \le r \le j}\{A[i][r-1] + A[r+1][j]\} + \sum_{k=i}^{l}(p_k + q_k) + q_{i-1}$$
$$A[i][i] = p_i + q_{i-1} + q_i$$

(2) 위의 결과를 이용하여 최적이진 탐색트리를 그리시오.

풀이 (1)

w00=4 A00=0 R00=0	w01=7 A01=7 R01=1	w02=15 A02=22 R02=2	w03=18 A03=32 R03=2	w04=20 A04=39 R04=2
	w11=2 A11=0 R11=0	w12=10 A12=10 R12=2	w13=13 A13=20 R13=2	w14=15 A14=27 R14=2
		w22=4 A22=0 R22=0	w23=7 A23=7 R23=3	w24=9 A24=12 R24=3
			w33=1 A33=0 R33=0	w34=3 A34=3 R34=4
				w44=1 A44=0 R44=0

A[i][j]

i \ j	1	2	3	4
1	7	22	32	39
2		10	20	27
3			7	12
4				3

R[i][j]

i \ j	1	2	3	4
1	1	2	2	2
2		2	2	2
3			3	3
4				4

■ 배열 A

① [1, 2]

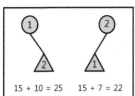

② [2, 3]

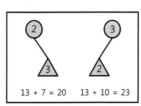

③ [3, 4]

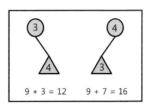

④ [1, 3]

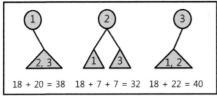

⑤ [2, 4]

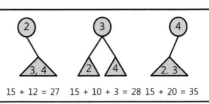

⑥ [1, 4]

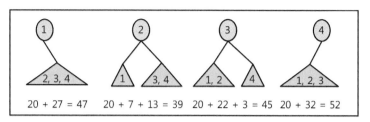

(2)

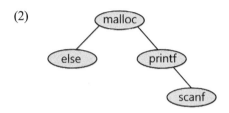

다음은 확장 이진 탐색트리인 레드-블랙(Red-Black) 트리를 나타낸 것이다. 트리에서 검은색 노드는 블랙 노드, 빨강색 노드는 레드 노드, 사각형은 실패 노드를 나타낸다. 물음에 답하시오.

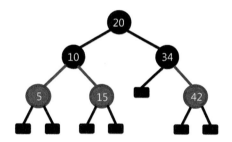

(1) 주어진 트리에 키값 12를 삽입하는 경우 색깔 반전이 필요한 노드의 키값을 나열하시오.

(2) 주어진 트리에 키값 50을 삽입한 후 변화된 트리를 노드의 색깔과 함께 나타내시오.

(3) 주어진 트리를 2-3-4 트리(차수가 4인 B-트리)로 변환하여 나타내시오.

(4) 주어진 트리에서 레드 노드를 삭제하는 경우 새로 만들어진 트리가 레드-블랙 트리의 성질을 유지하는지 설명하시오.

풀이 레드-블랙 트리는 2-3-4 트리를 이진트리로 나타낸 것으로, 레드-블랙 트리에서 한 노드의 자식 포인터는 레드와 블랙의 두 가지 형태가 존재한다. 자식 포인터가 원래 2-3-4 트리에 존재한 경우는 블랙 포인터가 되고, 그렇지 않으면 레드 포인터가 된다. 레드-블랙 트리의 특성은 다음과 같다.

① 레드-블랙 트리는 이진 탐색 트리이다.

② 루트에서 외부 노드로의 모든 경로는 같은 수의 블랙링크를 포함한다. 이것은 원래
2-3-4 트리의 모든 외부 노드들이 같은 레벨에 있고, 블랙 포인터가 원래의 포인터라는
것을 의미한다.

③ 루트에서 외부 노드로의 모든 경로는 두 개 이상의 연속적인 레드 포인터를 가질 수 없다.

(1) 5, 10, 15(레드 : 10, 블랙 : 5, 15)

(2)

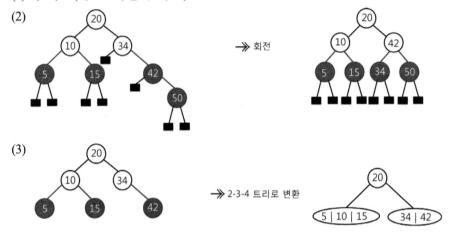

(3)

(4) 레드-블랙 트리에서 레드 노드는 3노드 또는 4노드의 일부이기 때문에 삭제된 후에도
레드-블랙 트리의 성질은 그래도 유지된다.

1.4 그래프

스패닝 트리(spanning tree)와 최소비용 스패닝 트리를 정의하시오. 다음 그래프의 최소비
용 스패닝 트리를 나타내시오.

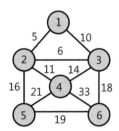

풀이 스패닝 트리는 그래프 G의 모든 정점(vertex)을 포함하고 그래프 G의 간선만으로 구성된 트리이다. 최소비용 스패닝 트리는 스패닝 트리 중에서 최소의 비용을 갖는 트리이다. Kruscal 알고리즘과 Prim 알고리즘을 사용하면 다음과 같은 최소비용 스패닝 트리가 만들어진다. 스패닝 트리는 ① → ② → ③ → ④ → ⑤ 순서로 간선을 선택한 것이다.

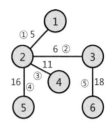

〈참조〉

① Kruscal algorithm

- 비용을 기준으로 간선을 선택한다.
- 사이클이 형성되지 않는 간선만을 선택한다.
- 최소 비용의 간선을 반복하여 선택하며, 모든 정점이 연결되면 종료한다.

② Prim algorithm

- 지정된 한 개 정점에서 시작하여 트리를 확장한다.
- 트리에 포함된 정점에 인접한 정점 중에서 최소 비용으로 연결된 정점을 선택한다.
- 트리의 간선 수가 전체 간선의 수보다 한 개 적을 때까지 반복한다.

③ Sollin algorithm

- 각 정점을 독립적인 트리로 간주하고 시작한다.
- 각 트리에 연결된 간선 중에서 최소 비용의 간선을 선택한다.
- 중복된 간선을 제거하고 트리를 합친다.
- 한 개의 트리가 만들어질 때까지 반복한다.

다음 그래프의 노드 4에서 출발할 때 깊이 우선 탐색(depth first search)과 너비 우선 탐색(breath first search)으로 만들어지는 스패닝 트리(spanning tree)를 각각 나타내고, 노드의 방문 순서를 구하시오.

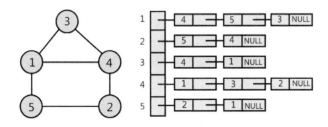

풀이

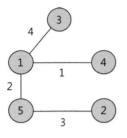   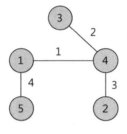

<DFS 적용 스패닝 트리>   <BFS 적용 스패닝 트리>

- DFS : 4→1→5→2→3
- BFS : 4→1→3→2→5

 다음 그래프를 깊이우선 탐색(depth first search)과 너비우선 탐색(breadth first search)으로 순회하고자 한다. 물음에 답하시오.

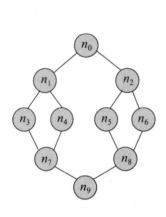   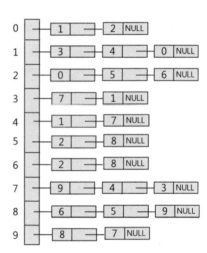

(1) 두 가지 탐색 방법을 설명하시오.
(2) 두 가지 탐색 방법에 대한 알고리즘을 작성하시오.
(3) 두 가지 탐색 방법으로 탐색한 결과를 나타내시오.

풀이 (1)

- 깊이우선 탐색(DFS)
① 시작 정점 v를 결정하여 방문한다.
② v에 인접된 정점 가운데 방문하지 않은 정점 w를 선택하여 DFS 방식을 시작한다.
③ 모든 인접 정점을 방문한 정점 v를 만나면 방문하지 않은 인접 정점을 가졌던 마지막

정점으로 되돌아가서 시작한다.

④ 추가로 방문할 정점이 없으면 DFS가 종료된다.

■ 너비우선 탐색(BFS)

① 시작되는 정점 v를 결정하여 방문한다.

② 정점 v에 인접하고 방문하지 않은 모든 정점을 방문하고 다시 이 정점에 인접하고 방문하지 않은 모든 정점에 대해 BFS를 계속한다.

③ 추가로 방문할 정점이 없을 때 BFS가 종료된다.

(2)

■ 깊이우선 탐색 알고리즘

```
procedure DFS(v)
    VISITED(v) = 1
    for (v에 인접한 정점 w) do
        if (VISITED(w) = 0)
            call DFS(w)
    end
end DFS
```

■ 너비우선 탐색 알고리즘

```
procedure BFS(v)
    Queue init
    VISITED(v) = 1
    AddQueue(v)
    while (Queue is not empty) do
        v = DelQueue() ;
        for (v에 인접한 정점 w) do
            if (VISITED(w) = 0) {
                AddQueue(w)
                VISITED(w) = 1
            }
        end
    end
end BFS
```

(3)

• 깊이우선 탐색 결과 : $n_0 \rightarrow n_1 \rightarrow n_3 \rightarrow n_7 \rightarrow n_9 \rightarrow n_8 \rightarrow n_6 \rightarrow n_2 \rightarrow n_5 \rightarrow n_4$

• 너비우선 탐색 결과 : $n_0 \rightarrow n_1 \rightarrow n_2 \rightarrow n_3 \rightarrow n_4 \rightarrow n_5 \rightarrow n_6 \rightarrow n_7 \rightarrow n_8 \rightarrow n_9$

다음 방향 그래프(digraph)에서 정점(vertex) 0에서 다른 모든 정점 사이의 최단경로(shortest path) 길이를 구하시오. 단, 길이가 오름차순이 되도록 경로를 만들고 길이를 구하는 과정을 나열한다.

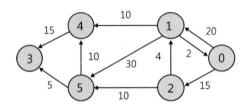

■ 최단경로 길이 : 오름차순

• v_2, v_1, v_5, v_4, v_3

• 15, 19, 25, 29, 30

■ 최단경로 길이 구하는 과정
단, 같은 거리일 때는 노드 번호 순서로 정렬한다.

반복	S	선정된 정점	Distance					
			⓪	①	②	③	④	⑤
초기	--	---	0	20	15	∞	∞	∞
1	{⓪}	②	0	19	15	∞	∞	25
2	{⓪, ②}	①	0	19	15	∞	29	25
3	{⓪, ②, ①}	⑤	0	19	15	30	29	25
4	{⓪, ②, ①, ⑤}	④	0	19	15	30	29	25
5	{⓪, ②, ①, ⑤, ④}	③	0	19	15	30	29	25
6	{⓪, ②, ①, ⑤, ④, ③}							
최종	{⓪, ②, ①, ⑤, ④, ③}		0	19	15	30	29	25

다음 그래프를 인접 행렬(adjacency matrix), 인접 리스트(adjacency list), 인접 다중리스트(adjacency multilist)로 나타내시오.

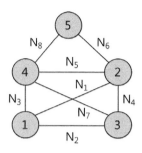

풀이 ① 인접 행렬

$$\begin{bmatrix} 0 & 1 & 1 & 1 & 0 \\ 1 & 0 & 1 & 1 & 1 \\ 1 & 1 & 0 & 1 & 0 \\ 1 & 1 & 1 & 0 & 1 \\ 0 & 1 & 0 & 1 & 0 \end{bmatrix}$$

② 인접 리스트 헤드 노드

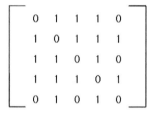

③ 인접 다중리스트 헤드 노드

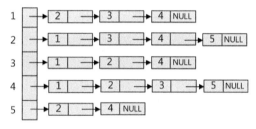
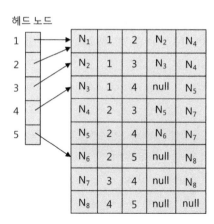

다음 조건을 고려하여 그래프에 대한 물음에 답하시오.

조건

① 그래프 G의 노드 집합 V(G)와 간선 집합 E(G)는 다음과 같다.
- V(G)는 그래프 G를 구성하는 노드 v이다
- 노드 v의 번호는 n개 자리의 이진수로 표현한다.
- E(G)는 노드 u와 노드 v의 노드 번호가 1비트만 다른 경우에 연결한 간선 (u, v)이다.

② n이 3인 경우의 그래프 G와 이에 대한 인접행렬은 다음과 같다.

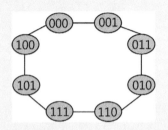

	000	001	010	011	100	101	110	111
000	0	1	0	0	1	0	0	0
001	1	0	0	1	0	0	0	0
010	0	0	0	1	0	0	1	0
011	0	1	1	0	0	0	0	0
100	1	0	0	0	0	1	0	0
101	0	0	0	0	1	0	0	1
110	0	0	1	0	0	0	0	1
111	0	0	0	0	0	1	1	0

(1) 임의의 노드 u에서 v로의 일대일 최단경로 라우팅 알고리즘을 서술식으로 작성하시오. 단, 라우팅에서 경유하는 노드 번호를 출력한다.

(2) 노드 u, v가 각각 010, 111일 때, 위에서 제시한 알고리즘의 수행 과정을 설명하시오. 단, 모든 간선의 비용은 1로 가정한다.

풀이 (1)

① 정점 V, 간선 E, 3개의 스택을 선언한다. 그리고 그래프에 경로가 있으면 1, 없으면 0으로 인접행렬의 초깃값을 지정한다.

② 시작정점 u에 연결된 인접 정점들을 모두 스택에 push 한다. 인접 정점의 판단은 인접행렬에서 1인 정점을 확인하면 된다. 이때, 인접 정점이 도착정점 v이면 ⑤로 가고, 그렇지 않으면 계속 push 한다.

③ 시작정점의 인접 정점이 삽입된 스택에서 top 값을 꺼낸 후 각각의 정점마다 ②와 같은 방법으로 스택에 인접 정점을 push 하면서 count 값을 증가시킨다. 만약 인접 정점이 도착정점 v이면 ④로 가고, 그렇지 않으면 ③을 반복한다. 이때 시작정점의 인접 정점에 따른 2가지 다른 경로는 각기 다른 스택을 사용해야 하며, count 값도 분리(cnt1, cnt2)하여 사용한다.

④ 각기 다른 경로의 길이를 나타내는 cnt1과 cnt2 값을 비교하여 더 작은 카운트 값을 가지는 경로를 선택한다.

⑤ 시작정점 u를 출력한 후, 스택의 내용을 반대로 출력한다.

(2)

① 정점 V, 간선 E, 3개의 스택을 선언한다. 그리고 그래프에 경로가 있으면 1, 없으면 0으로 인접행렬의 초깃값을 지정한다.

② 시작정점 010에 연결된 인접 정점, 즉 인접행렬이 1인 정점 011, 110을 스택에 모두 push 한다. 이때 인접 정점이 도착정점 111이면 push 후 ⑤로 가고, 아니면 계속 push 한다.

③ 시작정점 010의 인접 정점이 삽입된 스택의 top에서 정점 110을 꺼낸 후 ②와 같은 방법으로 정점 110의 인접 정점을 push 하면서 count 값을 증가시킨다. 이때 도착정점 111이 나올 때까지 반복하면 cnt1 값은 2가 된다.

다음으로 정점 011을 꺼낸 후 ②와 같은 방법으로 정점 110의 인접 정점을 push 하면서 count 값을 증가시킨다. 이때 도착정점 111이 나올 때까지 반복하면 cnt2 값은 6이 된다.

④ 각기 다른 경로의 길이를 나타내는 cnt1(2)와 cnt2(6) 값을 비교하면 cnt1 값이 더 적으므로 이 경로를 선택한다.

⑤ 시작정점 010을 출력한 후 스택의 내용을 반대로 출력한다. 따라서 110, 111이 출력된다.

다음은 무방향 그래프 G를 인접리스트로 나타낸 것이다. Kruskal 알고리즘을 사용하여 그래프 G의 최소비용신장트리(minimum cost spanning tree)를 구하고자 한다. 물음에 답하시오.

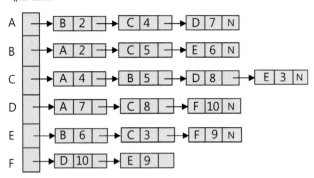

(1) 알고리즘 종료 후 트리에 있는 간선들의 집합을 구하시오.

(2) 트리를 구하는 과정에서 사이클이 형성되어 거부된 간선들을 거부되는 순서대로 나열하시오.

(3) 알고리즘이 수행되는 동안 트리에 추가되는 간선들을 추가되는 순서대로 나열하시오.

(4) 그래프 G가 단절 그래프(disconnected graph)인지 판단하고, 근거를 설명하시오.

(5) Kruskal 알고리즘의 시간 복잡도를 구하시오.

풀이 다음 그래프는 주어진 인접리스트를 변환한 것이며, 트리는 그래프에 대한 최소비용 신장트리를 나타낸 것이다. Kruskal 알고리즘이 수행될 때 트리에 추가될 수 있는 간선인지 확인하는 순서는 {(A, B), (C, E), (A, C), (B, C), (B, E), (A, D), (C, D), (E, F)}이다. 여기서 간선 (B, C), (B, E), (C, D)는 트리에 추가 시 사이클이 형성되므로 추가될 수 없다.

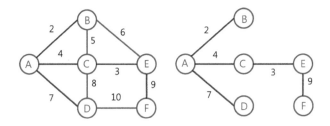

(1) {(A, B), (A, C), (A, D), (C, E), (E, F)}

(2) (B, C), (B, E), (C, D)

(3) (A, B), (C, E), (A, C), (A, D), (E, F)

트리에 추가되는 간선 수가 그래프의 정점 수보다 1 작으면 알고리즘이 종료된다. 그래프 G의 정점 수가 6개이므로 트리에 추가된 간선이 5가 될 때 알고리즘이 종료된다.

(4) 그래프 G는 단절 그래프가 아니다. 알고리즘 종료 후 최소비용 신장트리의 간선 수가 (G의 정점 수-1)보다 작으면 그래프 G는 단절 그래프이다. 주어진 그래프 G의 정점 수는 6개, 최소비용 신장트리의 간선 수는 5개이다. 그래프 G는 단절 그래프가 아니다.

(5) $O(elog_2e)$

아래의 AOE 네트워크에 대해 물음에 답하시오.

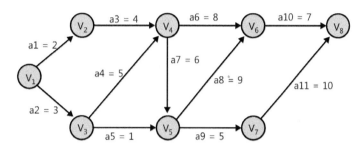

(1) 임계작업에 해당하는 것은?

(2) 프로젝트가 끝날 수 있는 가장 빠른 시간은 얼마인가?

풀이 (1) 임계작업 : a2, a4, a7, a8, a10 (간선이 작업을 나타냄)

(임계경로 : v_1, v_3, v_4, v_5, v_6, v_8)

	early	late	critical
a1	0	2	
a2	0	0	critical
a3	2	4	
a4	3	3	critical
a5	3	13	
a6	8	15	
a7	8	8	critical
a8	14	14	critical
a9	14	15	
a10	23	23	critical
a11	19	20	

(2) 가장 빠른 시간 : $3 + 5 + 6 + 9 + 7 = 30$

(임계경로 내에 있는 간선들의 비용의 합)

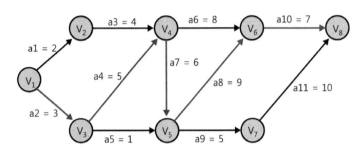

다음 간선 작업 그래프(Activity On Edge)에 대한 물음에 답하시오.

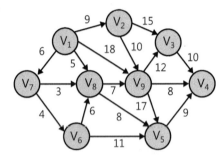

(1) V_1에서 V_4까지의 작업이 완료되기까지 필요한 임계경로와 최소시간은 무엇인가?

(2) V_3과 V_8이 시작될 수 있는 가장 빠른 시간은 각각 얼마인가?

(3) V_3과 V_8이 시작되어야 할 가장 느린 시간은 각각 얼마인가?

(4) V_3과 V_8에서 지연될 수 있는 시간은 각각 얼마인가?

풀이

(1) ▪ 임계경로 : V_1, V_7, V_6, V_8, V_9, V_5, V_4

  ▪ 최소시간 : $49(6 + 4 + 6 + 7 + 17 + 9)$

(2) 가장 빠른 시간 : $V_3 = 35(6 + 4 + 6 + 7 + 12)$, $V_8 = 16(6 + 4 + 6)$

(3) 가장 느린 시간 : $V_3 = 39(49\text{-}10)$, $V_8 = 16(49\text{-}23)$

(4) 지연될 수 있는 시간

  ▪ V_3 : $4(39\text{-}35)$

  ▪ V_8 : $0(16\text{-}16$, 임계 경로인 V_8에서 V_9로 가는 작업에 대한 지연시간)

■ 그래프 변환

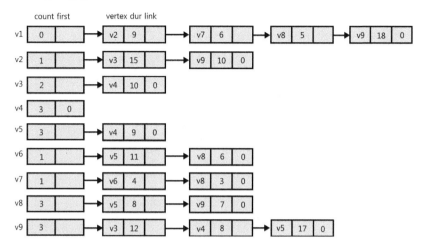

■ ee[j] = max {ee[i] + <i, j>}

ee	v1	v2	v3	v4	v5	v6	v7	v8	v9	Stack
초기	0	0	0	0	0	0	0	0	0	[0]
v1	0	9	0	0	0	0	6	5	18	[7, 2]
v7	0	9	0	0	0	10	6	9	18	[6, 2]
v6	0	9	0	0	21	10	6	16	18	[8, 2]
v8	0	9	0	0	24	10	6	16	23	[2]
v2	0	9	24	0	24	10	6	16	23	[9]
v9	0	9	35	31	40	10	6	16	23	[5, 3]
v5	0	9	35	49	40	10	6	16	23	[3]
v3	0	9	35	49	40	10	6	16	23	[4]
v4										

■ le[j] = min {le[i] - <j, i>}

	ee	le	여유시간	임계성
v1	0	0	0	O
v2	9	13	4	X
v3	35	39	4	X
v4	49	49	0	O
v5	40	40	0	O
v6	10	10	0	O
v7	6	6	0	O
v8	16	16	0	O
v9	23	23	0	O

le[4] = ee[4] = 49

le[3] = min {le[4] - 10} = 39

le[5] = min {le[4] - 9} = 40

le[9] = min {le[3] - 12, le[4] − 8, le[5] - 17} = 23

le[2] = min {le[3] − 15, le[9] − 10} = 13

le[8] = min {le[5] − 8, le[9] - 7} = 16

le[6] = min {le[5] − 11, le[8] - 6} = 10

le[7] = min {le[6] − 4, le[8] - 6} = 6

le[1] = min {le[2] − 9, le[7] − 6, le[8] − 5, le[9] - 18} = 0

AOE 네트워크에 대한 다음 물음에 답하시오.

(1) 아래 주어진 역인접 리스트를 이용해 AOE 네트워크를 완성하시오. 단, N은 Null이고, x 는 미지수로 가정한다.

	count	link
A	3	N
B	2	
C	1	
D	2	
E	0	
F	1	
G	1	

B → A 5

C → A 4 → B X → D 1 → G 1 N

D → A 2

E → B 2 → C 3 N

F → D 1

G → F 2

(2) 임계경로가 아래와 같이 정점으로 구성되었다고 할 때 ① x의 범위, ② C의 Earliest, ③ F의 Latest를 각각 구하시오. 단, x는 자연수이다.

A → B → C → E

풀이 (1) AOE 네트워크

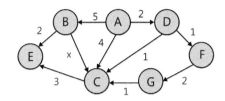

(2) ① x의 범위 : x >= 1

② C의 Earliest : x + 5

③ F의 Latest : x + 2 (= x + 5 - 3)

■ 인접리스트

```
A    0    (B, 5) (C, 4) (D, 2)
B    1    (C, x) (E, 2)
C    3    (E, 3)
D    1    (C, 1) (F, 1)
E    2    Null
F    1    (G, 2)
G    1    (C, 1)
```

■ Earliest의 계산(인접 리스트 이용, 위상 순서 : ADFGBCE)

	A	B	C	D	E	F	G	스택
초기	0	0	0	0	0	0	0	A
A	0	5	4	2	0	0	0	DB
D	0	5	4	2	0	3	0	FB
F	0	5	4	2	0	3	5	GB
G	0	5	6	2	0	3	5	B
B	0	5	x+5	2	7	3	5	C
C	0	5	x+5	2	x+8	3	5	E
E								

■ Latest의 계산(역인접 리스트 이용, 위상 순서 : ECGFDBA)

	A	B	C	D	E	F	G	스택
초기	x+8	x+8	x+8	x+8	x+8	x+8	x+8	E
E	x+8	x+6	x+5	x+8	x+8	x+8	x+8	C
C	x+1	5	x+5	x+4	x+8	x+8	x+4	GB
G	x+1	5	x+5	x+4	x+8	x+2	x+4	FB
F	x+1	5	x+5	x+1	x+8	x+2	x+4	DB
D	x-1	5	x+5	x+1	x+8	x+2	x+4	B
B	0	5	x+5	x+1	x+8	x+2	x+4	A

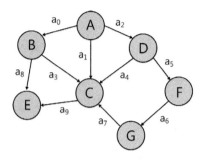

■ 임계성 여부

AOE 네트워크에서 (late - early = 0)인 경우에 임계작업이 될 수 있다. 위의 풀이에서 x >= 1이므로 먼저 x = 1일 때 late를 계산하여 임계작업을 구한다. 이 결과에서 x = 1일 때 임계경로가 존재하지 않는 것을 알 수 있다.

이어서 x = 2인 경우에 같은 방법으로 임계작업을 구하고 임계경로가 될 수 있는지 판단한다. 아래와 같이 x = 2인 경우에 late를 계산하고 임계작업과 임계경로를 구할 수 있다.

아래 표의 임계 여부 판단에서 v는 임계작업을 나타내며, a는 x값에 따라 임계작업 여부가 결정되는 작업을 나타낸 것이다.

	early	late	late-early	임계 여부	late(x=2)	late(x=1)
a_0	0	0	0	v	0	0
a_1	0	x+1	x+1		3	2
a_2	0	x-1	x-1	a	1	0
a_3	5	5	0	v	5	5
a_4	2	x+4	x+2		6	5
a_5	2	x+1	x-1	a	3	2
a_6	3	x+2	x-1	a	4	3
a_7	5	x+4	x-1	a	6	5
a_8	5	x+6	x+1		8	7
a_9	x+5	x+5	0	v	7	6

1.5 해싱

오버플로(overflow) 처리 알고리즘으로 선형 탐색법(linear search)을 사용하는 경우에 해시(hash)에 관한 아래 물음에 답하시오.

(1) R = (F, F1, A, F2, A1, A2, D, C, A3, B)를 12개의 버켓(2슬롯/버켓)에 저장한 결과를 그림으로 나타내시오. 단, 해시함수 f(x)는 키(x)의 첫 번째 문자라고 가정한다.

(2) 각 버켓의 슬롯을 1개라고 할 때 선형 탐색법에 대한 다음 알고리즘에서 ①과 ②에 들어갈 내용은 무엇인가? 단, 중복 키는 무시하고, 다음의 빈 슬롯을 찾는다.

```
procedure l_search(x, H, n, j)
  // H(j) = 0이면 j번째 버켓은 비어 있음
  // n은 버켓의 크기, x는 삽입할 값
  // j에 결과 값 리턴
  i ← f(x) ;
  j ← i ;
  while _____①_____ do
        _____②_____
  if i = j then call table_full
  endwhile
end l_search
```

 (1)

A	A	A1
B	A2	A3
C	C	B
D	D	
E		
F	F	F1
G	F2	
H		
I		
J		
K		
L		

(2) ① H(j) ≠ x and H(j) ≠ 0, ② j = (j + 1) % n

버켓(bucket)이 13이고 슬롯이 1인 해시 테이블이 있다. 해시함수가 아래와 같을 때 식별자(if, char, for, float, exec, exp)를 해시 테이블에 차례대로 삽입하는 경우 물음에 답하시오. 단, 해시함수에서 key는 string 배열을 가리키는 문자형 포인터 변수로 식별자(identifier) 값이 들어 있다. 표준 ASCII 코드에서 'a' 값은 97이다.

```
# define TABLE_SIZE 13
int hash_function(char *key) {
    int count, number = 0 ;
    for (count = 0 ; count < 2 ; count++)
      number += *key++ ;
    return(number % TABLE_SIZE) ;
}
```

(1) 식별자를 모두 삽입한 후의 해시 테이블을 그리시오. 단, 오버플로를 해결하기 위해 선형 조사법(linear probing)을 사용한다.

(2) (1)에서 구한 해시 테이블에 대하여 모든 식별자를 한 번씩 검색할 때 평균 검색수와 적재 밀도를 각각 구하시오.

풀이 (1)

```
if = (102 + 105) % 13 = 12
char = (99 + 104) % 13 = 8
for = (102 + 111) % 13 = 5
float = (102 + 108) % 13 = 2
exec = (101 + 120) % 13 = 0
exp = (101 + 120) % 13 = 0
```

0	exec
1	exp
2	float
3	
4	
5	for
6	
7	
8	char
9	
10	
11	
12	if

(2)

- 평균 검색수 = (1 + 1 + 1 + 1 + 1 + 2) / 6 = 7 / 6 = 1.17
- 적재 밀도 = 6 / 13 = 0.4615 = 46%

아래의 조건에 따라 해싱(hashing)에 관한 물음에 답하시오.

조건

① identifier ⇒ {for, do, case, if, max}
② identifier를 자연수로 바꾸는 함수로 trans() 사용한다.

```
int trans(char *key) {
// key는 문자열 배열을 가리키는 문자형 포인터 변수이며
// identifier값이 저장되어 있음
int number = 0 ;
while (*key)
    number += *key++ ;
    return number ;
}
```

③ 해시 테이블은 버켓 수가 17개, slot 수가 1개로 구성된다.
④ Overflow 해결법으로는 이중 해시를 사용한다.

$A_0 = h_1(키)$

$A_i = (A_{i-1} + h_2(키)) \bmod N \ (i > 0)$, N : 버켓 수

$h_1(키) = 키 \bmod 17$ (키 : trans()에서 return 되는 값)

$h_2(키) = 1 + (키 \bmod 15)$

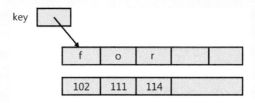

number += *key++ ;

(1) 위 identifier 삽입 결과를 hash table에 표시하시오. 새로운 identifier 'tree'를 삽입할 경우 삽입되는 인덱스 번호는?

(2) 문제 (1)을 수행한 후의 h_1에 대한 동거자 쌍을 쓰시오.

(3) identifier 'tree'를 삽입할 때 모든 탐사 결과 충돌이 일어난다고 가정한다면 탐사되는 인덱스를 순서대로 5개만 쓰시오.

(4) 이차조사법과 이중해시는 선형 조사법에서 발생하는 군집 현상의 단점을 보완한 것이다. 이차조사법과 비교하여 이중해시의 차이점을 설명하시오.

풀이 (1) a=97, b=98, c=99, d=100, e=101, f=102, i=105, m=109, o=111, r=114, s=115, x=120

식별자		number	h1	h2
for	102+111+114	327	4	
do	100+111	211	7	
case	99+97+115+101	412	4	8
if	105+102	207	3	
max	109+97+120	326	3	12
tree	116+114+101+101	432	7	13

index	hash table 'T'	
0		
1		
2		
3	if	max tree
4	for	case
5		
6		
7	do	tree
8		
9		
10		
11		
12	case	
13		
14		
15	max	
16	tree	

(2) (for, case), (do, tree), (if, max)

- 동거자 : 두 개의 식별자가 같은 해시 함수 h를 써서 동일한 hash value를 가지는 경우 이 두 식별자를 해시 함수 h에 대해 동거자라고 한다.
- 충돌 : 두 개의 식별자가 같은 해시 함수 h를 수행한 결과 같은 hash value로 매핑될 때 충돌이 일어난다고 한다.

  따라서 동거자와 충돌은 slot의 개수에 관계없이 hash 함수에 의해 발생한다.

(3) 7 3 16 12 8

$$A_0 = h_1, \ A_i = (A_{i-1} + h_2(키)) \% N$$
$$h_1 = 432 \% 17 = 7, \ h_2 = 1 + (432 \% 15) = 13$$

$A_0 = 7$

$A_1 = (7 + 13) \% 17 = 3$

$A_2 = (3 + 13) \% 17 = 16$

$A_3 = (16 + 13) \% 17 = 12$

$A_4 = (12 + 13) \% 17 = 8$

(4) 이차 군집(집중, 클러스터) 문제를 해결할 수 있다.

1.6 알고리즘 기초

정렬 알고리즘을 표현한 다음 코드는 오류가 있는 코드이다. 물음에 답하시오.

```
void swap (int a[], int i, int j) {
    int temp = a[i] ;
    a[i] = a[j] ;
    a[j] = a[i] ;
}
void sort (int a[], int size) {
    int b = size - 1 ;
    for(int i = 0 ; i ≤ size - 1 ; i++)
        if (a[b] ≤ a[i])
            b = i ;
        swap(a, size - 1, b) ;
        sort(a, size - 1) ;
}
```

(1) 어떤 정렬 알고리즘을 나타내는 코드인가?

(2) 코드에 오류가 있는 부분을 찾아 수정하시오.

(3) 코드에서 size가 의미하는 것은 무엇인가?

(4) 이 정렬방법이 안정(stable)된 정렬인지 아닌지를 설명하시오.

풀이 (1) 선택정렬

(2) a[j] = a[i] ; → a[j] = temp ;

(3) 정렬해야 할 레코드 수이다. 한 개는 이미 정렬되었다고 가정한다.

(4) if문에서 a[b] = a[i]인 경우에도 b의 값을 바꾸게 되므로 불안정 정렬이다.

예) 정렬 전 : 1, 2, 3, 7_1, 7_2 → 정렬 후 : 1, 2, 3, 7_2, 7_1

입력 데이터 (4, 1, 3, 2, 6, 5, 7)에 대하여 아래 각 알고리즘에서 키값끼리의 비교 횟수와 교환 횟수를 구하시오.

(1) 선택 정렬(Selection sort)을 사용한다. 단, 1회전 중 1회 이하로 교환하는 알고리즘을 적용한다.

(2) 버블 정렬(Bubble sort)을 사용한다. 단, flag를 사용하여 1회전 중 교환이 없으면 종료되는 개선된 버블 정렬 알고리즘을 적용한다.

(3) 삽입 정렬(Insertion sort)을 사용한다. 단, next.key 값이 앞의 값보다 적은 동안 비교하며, next.key 값이 크면 비교한 후 그 회전(pass)은 빠져나온다.

(4) 퀵 정렬(Quick sort)을 사용한다.

풀이

	선택 정렬	버블 정렬	삽입 정렬	퀵 정렬
비교 횟수	21	15	10	16
교환 횟수	3	5	4	3

■ 버블 정렬

초깃값 : 4 1 3 2 6 5 7

1회전 : 1 3 2 4 5 6 7 (비교 6, 교환 4)

2회전 : 1 2 3 4 5 6 7 (비교 5, 교환 1)

3회전 : 비교를 4번하고 교체되는 값이 없으므로 종료됨

비교 횟수 = 6 + 5 + 4 = 15, 교환 횟수 = 5

■ 삽입 정렬

초깃값 : 4 1 3 2 6 5 7

1회전 1 4 3 2 6 5 7 (비교 1, 교환 1)

2회전 1 3 4 2 6 5 7 (비교 2, 교환 1)

3회전 1 2 3 4 6 5 7 (비교 3, 교환 1)

4회전 1 2 3 4 6 5 7 (비교 1, 교환 0)

5회전 1 2 3 4 5 6 7 (비교 2, 교환 1)

6회전 1 2 3 4 5 6 7 (비교 1, 교환 0)

비교 횟수 = 10, 교환 횟수 = 4

아래 데이터를 사용하여 피보나치 트리를 그리시오. 피보나치 탐색으로 22값을 찾으려면 몇 번 비교해야 하는가?

번호	1	2	3	4	5	6	7	8	9	10	11	12	13	14	15	16	17	18	19	20
데이터	5	8	9	14	20	22	25	28	36	49	51	53	55	59	62	64	69	72	83	92

풀이 ■ 피보나치 트리

피보나치수열의 항목 값을 사용하여 트리(서브 트리)에서 루트로 사용할 데이터를 구한다.

$F_0 = 1, F_1 = 1, \cdots, F_i = F_{i-1} + F_{i-2}\,(i \geq 2)$

1, 1, 2, 3, 5, 8, 13, 21, 34, 55···

① 데이터의 수가 20개이므로 피보나치수열에서 20 이하의 수로 가장 큰 것은 13이다. 따라서 13번째 데이터인 55가 트리의 루트가 된다.

② 노드 55의 왼쪽 서브 트리의 루트 노드를 구한다. 55보다 적은 데이터 수는 12개이며, 피보나치수열에서 12 이하의 수로 가장 큰 것은 8이다. 따라서 8번째 데이터인 28이 트리의 루트가 된다.

③ 위의 과정을 반복하면 아래와 같은 트리를 만들 수 있다.

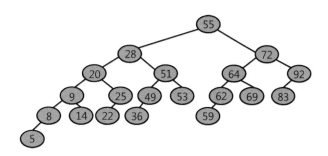

■ 피보나치 트리 탐색

피보나치수열에서 13, 8, 5, 7, 6이 순서대로 선택되며, 이들 위치에 있는 데이터인 55, 28, 20, 25, 22와 비교하게 된다. 따라서 22를 찾기 위해 비교할 횟수는 5회가 된다.

번호	1	2	3	4	5	6	7	8	9	10	11	12	13	14	15	16	17	18	19	20
데이터	5	8	9	14	20	22	25	28	36	49	51	53	55	59	62	64	69	72	83	92
비교순서					③	⑤	④	②					①							

 탐색(searching)에 관련된 다음 표를 완성하고, 평균 수행시간을 그래프로 나타내시오.

구분	평균탐색길이	탐색시간	기억공간	프로그래밍
선형탐색				
이분탐색				
이진탐색트리				

구분	평균탐색길이	탐색시간	기억공간	프로그래밍
선형탐색	$\dfrac{n+1}{2}$	O(n)	n	간단함
이분탐색	$\log_2(n+1)-1$	O($\log_2 n$)	n+2	적당함
이진탐색트리	$1.4\log_2 n$	O($\log_2 n$)	2n	복잡함

- 검색방법의 평균 수행시간 비교

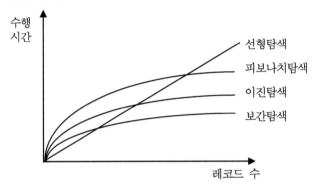

이진 탐색(binary search) 알고리즘을 C언어를 사용하여 프로그램을 작성하고, 알고리즘의 시간 복잡도(complexity)를 계산하시오.

- 알고리즘

```c
int binsearch (int list[], int key, int left, int right) {
    /* list[0] ≤ list[1] ≤ ⋯ ≤ list[n-1]을 탐색하여 key를 찾으면 그 위치를 반환하고,
       그렇지 않으면 -1을 반환한다. */

    int middle ;
    while (left ≤ right) {
        middle = (left + right) / 2 ;
        switch(COMPARE(list[middle], key)) {
            case key > list[middle]
                left = middle + 1 ;
                break ;
            case key = list[middle]
                return middle ;
            case key < list[middle]
                right = middle - 1 ;
                break ;
        }
    }
    return -1 ;
}
```

■ 시간 복잡도

n개의 원소 탐색시간을 T(n)이라 하면

$$T(n) = T(n/2) + C$$

C는 n개의 원소를 이분하여 원소가 속한 그룹을 찾는데 소요되는 상수 시간이다.

$$T(n) = T(n/2) + C$$
$$T(n/2) = T(n/2^2) + C$$
$$\vdots$$

$$\underline{+\,)\ T(n/2^{k-1}) = T(n/2^k) + C}$$
$$T(n) = T(n/2^k) + KC$$

여기서 $n = 2^k$라 두면, $K = \log_2 n$이므로 $T(n) = T(1) + C \cdot \log_2 n = O(\log_2 n)$

1.7 알고리즘 설계원리

다음은 재귀함수(recursive function)를 사용하여 피보나치(Fibonacci) 수를 계산하는 프로그램의 일부이다. 물음에 답하시오.

```
static int fib(int n) {
  if (n ≤ 1) return 1 ;
  return (_____㉠_____) ;
}
```

(1) ㉠에 들어갈 내용은 무엇인가?

(2) fib(5)의 값을 계산하기 위한 fib 함수의 호출 횟수를 쓰고, 호출 순서대로 나열하시오.

(3) fib(n)의 호출 횟수를 f(n)이라 하고 f(n)을 수식으로 표현하시오.

(4) (1, 2, 3, 4, ..., 20)로 구성된 20개 데이터에서 피보나치 탐색으로 6을 탐색할 때 비교 횟수는?

풀이 (1) fib(n - 1) + fib(n - 2)

(2) 15번 호출

fib(5) - fib(4) - fib(3) - fib(2) - fib(1) - fib(0) - fib(1) - fib(2) - fib(1) - fib(0) - fib(3) - fib(2) - fib(1) - fib(0) - fib(1)

함수호출 :

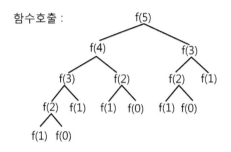

(3) f(n) = f(n - 1) + f(n - 2) + 1 (n >= 2일 때)

   f(n) = 1 (n ≤ 1일 때)

(4) 5번

다음 프로그램은 하노이탑 문제(Hanoi Tower Problem)를 나타낸 것이다. 프로그램에서 h(n, 1, 2, 3)를 호출할 때 n의 값에 따라 printf의 호출 횟수가 달라진다. printf의 호출 횟수를 n을 이용하여 나타내시오.

```c
void h(int n, int a, int b, int c) {
    if (n != 1)
        h(n-1, a, c, b) ;
    printf("%d → %d \n", a, c) ;
    if (n != 1)
        h(n-1, b, a, c) ;
}
```

풀이 h(n, 1, 2, 3) 호출에 대한 예시

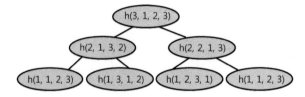

P(n) = 2×P(n - 1) + 1을 추측할 수 있다.

P(1) = 1

P(2) = 2×P(1) + 1 = 2 + 1 = 3

P(3) = 2×P(2) + 1 = 2×3 + 1 = 4 + 2 + 1 = 7

P(4) = 2×P(3) + 1 = 2×7 + 1 = 8 + 4 + 2 + 1 = 15

...

등비수열의 합 공식을 이용하면, 일반적으로

$P(n) = 1 + 2 + 2^2 + ... + 2^{n-1} = (2^n - 1) / (2 - 1) = 2^n - 1$

※ n이 음수일 때도 고려하면, $\lceil 2^n \rceil - 1$

n	...	-2	-1	0	1	2	...
P(n)		0	0	0	1	3	

■ 프로그램 실행 과정

```
→ h(2, 1, 3, 2)   → h(1, 1, 2, 3)   → 출력 : 1, 3
                  → 출력 : 1, 2
                  → h(1, 3, 1, 2)   → 출력 : 3, 2
→ 출력 : 1, 3
→ h(2, 2, 1, 3)   → h(1, 2, 3, 1)   → 출력 : 2, 1
                  → 출력 : 2, 3
                  → h(1, 1, 2, 3)   → 출력 : 1, 3
```

Ackermann 함수 A(m, n)가 다음과 같이 정의될 때 아래 물음에 답하시오.

$$A(m, n) = \begin{cases} n+1 & , m=0인\ 경우 \\ A(m-1,\ 1) & , n=0인\ 경우 \\ A(m-1,\ A(m, n-1)) & , 그\ 외의\ 경우 \end{cases}$$

(1) A(1, 1)과 A(2, 2)의 값을 구하시오.

(2) 이 함수의 값을 구하는 알고리즘을 순환(recursion)을 사용하여 C언어로 작성하시오.

---

 (1)

A(1, 1)=A(0, A(1, 0))=A(0, A(0, 1))=A(0, 2)=3

A(2, 2)=A(1, A(2, 1))=7

A(2, 1)=A(1, A(2, 0))=5

A(2, 0)=A(1, 1)=3

A(1, 3)=A(0, A(1, 2))=5

A(1, 2)=A(0, A(1, 1))=4

A(1, 5)=A(0, A(1, 4))=7

A(1, 4)=A(0, A(1, 3))=6

n			·			
			·			
6			·			
5	6	7	13	253		
4	5	6	11	125		
3	4	5	9	61		
2	3	4	7	19		
1	2	3	5	13		
0	1	2	3	5		
	0	1	2	3	4	m

(2)

```
A(int m, int n) {
        if (m == 0) return (n + 1) ;
        if (n == 0) return (A(m - 1, 1)) ;
        else return A(m - 1, A(m, n - 1)) ;
}
```

다음 알고리즘과 그래프를 보고 물음에 답하시오

(1) 그래프를 function 함수에 적용했을 때 k=1, i=2, j=3인 경우 d[i][j] 값을 구하고, 그 값의 의미를 설명하시오.

(2) 알고리즘이 결론적으로 구하고자 하는 것은 무엇인가?

(3) 그래프를 function 함수를 수행한 후의 d[i][j] 행렬을 완성하시오.

```
int d[][]
void function(int c[][M], int n){
int i, j, k ;
for (i = 0 ; i < n ; i++)
  for (j = 0 ; j < n ; j++)
      d[i][j] = c[i][j] ;
for (k = 0 ; k < n ; k++)
  for (i = 0 ; i < n ; i++)
    for (j = 0 ; j < n ; j++)
      if (d[i][k] + d[k][j] < d[i][j])
        d[i][j] = d[i][k] + d[k][j] ;
}
```

풀이 (1)   ▪ 초기행렬

	0	1	2	3
0	0	1	1	∞
1	2	0	∞	7
2	∞	4	0	2
3	5	1	1	0

▪ k = 0

	0	1	2	3
0	0	1	1	∞
1	2	0	3	7
2	∞	4	0	2
3	5	1	1	0

■ k = 1

$$
\begin{array}{c c}
 & \begin{array}{cccc} 0 & 1 & 2 & 3 \end{array} \\
\begin{array}{c} 0 \\ 1 \\ 2 \\ 3 \end{array} &
\begin{bmatrix}
0 & 1 & 1 & 8 \\
2 & 0 & 3 & 7 \\
6 & 4 & 0 & ② \\
3 & 1 & 1 & 0
\end{bmatrix}
\end{array}
$$

k = 1일 때, d[2][3] = 2

이 값은 v_0과 v_1만 거쳐서 v_2에서 v_3으로 갈 수 있는 최단경로의 비용을 의미한다.

(2) 모든 vertex 쌍의 최단경로

(3)

$$
\begin{array}{c c}
 & \begin{array}{cccc} 0 & 1 & 2 & 3 \end{array} \\
\begin{array}{c} 0 \\ 1 \\ 2 \\ 3 \end{array} &
\begin{bmatrix}
0 & 1 & 1 & 3 \\
2 & 0 & 3 & 5 \\
5 & 3 & 0 & 2 \\
3 & 1 & 1 & 0
\end{bmatrix}
\end{array}
$$

 허프만(Huffman) 트리를 정의하고, 외부 노드의 가중치가 (2, 3, 5, 11)일 때 최소 가중경로 길이를 갖는 트리를 구하는 과정을 그림으로 나타내시오.

풀이

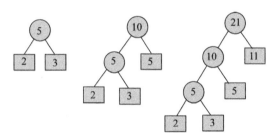

트리의 가중외부 경로길이 : 2×3 + 3×3 + 5×2 + 11×1 = 36

■ 허프만 부호의 구성 알고리즘

① 각 기호에 대응하는 단말 노드를 만든다. 각각에는 그 기호의 발생 확률 또는 빈도수를 기록한다.

② 발생 확률이 가장 작은 2개의 단말 노드에 대해 새로운 노드를 하나 만든 후 그 노드와 2개의 단말 노드를 링크로 연결한다. 이들 링크에 각각 0과 1의 라벨을 붙인다. 이 노드에 2개 단말 노드의 확률의 합을 기록한 후 이 노드를 새로운 단말 노드라고 생각한다.

③ 단말 노드가 1개가 될 때까지 ②의 과정을 반복한다.

④ 루트 노드에서 기호에 대응하는 노드까지 링크를 따라갈 때 얻어지는 1과 0의 조합이 그 기호에 대한 부호어가 된다.

■ 허프만 부호 알고리즘의 예제

허프만 부호를 구성하는 예제로 기호열 "aa_bb_cccc_dddd_eeeeeeee"에 알고리즘을 적용하면 다음과 같다.

① 각 기호에 대응하는 단말 노드를 만들고 노드에는 그 기호의 발생 확률을 기록한다.

② 발생 확률이 가장 낮은 단말 노드는 기호 a와 b이므로 두 노드를 연결하여 새로운 노드를 만들고 확률의 합을 기록한다.

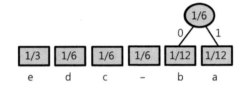

새로 만들어진 노드를 단말 노드라고 생각하고 위의 과정을 반복하면 아래와 같은 순서로 트리가 생성된다.

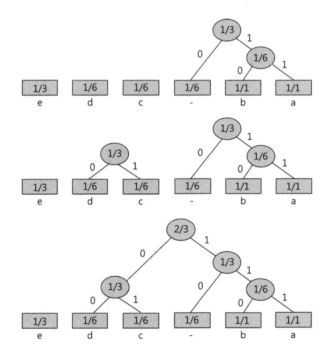

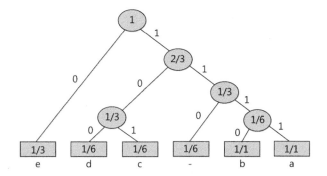

 허프만(Huffman) 알고리즘을 이용하면 가중외부 경로길이가 최소인 이진트리를 찾을 수 있다. 가중치가 $q_1 = 5$, $q_2 = 6$, $q_3 = 7$, $q_4 = 10$, $q_5 = 15$, $q_6 = 19$인 경우 아래 물음에 답하시오.

(1) 가중외부 경로 길이가 최소인 트리를 그리시오.
(2) 가중외부 경로 길이는 얼마인가?

풀이 (1) 가변 길이와 고정 길이로 구성한 경우

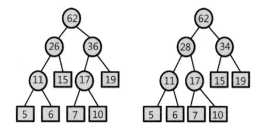

(2) 가중 외부 경로 길이는 동일함

  5×3 + 6×3 + 7×3 + 10×3 + 15×2 + 19×2 = 152

 8개의 데이터 a, b, c, d, e, f, g, h에 대한 가중치가 각각 20, 7, 12, 17, 3, 12 26, 7이라고 할 때 아래 물음에 답하시오.

(1) 허프만(Huffman) 알고리즘을 사용하여 최소가중 경로길이를 갖는 트리를 구하시오.
(2) 가중치가 각 문자들의 출현 빈도수라고 할 때 허프만 코드를 구하시오.

풀이 (1)   (2)

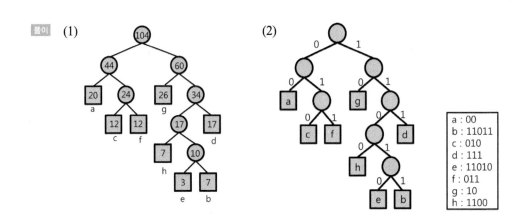

 다음 정보를 이용하여 허프만 트리에 관한 물음에 답하시오.

문자	A	B	C	D	E	F
빈도수	2	3	5	7	9	13

(1) 동적 기법을 적용하여 허프만 트리를 그리시오.

(2) 최소가중 외부 경로길이를 구하시오.

(3) 다음 빈칸을 채우시오.

문자	A	B	C	D	E	F
소요 비트						
코드						

풀이 (1)

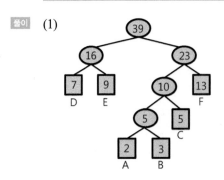

(2) $2 \times 4 + 3 \times 4 + 5 \times 3 + 13 \times 2 + 7 \times 2 + 9 \times 2 = 93$

(3)

문자	A	B	C	D	E	F
필요 비트	4	4	3	2	2	2
코드	1000	1001	101	00	01	11

다음 조건에 따라 a, b, c, d, e, f, g에 대한 허프만 코드가 주어졌을 때 x, y, z를 구하시오.

조건

① a = 00, b = 01, c = 10, d = 101, e = xyz, f = xy10, g = 1111
② x, y, z는 0 또는 1
③ 각 문자에 대한 허프만 코드에서 하나만 틀렸다고 가정하고 바르게 수정한다.

풀이 c = 100, x = 1, y = 1, z = 0 (e = 110, f = 1110)

다음은 퍼즐 문제를 해결하기 위한 A* 알고리즘의 의사코드이다. 〈조건〉을 고려하여 물음에 답하시오. [중등교사 임용시험 정보·컴퓨터 2023-A-9]

```
Nodes = ∅  // 평가할 노드 집합 Nodes를 공집합으로 초기화함
Checked = ∅  // 평가한 노드 집합 Checked를 초기화함

Nodes에 '시작노드'를 추가함

while (Nodes ≠ ∅) do {
 p = delete_min(Nodes)
 if (p == '목표노드') then return '성공'
 else {
   p의 모든 하위노드 집합 SubNodes를 생성한다.
   for each n ∈ SubNodes {  // 각 하위노드 n에 대해 수행
     if ((n ∉ Nodes) and (n ∉ Checked)) then {
        n의 평가함수 값 f(n) = g(n) + h(n)을 계산함
        n을 Nodes에 추가함
     }
   }
 }
 p를 Checked에 추가함
}
return '실패'
```

조건

- 3-퍼즐 문제란 2×2 퍼즐 숫자판에 놓인 3개의 숫자 조각을 인접한 빈 공간으로 상, 하, 좌, 우로 한 칸씩 이동하면서 시작 노드에서 목표노드로 만드는 것이다.
- A* 알고리즘은 초기상태인 시작노드에서 하위노드들을 확장해 가면서 목표노드에 도달하는데, 평가함수 f(n)의 값이 최소인 노드를 우선 확장한다.
- 하위노드란 한 노드에서 숫자 조각을 한 칸 이동하여 생성된 노드이며, 이들 중 이전에 생성된 적이 있는 노드는 문제 해결 과정에서 제외된다.
- 다음은 8-퍼즐과 그 하위노드들을 나타낸 예이다.

2	8	3
1		4
7	6	5

하위노드 :

2	8	
1	4	3
7	6	5

2	8	3
1		4
7	6	5

2	8	3
1	4	5
7	6	

- 노드 n의 평가함수는 f(n) = g(n) + h(n)으로 정의한다.
- g(n)은 시작노드부터 노드 n까지의 경로 비용이다.
- g(시작노드)는 0이고, 어떤 노드 n에 대하여 g(n의 하위노드) = g(n) + 1이다.
- h(n)은 노드 n에서 목표노드까지의 비용을 예상하는 휴리스틱 값이다. h(n)은 노드 n의 숫자 조각이 목표노드와 동일한 위치에 있지 않은 숫자 조각의 개수로 계산된다.
- delete_min(Nodes) 함수는 집합 Nodes에서 평가함수 값이 최소인 노드를 가져온 후, 해당 노드를 Nodes에서 제거한다.
- 다음은 알고리즘에 적용할 3-퍼즐 문제의 시작노드와 목표노드의 상태이다.

시 작 노드

2	1
3	

목 표 노드

1	
2	3

(1) 다음 노드 n은 위 알고리즘을 적용하여 시작노드에서 목표노드를 만드는 과정 중에 생성된 것이다. 노드 n에 대한 g(n)과 h(n)의 값을 각각 구하시오.

	1
2	3

(2) 주어진 알고리즘을 사용하여 시작노드에서 목표노드를 만들었을 때 h(목표노드)와 f(목표노드) 값을 각각 구하시오.

풀이 (1) 2, 1

동일한 위치에 있지 않은 숫자는 1로 1개이다. 따라서 g(n) = 2, h(n) = 1이 된다.

2	1
3	

하위노드 :

2	
3	1

2	1
	3

⇒

	1
2	3

(2) 0, 3

$g(목표노드) = 3,\ h(목표노드) = 0,\ f(목표노드) = 3 + 0 = 3$

하위노드:

$\begin{array}{|c|c|}\hline 2 & 1 \\\hline 3 & \\\hline\end{array}$ 하위노드: $\begin{array}{|c|c|}\hline 2 & \\\hline 3 & 1 \\\hline\end{array}$ $\begin{array}{|c|c|}\hline 2 & 1 \\\hline & 3 \\\hline\end{array}$ $\Rightarrow$ $\begin{array}{|c|c|}\hline & 1 \\\hline 2 & 3 \\\hline\end{array}$ $\Rightarrow$ $\begin{array}{|c|c|}\hline 1 & \\\hline 2 & 3 \\\hline\end{array}$

다음은 그래프에서 최소비용 신장트리를 구하는 알고리즘을 구현한 프로그램과 이를 적용할 그래프를 나타낸 것이다. 〈조건〉을 고려하여 물음에 답하시오. [중등교사 임용시험 정보·컴퓨터 2022-B-10]

```
T = { } ;
TV = {1} ;
initnear() ;
near[1] = 0 ;
while(size(T) < n-1) {
  v = find() ;
  add((v, near[v]), T) ;  ← ㉠
  vadd(v, TV) ;
  near[v] = 0 ;
  modifynear(v) ;   ← ㉡
}
print(T) ;
```

조건

- T와 TV는 현재 시점의 신장트리에서 각각 간선과 정점의 집합이다.
- 배열 near의 항목 수는 대상 그래프의 정점 수인 n이다.
- near[i]는 TV에 속한 정점 중 i와 최소 비용으로 연결된 정점을 갖는다. 단, 정점 i가 TV에 속한 경우 near[i]는 0이고, TV에 속한 정점 중 i와 직접 연결된 것이 없으면 near[i]는 시작 정점인 1로 설정된다.

인덱스(정점번호)	1	2	3	4	5	6	7	8	9	10
배열 near	0	1	1	1	1	1	1	1	1	1

- find()는 near[i]의 값이 0이 아닌 정점 중 (i, near[i])이 최소인 것을 반환한다. 간선이 존재하지 않는 두 정점 사이의 비용은 무한대이다.
- initnear()는 배열 near의 모든 항목 값을 1로 설정한다.
- 알고리즘은 새로운 정점 v를 TV에 추가하고 near[v] 값을 0으로 설정한다. 이어서 modifynear(v)를 호출하여 TV에 속하지 않은 모든 정점 i에 대해 (i, near[i])보다 (i, v)의 비용이 작으면 near[i]의 값을 v로 변경한다.
- 함수 size(T)는 T에 속한 간선의 개수를 반환한다.
- add((v, near[v]), T)는 간선 (v, near[v])를 집합 T에 추가하고, vadd(v, TV)는 정점 v를 집합 TV에 추가한다.

(1) 문장 ㉠이 여섯 번째 실행될 때 T에 추가되는 간선은 무엇인가?

(2) 문장 ㉡이 여섯 번째 실행될 때 near의 항목 값이 변경되는 정점을 나열하시오.

(3) 그래프에 알고리즘을 적용하였을 때 T에 포함된 모든 간선의 비용 합을 구하시오.

(4) 주어진 그래프에 대한 최소비용 신장트리를 그리시오.

풀이 (1) (1, 3)

(2) 3, 5, 6

(3) 신장트리의 간선 수가 n-1개가 될 때까지 신장트리에 포함된 노드와 연결된 간선 중에서 최소비용의 간선을 선택하여 트리에 추가한다. 선택된 간선의 순서대로 비용을 나열하면 다음과 같다.

$$1 + 2 + 3 + 3 + 4 + 4 + 2 + 4 + 5 = 26$$

(4)

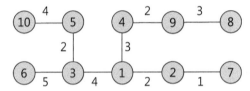

주어진 그래프를 알고리즘에 적용할 때 최소비용 신장트리가 만들어지는 과정은 다음과 같다.

① 간선 (2, 1) 추가

v = find()에서 비용이 최소인 정점 2를 반환

T = {(2, 1)}, TV = {1, 2}

v = 2 : 목적지가 2인 경로 중에서 원래의 값과 비교하여 near 값을 변경함. 즉, (7, 2)와 (8, 2)에서 값이 변경됨

• near

인덱스(정점번호)	1	2	3	4	5	6	7	8	9	10
배열 near	0	0	1	1	1	1	2	2	1	1

② 간선 (7, 2) 추가

T = {(2, 1), (7, 2)}, TV = {1, 2, 7}

v = 7 : 목적지가 7인 경로 중에서 원래의 값과 비교하여 near 값을 변경함. 새로운 간선

이 없으므로 TV에 추가된 7번 인덱스만 0으로 설정함

● near

인덱스(정점번호)	1	2	3	4	5	6	7	8	9	10
배열 near	0	0	1	1	1	1	0	2	1	1

③ 간선 (4, 1) 추가

T = {(2, 1), (7, 2), {4, 1}}, TV = {1, 2, 7, 4}, v = 4

● near

인덱스(정점번호)	1	2	3	4	5	6	7	8	9	10
배열 near	0	0	1	0	4	1	0	2	4	1

④ 간선 (4, 9) 추가

T = {(2, 1), (7, 2), (4, 1), (4, 9)}, TV = {1, 2, 7, 4, 9}, v = 9

● near

인덱스(정점번호)	1	2	3	4	5	6	7	8	9	10
배열 near	0	0	1	0	4	1	0	9	0	1

⑤ 간선 (8, 9) 추가

T = {(2, 1), (7, 2), (4, 1), (9, 4), (8, 9)}

TV = {1, 2, 7, 4, 9, 8}, v = 8

● near

인덱스(정점번호)	1	2	3	4	5	6	7	8	9	10
배열 near	0	0	1	0	4	1	0	0	0	1

⑥ 간선 (1, 3) 추가

간선 (1, 3)이 추가되었을 때, T, TV, near의 값은 다음과 같다. 정점 3의 near 값이 0으로 변경되며, 정점 3에 연결된 정점 5, 6의 near 값도 변경된다.

T = {(2, 1), (7, 2), (4, 1), (9, 4), (8, 9), (1, 3)}

TV = {1, 2, 7, 4, 9, 8, 3}, v = 3

● near

인덱스(정점번호)	1	2	3	4	5	6	7	8	9	10
배열 near	0	0	0	0	3	3	0	0	0	1

⑦ 간선 (3, 5) 추가

T = {(2, 1), (7, 2), (4, 1), (9, 4), (8, 9), (3, 1), (3, 5)}

TV = {1, 2, 7, 4, 9, 8, 3, 5}, v = 5

● near

인덱스(정점번호)	1	2	3	4	5	6	7	8	9	10
배열 near	0	0	0	0	0	3	0	0	0	5

⑧ 간선 (5, 10) 추가

T = {(2, 1), (7, 2), (4, 1), (9, 4), (8, 9), (3, 1), (5, 3), (5, 10)}

TV = {1, 2, 7, 4, 9, 8, 3, 5, 10}, v = 10

● near

인덱스(정점번호)	1	2	3	4	5	6	7	8	9	10
배열 near	0	0	0	0	0	3	0	0	0	0

⑨ 간선 (3, 6) 추가

T = {(2, 1), (7, 2), (4, 1), (9, 4), (8, 9), (3, 1), (5, 3), (10, 5), (3, 6)}

TV = {1, 2, 7, 4, 9, 8, 3, 5, 10, 6}, v = 6

● near

인덱스(정점번호)	1	2	3	4	5	6	7	8	9	10
배열 near	0	0	0	0	0	0	0	0	0	0

〈참조〉

▶ 최소비용 신장트리를 구하는 알고리즘

① Kruskal 알고리즘

```
T = { };
while (T가 n-1개 미만의 간선을 포함 && E가 비어 있지 않음)
 {E에서 최소비용 간선(v, w)을 선택;
    E에서 (v, w)를 삭제;
    if ((v, w)가 T에서 사이클을 형성하지 않음)
      (v, w)를 T에 추가;
    else
      (v, w)를 거부;
 }
if (T가 n-1개보다 적은 간선 포함)
  printf("스패닝 트리가 없음\n");
```

⇒ 알고리즘 시간 복잡도 : $O(eloge)$ (각 간선마다 수행)
⇒ 사이클 존재 확인 : **union, find** 연산으로 사이클을 확인함

② Prim 알고리즘

```
T = { };
TV = {0};
while (T의 간선 수가 n-1보다 적음)
{
  u∈TV이고, v∉TV인 최소비용 간선을 (u, v) or (v, u)라 함
  if (그런 간선이 없음) break;
  v를 TV에 추가;
  (u, v)를 T에 추가;
}
if (T의 간선 수가 n-1보다 적음)
  printf("스패닝 트리가 없음\n");
```

⇒ 알고리즘 시간 복잡도 : $O(n^2)$ (n : 그래프 G의 정점 수)

• 알고리즘 비교

	Kruskal 알고리즘	**Prim** 알고리즘
공통점	한 번에 하나씩 최소비용 간선을 선택하여 spanning tree를 구축함	
차이점	초기에 empty에서 시작하여 트리를 만들어 나감	하나의 정점을 가진 트리에서 시작하여 트리를 유지하여 완성함
	각 단계에서 선택된 간선의 집합 T는 forest를 구성함	각 단계에서 선택된 간선의 집합 T는 트리를 구성함
	사이클 검사를 함	사이클 검사를 하지 않음

다음은 그래프에서 최소비용 신장트리를 찾기 위한 Kruskal 알고리즘의 의사 코드와 이 알고리즘에 필요한 함수를 C 언어로 작성한 것이다. 〈조건〉을 고려하여 물음에 답하시오. [중등교사 임용시험 정보·컴퓨터 2023-B-11]

```
Kruskal_MST(Graph G) {
 MST = ∅ ;  // 간선의 집합 MST를 초기화
 n = 그래프 G의 노드 개수 ;
 n개의 정수(0 ~ n-1)로 구성된 parent 배열 생성 ;

 init_set(parent, n) ;
 G의 모든 간선을 가중치 기준으로 정렬 후 edges에 저장 ;
 while (MST의 간선 개수 < n - 1) do {
    e(v, u) = delete_min(edges) ;
    v_set = find_set(parent, v) ;
    u_set = find_set(parent, u) ;
    if (v_set != u_set) then {  ← ㉠
      set_union(parent, v_set, u_set) ;
      MST = MST ∪ e(v, u) ;  ← ㉡
    }
 }
 return MST ;
}

void init_set(int parent[ ], int n) {
  for (int i = 0 ; i < n ; i++)
    parent[i] = i ;
}

int find_set(int parent[ ], int v) {
  while (parent[v] != v)
    v = parent[v] ;
  return v ;
}

void set_union(int parent[ ], int v, int u) {
  if (v < u)
    parent[u] = v ;
  else
    parent[v] = u ;
}
```

조건

- 그래프에서 노드 내부의 숫자는 노드 번호이며, 간선의 숫자는 가중치를 나타낸다.
- e(v, u)는 노드 v와 u를 연결하는 간선이다.
- delete_min(edges) 함수는 집합 edges에서 가중치가 최소인 간선을 가져온 후 해당 간선을 edges에서 제거한다.
- 알고리즘에 적용할 그래프는 다음과 같다.

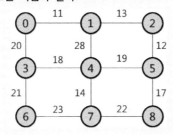

(1) 주어진 그래프에서 최소비용 신장트리의 간선 가중치의 합을 구하시오.

(2) 최소비용 신장트리를 만드는 과정에서 조건문 ㉠이 필요한 이유를 기술하시오.

(3) 문장 ㉡을 통해 MST에 간선 e(2, 5)가 포함되었을 때, parent[1]과 parent[5]에 저장된 값은 무엇인가?

풀이 (1) 125

주어진 그래프에 대한 최소비용 신장트리는 다음과 같으며, 가중치의 총합은 125이다.

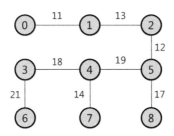

(2) 사이클이 발생하지 않도록 할 목적으로 필요하다.

(3) 0, 2

parent MST	0 1 2 3 4 5 6 7 8	union set
e(0, 1)	0 0 2 3 4 5 6 7 8	{0, 1}, 2, 3, 4, 5, 6, 7, 8
e(2, 5)	0 0 2 3 4 2 6 7 8	{0, 1}, {2, 5}, 3, 4, 6, 7, 8
e(1, 2)	0 0 0 3 4 2 6 7 8	{0, 1, 2, 5}, 3, 4, 6, 7, 8
e(4, 7)	0 0 0 3 4 2 6 4 8	{0, 1, 2, 5}, 3, {4, 7}, 6, 8
e(5, 8)	0 0 0 3 4 2 6 4 0	{0, 1, 2, 5, 8}, 3, {4, 7}, 6
e(3, 4)	0 0 0 3 3 2 6 4 0	{0, 1, 2, 5, 8}, {3, 4, 7}, 6
e(4, 5)	0 0 0 0 3 2 6 4 0	{0, 1, 2, 3, 4, 5, 7, 8}, 6
e(0, 3)	discarded	
e(3, 6)	0 0 0 0 3 2 0 4 0	{0, 1, 2, 3, 4, 5, 6, 7, 8}

• set_union을 수행하는 과정

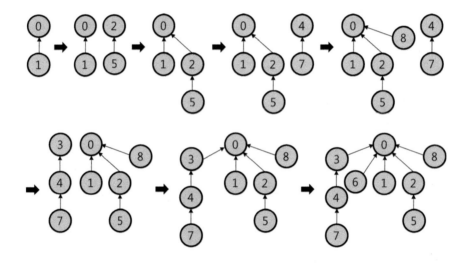

1.8 정렬/탐색 알고리즘

정렬(sort)을 위한 순서도(flowchart)에 관한 아래 물음에 답하시오.

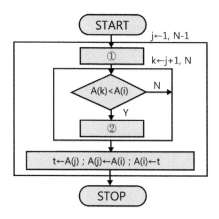

(1) 위 그림은 선택 정렬(selection sort)의 순서도이다. ①과 ②에 들어갈 내용은 무엇인가?
(2) 버블 정렬(bubble sort)을 위한 순서도를 그리시오.

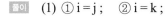

풀이 (1) ① i = j ;   ② i = k ;

(2)

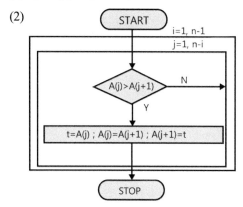

입력 데이터 (77, 33, 44, 11, 88, 22, 66, 55)를 사용하여 삽입 정렬(insertion sort) 알고리즘의 수행 과정을 나타내고 연산시간을 분석하시오.

풀이

입력 데이터	Pass 번호							
	1	2	3	4	5	6	7	8
초깃값	77	33	44	11	88	22	66	55
33	33	77	44	11	88	22	66	55
44	33	44	77	11	88	22	66	55
11	11	33	44	77	88	22	66	55
88	11	33	44	77	88	22	66	55
22	11	22	33	44	77	88	66	55
66	11	22	33	44	66	77	88	55
55	11	22	33	44	55	66	77	88

■ 알고리즘 분석

전체 비교 횟수 : $1 + 2 + 3 + \cdots + (n-1) = n(n-1)/2$

수행 시간 : $O(n^2)$

최선의 경우 : 초기에 정렬된 경우, 전체 비교 횟수는 n-1번

입력 데이터 (3, 6, 2, 5, 1, 4, 8, 7)을 사용하여 선택 정렬(selection sort) 알고리즘의 수행 과정을 나타내고 연산시간을 분석하시오.

풀이 총 비교 횟수는 1단계에서 자신의 키와 n-1개의 데이터를 비교하여 수행하고, 2단계에서는 n-2회 비교 수행하며, 마지막에는 1회 비교한다. 따라서 총 비교 횟수는 $(n-1) + (n-2) + \cdots + 2 + 1 < n^2$이므로 연산시간은 $O(n^2)$이 된다.

정렬 전 배열	3	6	2	5	1	4	8	7
1단계	1	6	2	5	3	4	8	7
2단계		2	6	5	3	4	8	7
3단계			3	5	6	4	8	7
4단계				4	6	5	8	7
5단계					5	6	8	7
6단계						6	8	7
7단계							7	8
정렬 후 배열	1	2	3	4	5	6	7	8

다음 물음에 답하시오.

(1) 쉘 정렬(shell sort) 알고리즘을 단계별로 나열한 후 연산시간을 분석하시오.

(2) 아래 데이터를 쉘 정렬 알고리즘으로 오름차순 정렬하시오. 단, 정렬간격이 5, 3, 1일 때 각 단계별 정렬된 결과를 쓰시오.
데이터 : 15, 50, 35, 46, 70, 11, 25, 67, 85, 28, 39, 13

풀이 (1)

① 삽입 정렬을 확장한 방법으로 특정 레코드와 거리가 일정한 레코드끼리 서브파일을 형성하여 각 서브 파일을 삽입 정렬하는 방식이다.

② 쉘 정렬에서는 멀리 떨어진 원소들끼리 비교하며 자리를 옮기는 경우 큰 폭으로 자기 자리를 찾아갈 수 있도록 개선하였다.

③ 서브파일을 형성하기 위한 거리를 줄이면서 거리가 1이 될 때 정렬이 완료되므로, 비교 횟수는 서브파일의 거리에 영향을 받는다.

④ 평균 연산시간 : $O(n(\log_2 n)^2)$

(2)

① 1단계 : 15 50 35 46 70 11 25 67 85 28 39 13

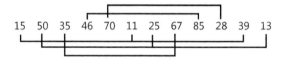

초기 간격이 5이므로 데이터를 간격 5로 묶어서 5개의 서브파일을 생성한다, 각 서브 파일을 삽입정렬에 의해서 정렬한다. 즉, 첫 번째 서브파일 (15, 11, 39)에서 삽입정렬에 의해 11을 선택하고, 두 번째 서브파일 (50, 25, 13)에서 13을 선택한다. 이런 과정을 반복해서 5개의 서브파일에서 차례대로 정렬시켜서 2단계의 데이터를 생성한다.

② 2단계 : 11 13 35 46 28 15 25 67 85 70 39 50

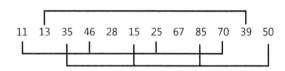

간격을 3으로 서브파일을 묶은 후 1단계를 반복하여 수행한다.

③ 3단계 : 11 13 15 25 28 35 46 39 50 70 67 85

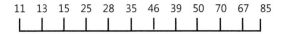

간격을 1로 서브파일을 묶은 후 1단계를 반복하여 수행한다.

④ 4단계 : 11 13 15 25 28 35 39 46 50 67 70 85

입력 데이터 (19, 01, 26, 43, 82, 87, 21, 38, 11, 55)를 사용하여 2-way 합병 정렬(merge sort) 알고리즘의 동작 과정을 나타내고 연산시간을 분석하시오.

풀이 초기 상태 : [19]   [01] [26]   [43] [82]   [87] [21]   [38] [11]   [55]

1번 과정 :   [01 19]   [26 43]   [82 87]   [21 38]   [11 55]

2번 과정 :   [01 19 26 43]   [21 38 82 87]   [11 55]

3번 과정 :   [01 19 21 26 38 43 82 87]   [11 55]

결과 :   [01 11 19 21 26 38 43 55 82 87]

i번째 과정에서는 길이가 2^{i-1}인 2개의 파일이 합병되므로 $2 \times 2^{i-1}$이다. 즉, n개에 대한 입력 레코드 과정의 수는 $n = 2 \times 2^{i-1} = 2^{i}$이므로 $i = \lceil log_2 n \rceil$ 이 된다. 이때 과정의 수가 $\lceil log_2 n \rceil$ 이고 각 과정의 수행시간이 $O(n)$에서 합병되므로, 전체 수행되는 시간은 $O(n log_2 n)$이다.

다음 C언어 프로그램은 합병정렬 알고리즘의 일부를 나타낸 것이다. ①~③에 들어갈 내용을 나열하시오.

```
void merge(int data[], int p, int q, int r)        mergeSort(A[], p, r ) {
{                                                      if(p < r) then {
    int i = p, j = q + 1, k = p ;                          q <- (p + r) / 2 ;
    int tmp[data.length()] ;                               mergeSort(A, p, q) ;
    while(i <= q && j <= r) {                              _____②_____ ;
        if(data[i] <= data[j])                             _____③_____ ;
            tmp[k++] = data[i++] ;                     }
        else                                       }
            tmp[k++] = data[j++] ;
    }
```

```
        while (i <= q) tmp[k++] = data[i++] ;
        while (j <= r) tmp[k++] = data[j++] ;
        for(int i = p ; i <= r ; i++) {
             ①      ;
        }
    }
}
```

풀이 　① data[i] = tmp[i]

　② mergeSort(A, q + 1, r)

　③ merge(A, p, q, r)

입력 데이터 (26, 5, 37, 1, 61, 11, 59, 15, 48, 19)를 사용하여 퀵(quick) 정렬 알고리즘의 동작 과정을 나타내고 연산시간을 분석하시오.

풀이

■ 퀵 정렬

R0	R1	R2	R3	R4	R5	R6	R7	R8	R9	i	j
26	5	37	1	61	11	59	15	48	19	0	10
26	5	19	1	61	11	59	15	48	37	2	9
26	5	19	1	15	11	59	61	48	37	4	7
26	5	19	1	15	11	59	61	48	37	6	5
11	5	19	1	15	26	59	61	48	37	pivot ↔ j	
11	5	19	1	15	26	59	61	48	37	0	5
11	5	1	19	15	26	59	61	48	37	3	2
1	5	11	19	15	26	59	61	48	37	pivot ↔ j	
1	5	11	19	15	26	59	61	48	37	0	2
1	5	11	19	15	26	59	61	48	37	1	0
1	5	11	19	15	26	59	61	48	37	pivot ↔ j	
1	5	11	19	15	26	59	61	48	37	3	5
1	5	11	19	15	26	59	61	48	37	5	4
1	5	11	15	19	26	59	61	48	37	pivot ↔ j	
1	5	11	15	19	26	59	61	48	37	6	10
1	5	11	15	19	26	59	37	48	61	7	9
1	5	11	15	19	26	59	37	48	61	9	8
1	5	11	15	19	26	48	37	59	61	pivot ↔ j	
1	5	11	15	19	26	48	37	59	61	6	8
1	5	11	15	19	26	48	37	59	61	8	7
1	5	11	15	19	26	37	48	59	61	pivot ↔ j	
1	5	11	15	19	26	37	48	59	61	9	10

1	5	11	15	19	26	37	48	59	61	10	9
1	5	11	15	19	26	37	48	59	61	정렬끝	

■ 연산시간 분석

① 최악의 경우 : list[n]를 정렬할 때 pivot만이 자기 자리를 찾아가고 나머지는 정렬되지 않는다면 그 경우는 최악의 상태가 된다.

$$T(n) \leq T(n-1) + cn \text{ (c는 상수, n은 list[n]을 비교하는 시간)}$$
$$\leq T(n-2) + c(n-1) + cn$$
$$\leq T(n-3) + c(n-2) + c(n-1) + cn$$
$$\vdots$$
$$\leq T(1) + c2 + c3 + \dots + c(n-2) + c(n-1) + cn$$
$$\leq T(1) + c\sum_{i=2}^{n} i = O(n^2)$$

② 최적의 경우 : list[n]을 정렬할 때 pivot이 자기 자리를 찾아가는 경우 list[n]이 두 개의 list[n/2]로 나누어지는 경우이다. list[n]을 정렬하는 시간을 T(n)이라고 한다면 다음과 같이 나타낼 수 있다.

$$T(n) \leq 2T(n/2) + cn$$
$$\leq 2(2T(n/4) + c(n/2)) + cn$$
$$\leq 4T(n/4) + 2cn$$
$$\vdots$$
$$\leq nT(1) + n\log_2 n$$
$$\leq n + n\log_2 n = O(n\log_2 n)$$

〈참조〉 최악과 최적의 예

    ① 최악의 예

      1 2 3 4 5 6 7

    ② 최적의 예

단계	결과	교환	비교
시작	4 1 3 2 6 5 7	1	8
1단계	[2 1 3] 4 [6 5 7]	1	4
2단계	1 2 3 4 [6 5 7]	1	4
3단계	1 2 3 4 5 6 7		

입력 데이터 (10, 9, 8, 7, 6, 5, 4, 3, 2, 1)을 사용하여 버블(bubble) 정렬 알고리즘의 동작 과정을 나타내고 연산시간을 분석하시오. 단, 알고리즘은 입력 데이터의 끝에서 두 개씩 비교하여 교환하는 방식으로 동작하며, 오름차순으로 정렬한다.

단계 \ 입력	10	9	8	7	6	5	4	3	2	1
1	1	10	9	8	7	6	5	4	3	2
2	1	2	10	9	8	7	6	5	4	3
3	1	2	3	10	9	8	7	6	5	4
4	1	2	3	4	10	9	8	7	6	5
5	1	2	3	4	5	10	9	8	7	6
6	1	2	3	4	5	6	10	9	8	7
7	1	2	3	4	5	6	7	10	9	8
8	1	2	3	4	5	6	7	8	10	9
9	1	2	3	4	5	6	7	8	9	10
10	1	2	3	4	5	6	7	8	9	10

■ 알고리즘 분석(최악의 경우)

예) d c b a

　　단계 1 n-1번 수행

　　단계 2 n-2번 수행 $\Rightarrow \dfrac{n(n-1)}{2} < n^2$

　　　　　 :

　　단계 n n-n번 수행

따라서 버블 정렬의 복잡도는 $O(n^2)$이다.

입력 데이터 (7, 19, 24, 13, 31, 8, 82, 18, 44, 63, 5, 10)을 사용하여 기수 정렬(radix sort) 알고리즘의 동작 과정을 나타내고 연산시간을 분석하시오.

■ 기수(radix) 정렬

① 초기 상태

　　R = 7, 19, 24, 13, 31, 8, 82, 18, 44, 63, 5, 10

② 1의 자릿수 정렬

버킷	0	1	2	3	4	5	6	7	8	9
	10	31	82	13 63	24 44	5		7	8 18	19

1차 정렬 R = 10, 31, 82, 13, 63, 24, 44, 5, 7, 8, 18, 19

③ 10의 자릿수 정렬

버킷	0	1	2	3	4	5	6	7	8	9
	05 07 08	10 13 18 19	24	31	44		63		82	

2차 정렬 R = 5, 7, 8, 10, 13, 18, 19, 24, 31, 44, 63, 82

■ 알고리즘 분석

레코드수가 N이고 큐(버킷)의 수가 Q일 때 정렬에 필요한 기억공간은 N×Q가 된다. 연산에 필요한 시간은 자릿수가 K일 때 각 자릿수마다 O(N+Q)의 시간이 필요하다. 따라서 연산시간은 O(K(N+Q))가 된다.

최대힙(maxheap)에 관한 아래 물음에 답하시오.

(1) 최대힙과 최소힙(minheap)을 정의하고, 다음 자료를 이용하여 최대힙을 구성하는 과정을 나타내시오.

> 6, 25, 7, 2, 14, 10, 9, 22, 3, 14

(2) 25가 삭제(delete)될 때 힙이 재구성되는 과정을 나타내시오.

풀이 (1)

① 최대힙 : 최대 트리는 각 노드의 키값이 그 자식의 키값보다 작지 않은 트리이다. 최대힙은 최대 트리인 완전 이진트리이다.

② 최소힙 : 최소 트리는 각 노드의 키값이 그 자식의 키값보다 크지 않은 트리이다. 최소힙은 최소 트리인 완전 이진트리이다.

③ 힙 구성 과정

6 삽입	(6)	25 삽입	6 — 25
7 삽입	6 — 25 — 7	2 삽입	2 — 6 — 25 — 7
14 삽입	2 — 14 — 25, 6, 7	10 삽입	2 — 14 — 25 — 10, 6, 7
9 삽입	25, 14, 10, 2, 6, 7, 9	22 삽입	25, 22, 10, 14, 6, 7, 9, 2
3 삽입	25, 22, 10, 14, 6, 7, 9, 2, 3	14 삽입	25, 22, 10, 14, 14, 7, 9, 2, 3, 6

(2)

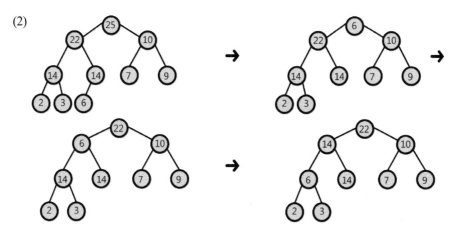

입력 데이터 (26, 5, 77, 1, 61, 11, 59, 15, 48, 19)를 사용하여 힙(heap) 정렬 알고리즘의 동작 과정을 나타내시오.

풀이 입력 데이터인 (26, 5, 77, 1, 61, 11, 59, 15, 48, 19)을 이진트리로 바꾼 뒤, 힙 구조로 재구성하여 오름차순으로 정렬한다.

■ 역파일(이진트리)에서 초기 힙으로 변환

(1) 입력파일

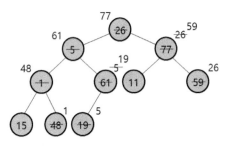

① 자식이 있는 하위 트리부터 시작
② 자식노드 중 자신보다 큰 값이 있으면 교환

(2) 힙 파일

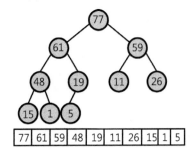

→ 77을 출력하고 나머지 값들로 힙 정렬

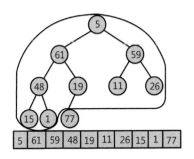

→ 77을 가장 끝자리 5와 교환함. 가장 끝자리를 제외하고 정렬함

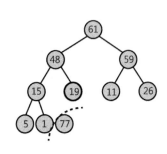

(3)

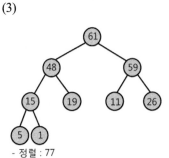

- 정렬 : 77
- heap 크기 : i=9

(4)

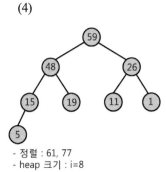

- 정렬 : 61, 77
- heap 크기 : i=8

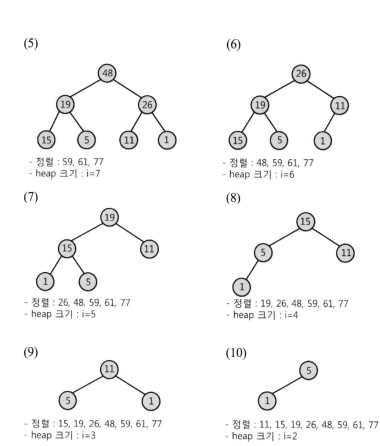

(5)

- 정렬 : 59, 61, 77
- heap 크기 : i=7

(6)

- 정렬 : 48, 59, 61, 77
- heap 크기 : i=6

(7)

- 정렬 : 26, 48, 59, 61, 77
- heap 크기 : i=5

(8)

- 정렬 : 19, 26, 48, 59, 61, 77
- heap 크기 : i=4

(9)

- 정렬 : 15, 19, 26, 48, 59, 61, 77
- heap 크기 : i=3

(10)

- 정렬 : 11, 15, 19, 26, 48, 59, 61, 77
- heap 크기 : i=2

(11)

- 정렬 : 5, 11, 15, 19, 26, 48, 59, 61, 77
- heap 크기 : i=1

(12)

- 정렬 : 1, 5, 11, 15, 19, 26, 48, 59, 61, 77
- heap 크기 : i=0

다음 C언어로 작성된 힙 정렬 알고리즘을 사용하여 데이터 (15, 7, 19, 40, 12, 35, 17)를 정렬하고자 한다. n이 데이터의 개수일때 물음에 답하시오.

```
void heapsort(element list[], int n)
{
 int i, j ;
 element temp ;

 for (i = n / 2 ; i > 0 ; i--)
  adjust(_____㉠_____) ;
 for (i = n - 1 ; i > 0 ; i--) {
```

```
void adjust(element list[], int root, int n)
{
 int child = 2*root,
    rootkey = list[root].key ;
 element temp = list[root] ;
 while(child <= n) {
  if ((child < n) && (list[child].key <
   list[child + 1].key))
```

```
    SWAP(list[1], list[i + 1], temp) ;          child++ ;
    adjust(_____ㄴ_____) ;            if (rootkey > list[child].key) break ;
  }                                           else {
}                                               list[child / 2] = list[child] ;
                                                child *= 2 ;
                                              }
                                            }
                                            list[child / 2] = temp ;
                                          }
```

(1) ㉠과 ㉡에 들어갈 내용은 각각 무엇인가?

(2) heapsort 함수의 첫 번째 for문을 수행 완료 후 list[]에 저장된 값들을 순서대로 나열하시오.

(3) heapsort 함수의 두 번째 for문에서 i가 3일 때 수행된 후 list[]에 저장된 값들을 순서대로 나열하시오.

(4) 위의 알고리즘이 안정(stable)한지 판단하시오.

풀이 (1) ㉠ list, i, n ㉡ list, 1, i

㉠은 노드들을 정렬하여 가장 큰 값을 루트 노드로 만드는 힙 트리 구성 작업을 수행한다.

㉡은 SWAP에서 루트 노드와 트리의 마지막 노드를 교환하였다. adjust에서는 트리의 마지막 노드를 제외한 나머지 노드들을 정렬하여 가장 큰 값을 루트 노드로 만드는 작업을 수행한다.

(2) 40, 15, 35, 7, 12, 19, 17

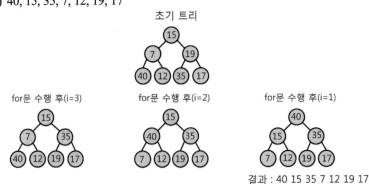

초기 트리

for문 수행 후(i=3)   for문 수행 후(i=2)   for문 수행 후(i=1)

결과 : 40 15 35 7 12 19 17

(3) 15, 7, 12, 17, 19, 35, 40

i = 6 : 35 15 19 7 12 17 40

i = 5 : 19 15 17 7 12 35 40

i = 4 : 17 15 12 7 19 35 40

i = 3 : 15 7 12 17 19 35 40

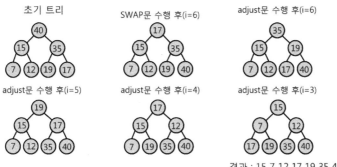

결과 : 15 7 12 17 19 35 40

(4) 불안정(unstable)하다. 동일한 키값을 갖는 레코드들의 순서가 유지되지 않을 경우는 불안정하다고 한다. 예를 들면, 7a, 7b, 7c, 1, 2, 10 순서로 삽입되는 경우를 보면 다음과 같다.

다음 정렬 알고리즘을 이용하여 답하시오. 단, 배열 A[ ]={38, 4, 2, 16, 21, 5, 27, 20}으로 가정한다.

```
#define M 100
void main() {
  int A[M], size ;
  size = input(A) ;
  //배열 원소의 수 반환
  sort(A, 0, size - 1) ;
}

void sort(int A[], int m, int n)
{
  int p ;
  if (m >= n) return ;
  p = partition(A, m, n) ;
  printf("%d\t", p) ;
  sort(A, m, p-1) ;
  sort(A, p+1, n) ;
}
```

```
int partition(int A[], int i, int j) {
  int middle, piv, p ;
  int k, temp ;
  middle = (i + j) / 2 ;
  piv = A[middle] ;
  A[middle] = A[i] ;
  A[i] = piv ;
  p = i ;
  for(k = i + 1 ; k ≤ j ; k = k + 1) {
    if(A[k] < piv) {
      p = p + 1 ;
      temp = A[p] ;     ㉠
      A[p] = A[k] ;
      A[k] = temp ;
    }
}
```

```
}                              }
                               temp = A[i] ;
                               A[i] = A[p] ;
                               A[p] = temp ;
                               return p ;
                               }
```

(1) 위의 정렬 알고리즘 수행 후의 출력 결과를 쓰시오.

(2) 위 배열의 값을 정렬할 때 ㉠ 부분은 몇 번 실행되는가?

(3) 위 정렬 알고리즘으로 sort() 함수를 2번째와 6번째 호출하고 완료했을 때의 결과를 각각
   이진탐색 트리로 나타내시오.

조건

- root와 subtree의 root는 sort() 함수에서 그 호출 완료까지 선택된 P에 있는 값으로
  한다.
- 트리가 완전히 결정되지 않는다면 아래의 (B, C)와 같이 낸다.

풀이 (1) 3, 1, 7, 5

(2) 8번

단계	0	1	2	3	4	5	6	7	piv	p	㉠
초깃값	38	4	2	16	21	5	27	20			
1	16	4	2	38	21	5	27	20	16		
	16	4	2	5	21	38	27	20			
	5	4	2	16	21	38	27	20		3	3
2	2	4	5	16	21	38	27	20	4	1	1
3	2	4	5	16	21	38	27	20			
4	2	4	5	16	21	38	27	20			
5	2	4	5	16	20	21	27	38	38	7	3
6	2	4	5	16	20	21	27	38	21	5	1
7	2	4	5	16	20	21	27	38			
8	2	4	5	16	20	21	27	38			

(3)

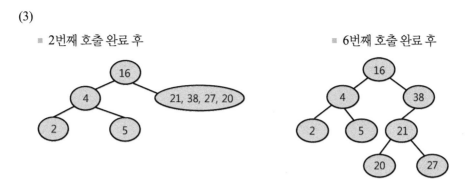

■ 2번째 호출 완료 후   ■ 6번째 호출 완료 후

다음 프로그램에 대한 물음에 답하시오.

```c
#include <stdio.h>
int main() {
    FILE *fin = fopen("input.txt", "r") ;
    FILE *fout = fopen("output.txt", "w") ;
    int n, i, key ;
    int arr[100] ;
    int count = 0, mid ;

    fscanf(fin, "%d", &n) ;
    for (i = 0 ; i < n ; i++)
        fscanf(fin, "%d", &arr[i]) ;
    fscanf(fin, "%d", &key) ;
    int left = 0, right = n − 1 ;

    while (left < right) {
        mid = (left + right) / 2 ;
        count++ ;
        if (key == arr[mid]) break ;
        else if (key < arr[mid]) right = mid − 1 ;
            else left = mid + 1 ;
    }
    fprintf(fout, "%d", count) ;
    fclose(fin) ;
    fclose(fout) ;
    return 0 ;
}
```

(1) 입력이 아래와 같을 때 출력결과는 무엇인가?

```
10
2 7 9 13 22 25 33 35 40 55
40
```

(2) 프로그램의 기능을 설명하시오.

---

 (1) 3

(2) 데이터를 입력받아서 이진탐색 기능을 수행한다.

다음 C 프로그램은 두 개의 정렬된 리스트를 합병하여 하나의 정렬된 리스트로 만드는 것이다. 예를 들면, 다음과 같이 두 개의 정렬된 리스트인 a, b를 합병하여 새로운 리스트를 만들 수 있다. head와 rear는 합병된 리스트의 첫 번째 노드와 마지막 노드를 가리킨다. 물음에 답하시오. [중등교사 임용시험 정보·컴퓨터 2022-B-9]

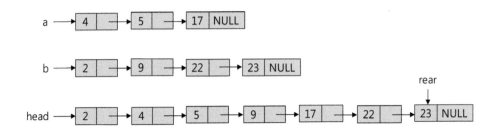

```
typedef struct node * NODE ;
struct node {
  int id ;
  NODE next ;
} ;

NODE mergelist(NODE a, NODE b) {
  NODE head = NULL, rear = NULL ;
  while (a != NULL && b != NULL) {
    if (rear == NULL) {
      if(a->id < b->id) {
            ㉠
        a = a->next ;
      } else {
            ㉡
        b = b->next ;
      }
    } else {
      if (a->id < b->id) {
            ㉮
      } else {
        rear->next = b ;
        rear = rear->next ;
        b = b->next ;
      }
    }
  }
  if (a == NULL && b != NULL) {
          ㉢
  } else if (a != NULL && b == NULL) {
          ㉣
  }
  return head ;
}
```

(1) ㉠, ㉡에 들어갈 코드를 작성하시오.

(2) ㉢, ㉣에 들어갈 코드를 작성하시오.

(3) ㉮에 들어갈 코드를 작성하시오. 그리고 위의 리스트를 합병할 때 ㉮ 코드를 수행하여 합병되는 노드를 모두 나열하시오.

풀이 (1) ㉠ head = a ; rear = a ;

a의 값이 더 작으므로 합병된 결과 리스트에 a가 들어가게 된다.

ⓛ head = b ; rear = b ;

b의 값이 더 작으므로 합병된 결과 리스트에 b가 들어가게 된다.

(2) ⓒ rear->next = b ;

리스트 a에 남은 값이 없고 리스트 b에만 남아있을 때, 합병결과 리스트의 rear의 끝에 리스트 b의 나머지 부분을 붙여준다.

ⓔ rear->next = a ;

리스트 b에 남은 값이 없고 리스트 a에만 남아있을 때, 합병결과 리스트의 rear의 끝에 리스트 a의 나머지 부분을 붙여준다.

(3)

```
rear->next = a ;
rear = rear->next ;
a = a->next ;
```

● 합병되는 노드 : 4, 5, 17

다음은 C 프로그램은 쉘 정렬(shell sort) 알고리즘의 일부를 나타낸 것이다. 〈조건〉을 고려하여 물음에 답하시오. [중등교사 임용시험 정보·컴퓨터 2023-A-11]

```
void shell_sort(int data[], int cnt) {
  int gap, i, k ;
  for (gap = cnt / 2 ; gap > 0 ; gap = gap / 2) {
    for (i = gap ; i < cnt ; i++) {
      for (k = i - gap ; k >= 0 ; k = k - gap) {
        if (data[k] > data[k + gap])
          swap(&data[k], &data[k + gap]) ;
        else
          break ; ← ㉠
      }
    }
    for (i = 0 ; i < cnt ; i++) {
㉡      printf("%5d", data[i]) ;
    }
    printf("\n") ;
  }
}
```

조건

• 배열 data의 값은 {17, 25, 26, 18, 12, 33, 9, 35}이다.
• shell_sort(data, 8)를 호출한다.
• swap 함수는 다음과 같이 두 변수의 값을 교환한다.

```
void swap(int *a, int *b) {
    int temp = *a ;
    *a = *b ;
    *b = temp ;
}
```

(1) 변화되는 gap의 값을 순서대로 나열하시오.

(2) gap의 값이 4일 때 문장 ㉠의 실행 횟수는 무엇인가?

(3) gap의 값이 4일 때 ㉡의 출력 결과에서 data[0]과 data[6]의 값을 순서대로 나열하시오.

풀이 (1) 4 2 1 0

gap의 초깃값은 for문에서 cnt / 2 = 8 / 2 = 4가 되며, for문이 반복되면서 gap이 2씩 나누어지므로 4, 2, 1, 0이 된다.

(2) 2

두 수의 비교에서 앞의 수가 뒤의 수보다 작으면 문장 ㉠을 실행한다. gap 4에서 (25, 33)의 비교와 (18, 35)의 비교가 이 조건을 만족한다.

```
┌──────┬──────┐
│      └──────┼──────┐
17, 25, 26, 18, 12, 33, 9, 35    gap = 4
    └──────┴──────┘

    ┌──┐ ┌──┐ ┌──┐
12, 25, 9, 18, 17, 33, 26, 35    gap = 4 정렬 결과
                                 gap = 2
    └──┴──┘ └──┴──┘

9, 18, 12, 25, 17, 33, 26, 35    gap = 2 정렬 결과
                                 gap = 1

9, 12, 18, 17, 25, 26, 33, 35    gap = 1 정렬 결과
```

(3) 12, 26

gap 4가 실행되어 정렬되었을 때 data는 {12, 25, 9, 18, 17, 33, 26, 35}이다. 따라서 data[0]과 data[6]의 값은 각각 12, 26이다.

〈참조〉 쉘 정렬 알고리즘

∘ 쉘 정렬을 수행하는 과정은 다음과 같다.

① 데이터를 특정한 간격(gap)에 있는 원소들끼리 묶어 그룹화한다.

② 그룹별로 삽입 정렬을 수행한다.

③ 정렬된 데이터를 다시 이전 gap의 절반(gap = gap/2)으로 원소들끼리 묶어 그룹화한다.

④ 모든 그룹의 원소가 1개가 될 때까지 ②~③을 반복한다.

다음 C 프로그램은 이진 탐색 기반의 그룹 테스트 기능을 나타낸 것이다. 이것을 사용하여 혈액 샘플을 통해 질병의 감염 여부를 검사하는 그룹 테스트를 수행한다. 〈조건〉을 고려하여 물음에 답하시오. [중등교사 임용시험 정보·컴퓨터 2023-A-12]

```c
#include <stdio.h>
#define NEG -1
#define POS 1

int test(int start, int end) {
  int result ;
  printf ("[%d ~ %d] 테스트 결과: ", start, end) ;
  scanf ("%d", &result) ;
  return result ;
}

void group_test(int start, int end) {
  int result = NEG ;
  result = test(start, _____㉠_____) ;
  if (result == POS) {
    if (start == end) {
      printf ("[%d] 양성\n", end) ;
    } else {
      group_test(start, _____㉡_____) ;
      group_test( _____㉢_____ , end) ;
    }
  }
}
```

조건

- 한 명의 혈액 샘플은 하나의 용기에 담겨 수집된다.
- 혈액 샘플에 시약을 섞어 질병의 감염 여부를 확인하는 과정을 테스트라 한다.
- 테스트 결과에 따라 감염 혈액은 양성, 반대는 음성이라고 한다.
- 여러 혈액 샘플을 하나의 용기에 섞어 테스트하는 것을 그룹 테스트라고 한다.
- 그룹 테스트 과정에서 혈액 샘플을 구별하기 위해 각각의 샘플에 0부터 순서대로 정수 ID를 부여한다.

(1) 그룹 테스트 수행을 위한 프로그램이 완성되도록 빈칸 안의 ㉠, ㉡, ㉢에 들어갈 코드를 쓰시오.

(2) 혈액 샘플 64개 중 감염된 혈액의 샘플 ID를 찾아내기 위해 group_test(0, 63)을 호출하여 그룹 테스트를 수행한다. 이때 test( ) 함수의 호출 횟수를 구하시오. 단, 혈액 샘플 64개 중에서 감염된 것은 1개만 존재한다.

풀이 (1) ㉠ : end, ㉡ : (start + end) / 2, ㉢ : (start + end) / 2 + 1

(2) 13회 : 1 + 2 + 2 + 2 + 2 + 2 + 2 = 13

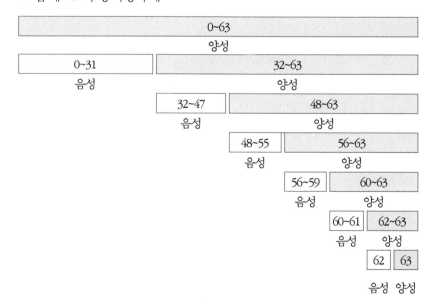

● 그룹 테스트 수행 과정의 예

네트워크

※ 네트워크 과목의 평가 영역 및 평가 내용 요소

평가 영역	평가 내용 요소
네트워크 개요	네트워크모델
	전송방식과 전송률
	부호화
	네트워크 토폴로지
	전송매체
	다중화 방식
통신 기술	데이터링크계층 프로토콜
	다중접근 방식
	유무선 LAN
	에러의 검출과 정정
네트워크 프로토콜	네트워크계층 프로토콜
	인터네트워킹 기술
	라우팅 기법(유니캐스트 라우팅)
	전달계층 프로토콜(TCP/UDP)
	응용계층 프로토콜
네트워크보안	네트워크 보안 개념
	대칭키, 비대칭키 암호화
	디지털 서명, 인증

2.1 네트워크 개요

단방향(simplex) 전송, 반이중(half duplex) 전송, 전이중(full duplex) 전송 방식을 비교하여 설명하시오.

풀이   ■ 단방향(simplex)

데이터를 회선상의 미리 정해진 한 방향으로만 전송할 수 있는 방식이다. 보통 TV나 라디오에서 사용되고, 수신된 데이터의 에러발생 여부를 송신측에서 알 수 없다.

■ 반이중(half duplex)

양방향의 통신이 가능하지만 한 순간에는 한 방향의 통신만이 허용되는 방식이다. 전송량이 적고 통신회선의 용량도 작은 경우에 사용된다. 보통 무전기나 모뎀을 이용한 통신에서 사용된다.

■ 전이중(full duplex)

두 스테이션 A, B가 있을 때 A에서 B, B에서 A의 어느 방향으로도 통신할 수 있고, 또 양방향 동시에 통신할 수 있는 방식이다. 전송량이 많고 통신회선의 용량도 많은 경우에 사용된다. 보통 전화 통신에서 사용된다.

네트워크를 구성하는데 사용되는 케이블의 종류를 나열하고 특징을 설명하시오.

풀이   ① 꼬임쌍선(Twisted pair)

전송매체 중 가장 값이 저렴하고 작업하기가 편리하여 가장 널리 쓰이며, 전화시스템의 근간을 형성하고 있다. 다른 매체들에 비해 간섭과 잡음에 민감하여 거리, 대역폭, 데이터 전송률에 있어서 상대적으로 많은 제약점을 가지고 있다. 디지털 전송과 아날로그 전송이 모두 가능하며, 디지털인 경우는 리피터가, 아날로그인 경우는 증폭기가 필요하다. 두 가닥의 절연된 구리선이 균일하게 서로 감겨 있는 형태이며 건물 내의 근거리 망을 구성할 때 값싸게 사용된다.

② 동축케이블

동축케이블은 내부의 단일전선과 원통형의 외부도체로 구성되어 있다. 두 개의 도체로 구성되어 있어 보다 폭넓은 주파수 범위를 허용한다. 동축케이블은 트위스트 페어보다 우수한 주파수 특성을 가지므로 높은 주파수 대역과 전송률을 갖는다. CATV에서는 아날로그 신호를, 근거리통신망에서는 주로 디지털 신호를 전달한다. 동축케이블은 10Mbps 이상의 정보 전송량을 갖는데 외부의 전기적 간섭을 적게 받고 전력손실이 적어 고속 통신선로로 많이 이용되고 있다.

③ 광섬유

광섬유는 매우 가늘고 구부릴 수 있는 전송매체로서 광선을 투과시킬 수 있는 능력이 있다. 광섬유는 크기가 작고 가볍다. 광케이블은 트위스트페어와 동축케이블보다 넓은

대역폭을 가지며 크기와 감쇠도가 적고, 전자기적 격리, 넓은 리피터 설치 간격을 가진
다. 광섬유는 1014~1015Hz 범위의 주파수에서 동작하며 부호화된 광신호를 내부반사
에 의해 전송하므로 전송손실이 낮다.

전용회선(leased line)과 교환회선(switched line)의 특징을 비교하여 설명하시오.

전용회선	교환회선
• 통신회선이 송신과 수신측 상호 간에 항상 고정된 방식 • 교환기가 필요 없고, 일정 경로로 항상 접속 • 실선구간에서 2선식 또는 4선식 회선으로 구성 • 전송할 데이터의 양이 많고 회선 사용시간이 많을 때 효율적임 • 고장 발생 시의 유지 보수가 유리함 • 디지털 회선: 56~512kbps, T1, E1, T3	• 교환기에 의해서 연결되는 방식 • 다양한 상태의 자유로운 선택이 가능 • 실선식 회선에서 2선식 회선으로 구성 • 정보누설과 파괴방지 조처 필요 • 전송할 데이터의 양이 많지 않고 회선 사용시간이 적을 때 적합 • 전화회선은 일반적으로 28.8kbps 이하의 전송속도를 가짐 • 패킷교환과 회선교환으로 9600bps, 64Kbps를 지원

통신망에서 교환방식에 해당하는 회선교환(circuit switching), 패킷교환(packet switching),
메시지교환(message switching) 방식에 대한 아래 표를 완성하시오.

	회선교환 방식	패킷교환 방식	메시지 교환 방식
통신회선의 할당			
통신회선의 할당 방법			
지연시간			
통신 정보의 형태			
시간적 투명성			
망 안에서 오류 제어			
부가 서비스의 범위			

	회선교환 방식	패킷교환 방식	메시지 교환 방식
통신회선의 할당	호 단위	패킷 단위	메시지 단위
통신회선의 할당 방법	즉시	흐름제어 후 즉시	즉시
지연시간	무시할 수 있음	적음	큼
통신 정보의 형태	제약이 없음	패킷 포맷	메시지 포맷
시간적 투명성	있음	없음	없음
망 안에서 오류 제어	없음	있음	있음(일부는 없음)
부가 서비스의 범위	소	중	대

전송 용량을 공유하는 장치들로 구성된 네트워크에서, 전송용량을 순서에 맞게 효율적으로 사용하기 위해서는 전송매체에 대한 접근 제어가 필요하다.

(1) 동기식과 비동기식으로 구분되는 이러한 기법을 무엇이라고 하는가?

(2) 동기식과 비동기식 기법의 종류를 각각 3가지씩 나열하시오.

풀이 (1) 매체 액세스 제어(MAC)는 어느 장치가 공유 전송매체를 이용할 것인가를 결정해 주는 것이다.

(2)

■ 동기 :

　㉠ 회선 교환　㉡ TDM　㉢ FDM

■ 비동기 :

　㉠ 라운드 로빈 : Token Bus(802.4), Token Ring(802.5 또는 FDDI), Request/Priority(802.12)

　㉡ 경쟁 : CSMA/CD(802.3), CSMA/CA(802.11)

　㉢ 예약 : DQDB(Distributed Queue Dual Bus, 802.6) – 버스, 링, 스위칭

2진 데이터가 전송될 때 각 데이터 비트가 불연속적인 전압 펄스열인 신호요소로 부호화된다. 디지털신호의 부호화형식에는 NRZ-L, NRZ-I, Bipolar AMI, pseudo-ternary, Manchester 등 여러 가지 방식이 있다. 입력 데이터 01001100011을 NRZ-L, NRZ-I, Bipolar AMI, Manchester의 형식으로 나타내시오.

Data	0	1	0	0	1	1	0	0	0	1	1
NRZ-L 0:-, 1:+											

DATA	0	1	0	0	1	1	0	0	0	1	1
NRZ-L 0:− ,1:+											
NRZ−I 0:no ,1: 전이											
Bipolar AMI 0:on line ,1: 전이											
Manchester 0: ⌐_ ,1: _⌐											

최저 주파수는 500Hz, 최고 3000Hz이고, 신호대 잡음비(signal to noise ratio)가 30dB 인 채널이 있다.

(1) 이 채널의 이론상 최대 전송률은? 단, 소수점 이하 값 발생 시 반올림한다.

(2) 잡음이 없다고 가정할 때 위 전송률을 얻기 위하여 몇 개의 신호 레벨이 필요한가?

풀이 (1)

- 샤논(Shannon) 공식 : $C = W \times \log_2(1 + S/N)$

  (C: 채널용량, W: 대역폭, S: 신호전력, N: 잡음전력, S/N = SNR)

- 대역폭 : $W = 3000 - 500 = 2500$Hz

  $SNR_{dB} = 10\log_{10}SNR$ $\quad (S/N)_{dB} = 10 \times \log(S/N)$

  $30 = 10 \times \log(S/N)$, 따라서 $S/N = 1000$

- 채널용량 : $C = 2500 \times \log_2(1 + 1000) = 2500 \times 9.9..,$

  $= 2500 \times 10 = 25000$bps $= 25$kbps

(2) 32개

- 나이퀴스트(Nyquist) 정리 : $C = 2 \times W \times \log_2 M$ (bps)

  (C: 채널용량, W: 대역폭, M: 진수)

  $25000 = 2 \times 2500 \times \log_2 M$

  $5 = \log_2 M$, 따라서 $M = 32$

2개의 정지비트(Stop bit)를 사용하는 비동기식 전송에서 아래와 같은 ASCII 데이터 스트림이 수신되었다. ASCII 코드표를 참조하여 다음 물음에 답하시오. 단, 왼쪽부터 전송된다고 가정한다.

```
000001111110100001111101100111011011100111111
```

(1) 전송되는 문자열은? 단, 데이터에 오류가 없다고 가정한다.
(2) 어떤 패리티 비트(parity bit)를 사용하는가?
(3) 몇 번째 문자에서 오류가 발생하는가?
(4) 부호효율(코드효율)은?
(5) 전송효율은?
(6) 전송시스템의 전체 효율은?

풀이 (1) 데이터 스트림을 문자 단위로 분류하면 다음과 같다. ASCII 코드표를 참조하면 수신된 문자열은 pass가 된다.

시작 비트	1	2	4	8	16	32	64	패리티 비트	정지 비트		십진수	ASCII
0	0	0	0	0	1	1	1	1	1	1	112	p
0	1	0	0	0	0	1	1	1	1	1	97	a
0	1	1	0	0	1	1	1	0	1	1	115	s
0	1	1	0	0	1	1	1	1	1	1	115	s

(2) 짝수 패리티 비트
(3) 3번째 문자
(4) $7 / (7 + 1) \times 100 = 7 / 8 \times 100 = 87.5\%$
(5) $(7 + 1) / (1 + 7 + 1 + 2) \times 100 = 8 / 11 \times 100 = 72.7\%$
(6) $87.5 \times 72.7 = 63.6\%$

- 부호효율 = 정보비트 / (정보비트 + 패리티비트)

- 전송효율

  = (정보비트 + 패리티비트) / (시작비트 + 정보비트 + 패리티비트 + 정지비트)

- 전송시스템 전체 효율

  = 부호효율×전송효율

  = 정보비트 / (시작비트 + 정보비트 + 패리티비트 + 정지비트)

다음 그림은 비동기 전송에서 데이터를 보낼 때 전송되는 문자 데이터의 프레임 형식을 나타낸 것이다. 10Kbps인 송신기가 송신기보다 6% 느린 클럭을 가지고 있는 수신기로 한 문자를 전송할 때 프레밍 오류가 나지 않기 위하여 프레임당 크기를 몇 비트 이하로 제한하여야 하는가? 단, 샘플링은 각 비트시간의 중간에서 시도한다.

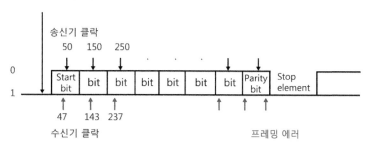

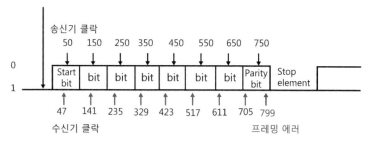

전송률이 10kbps이므로 1비트당 전송시간은 1/10000초($100\mu s$)이다. 중간에서 샘플링하므로 다음 식이 성립한다.

- $100\mu s : 6\mu s = x : 50\mu s$, $6\mu s \times x = 5000\mu s$, $x = 833.334$

한 비트를 $100\mu s$ 단위로 샘플링하므로 시작 비트와 패리티 비트를 포함하여 8비트 이하가 되어야 한다.

2.2 통신 기술

2.2.1 다중화 기법

다음 조건을 고려하여 동기 TDM(Time-Division Multiplexing) 방식에 대한 물음에 답하시오.

> **조건**
> ① 100Kbps를 생산하는 입력링크 4개가 있다.
> ② 입력링크는 시간 슬롯마다 2비트씩 출력링크에 싣는다.
> ③ 프레임 속도는 초당 프레임 개수이며, 프레임 기간은 프레임당 전송 기간을 의미한다.
> ④ 동기화 비트는 사용하지 않는다.

(1) 프레임 속도와 프레임 기간을 구하시오.
(2) 비트 전송률과 비트 기간을 구하시오.

풀이 (1) 프레임 속도 : 50,000프레임/s, 프레임 기간 : 20μs

- 초당 100K 비트를 생산하므로 1비트 생산에 10μs가 필요함
- 시간 슬롯마다 2비트씩 출력링크에 보내므로 프레임당 전송 기간은 2비트 생산 시간인 20μs가 됨
- 20μs당 1개 프레임이 전송되므로 초당 프레임 개수는 50,000이 됨

(2) 비트 전송률 : 50,000×8bit = 400Kbps

비트 기간 : 1/400K sec = 1000/400μs = 2.5μs

동기 TDM 방식으로 4개의 입력링크에서 1개의 출력링크로 다중화를 수행한다. 조건을 고려하여 물음에 답하시오.

> **조건**
> ① 8비트 문자를 생산하는 입력링크 4개가 있다.
> ② 1개의 입력링크는 초당 6250개 문자를 생산하고, 3개의 입력링크는 초당 3125개의 문자를 생산한다.
> ② 끼워넣기(interleaving)의 단위는 문자로 수행된다.
> ③ 동기비트는 '000','010','110','100'의 순서로 변한다.

(1) MUX에 대한 입력을 기준으로 각 입력링크의 데이터 전송률을 구하시오.

(2) 입력링크의 개별 문자의 기간을 구하시오.

(3) 프레임 속도(초당 프레임의 수)를 구하시오.

(4) 개별 프레임의 기간과 비트 수를 각각 구하시오.

(5) 출력링크의 전송률을 구하시오.

---

(1) $6250 \times 8 = 50000 = 50\text{kbps}$, $3125 \times 8 = 25000 = 25\text{kbps}$

   6250개 문자를 생산하는 입력링크를 2개로 분리함. 따라서 총 5개 입력링크 형태가 되며, 각 입력링크의 데이터 전송률은 25kbps

(2) 매초 3125개 문자를 전송할 수 있으므로 개별 문자 기간은 $1/3125\text{s}(=320\mu s)$이 됨

(3) 각 프레임은 각 채널로부터 하나의 문자를 받음. 각 채널로부터의 전송속도를 유지하기 위해서는 링크는 초당 3125개의 프레임을 전송

(4) 개별 프레임 기간 : 각 채널로부터 전송되는 문자의 기간과 동일하므로 $320\mu s$임

   각 프레임의 비트수 : $5 \times 8 + 3$(동기 비트) $= 43$비트

(5) 3125×43비트 $= 134375\text{bps} = 134.375\text{kbps}$

다음 그림은 4개의 채널을 TDM을 사용하여 다중화 하는 것을 나타낸 것이다. 하나의 시간 슬롯(time slot)에 한 바이트씩 전송하며, 복수 슬롯 할당 방법을 사용하는 것으로 가정하고 물음에 답하시오.

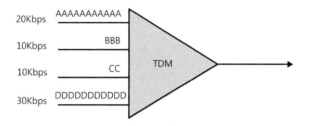

(1) 동기 TDM을 사용할 때 다음 물음에 답하시오.

① 초당 프레임 개수는 얼마인가?

② 동기 비트를 고려할 때와 고려하지 않을 때 출력링크의 최대 전송률(비트율)은 각각 얼마인가? 단, 동기 비트는 한 비트로 가정한다.

③ 동기 비트를 무시할 때 첫 번째 프레임과 네 번째 프레임의 내용은 각각 무엇인가?

(2) 비동기 TDM(통계적 TDM)을 사용하고 한 프레임의 크기가 3일 때 세 번째 프레임과 여섯 번째 프레임의 내용은 각각 무엇인가?

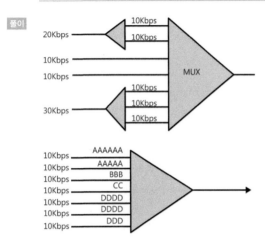

(1) ① 10K / 8비트 = 1250, 따라서 프레임의 개수는 1250개

② • 동기 비트를 고려할 때

프레임을 구분해주기 위한 0, 1, 0, 1 … 형태의 비트가 필요함

한 개 프레임의 비트 수 : 7×8비트 + 1비트(동기 비트) = 57비트

57비트×1250개 프레임 = 71250bps = 71.25Kbps

• 동기 비트를 고려하지 않을 때

한 개 프레임의 비트 수 : 56비트

56비트×1250개 프레임 = 70000bps = 70Kbps

③ • 첫 번째 프레임 : | D | D | D | C | B | A | A | ⟶

• 네 번째 프레임 : | | D | D | | | A | A | ⟶

④	③	②	①
DD AA	DDD BAA	DDDCBAA	DDDCBAA

(2) • 세 번째 프레임 : | A | A | D | ⟶

• 여섯 번째 프레임 : | D | B | A | ⟶

	⑥	⑤	④	③	②	①
· · ·	DBA	ADD	DCB	AAD	DDC	BAA

다음 그림은 동기 TDM의 과정을 나타낸 것이다. 조건에 맞도록 물음에 답하시오.

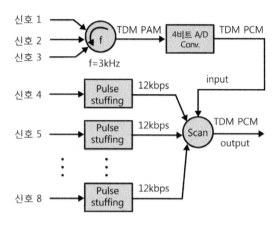

조건

① 신호 1~3은 아날로그 신호이며, 이 신호들의 최저주파수는 200Hz이다. 신호 1, 2의 대역폭은 2800Hz이고, 신호 3의 대역폭은 1300Hz이다.
② 신호 4~8의 입력 전송률은 동일하다.
③ 동기화를 위한 프레밍 비트는 한 비트씩 사용하며, 한 슬롯(slot)은 1비트이고, 최저 속도의 입력은 한 개의 슬롯에 배당된다.
④ 출력회선의 3% 용량을 펄스 스터핑(펄스 채우기)을 위해 사용한다.

(1) 한 프레임은 몇 비트로 구성되는가?
(2) 출력 회선의 속도는 얼마인가?
(3) 신호 4~8의 입력 전송률은 얼마인가?
(4) 펄스 스터핑을 사용하는 이유는?

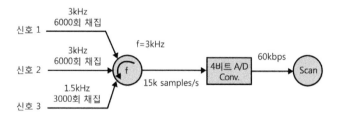

- 최대주파수 : 신호 1과 신호 2는 200~3000Hz이므로 최대주파수는 3KHz, 신호 3은 200~1500Hz이므로 최대주파수는 1.5KHz이다.
- 채집률 : 최대주파수×2
- TDM PAM : 신호 1 채집률 + 신호 2 채집률 + 신호 3 채집률

(1) 1×5 + 5 + 1비트 = 11비트

　(5 = 60kbps/12kbps, 5 : 신호 4~신호 8, 1비트 : 동기화)

(2) 132kbps

　(1초 동안 12000개의 프레임 전송×한 프레임에 11비트)

(3) 11.208kbps

　펄스 스터핑으로 추가되는 비트 수 : x

　((x×5) / 132000)×100 = 3%

　x = (132000×0.03) / 5

　x = 792비트

　따라서 입력 전송률은 12000 - 792 = 11208비트

(4) 서로 다른 데이터 전송률이 정수배가 되도록 하기 위함

2.2.2 데이터 링크 프로토콜

다음과 같은 조건으로 클라이언트 A가 서버 B로부터 파일을 다운로드하고자 한다. 물음에 답하시오.

> **조건**
> ① 매체의 전송률 : 10Mbps
> ② A와 B의 거리 : 2km
> ③ 전파 지연시간 : 10μs/m
> ④ 파일 크기 : 36,000바이트
> ⑤ 헤더를 제외한 세그먼트의 최대 크기 : 1500바이트
> ⑥ ACK의 전송시간은 무시하고, 전파시간은 고려한다.
> ⑦ 표준 TCP/IP 헤더의 길이인 40바이트는 무시한다.

(1) 정지-대기 ARQ를 사용하여 전송할 때 전송을 완료하는데 필요한 시간은 얼마인가?

(2) 윈도우 크기가 10인 Go-back-N을 사용할 때 전송을 완료하는데 필요한 시간은 얼마인가?

풀이 (1) • 세그먼트 개수 : 파일 크기 / 세그먼트 크기 = 36000 / 1500 = 24개

　　 • 전파시간 : 10μs×2000m = 20000μs = 20ms

　　 • 한 세그먼트의 전송시간 :

　　 　세그먼트 크기 / 대역폭 = 1500×8bits / 10Mbps

　　 　= 1500×8 / $10×10^6$ = $12×10^{-4}$ = 1.2ms

- ACK 전파시간을 포함한 한 세그먼트의 전송 완료시간 :

  $2 \times 20ms + 1.2ms = 41.2ms$

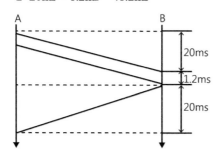

- 24개 세그먼트 전송에 걸리는 시간 : $41.2 \times 24 = 988.8ms$

  따라서 전송을 완료하는데 필요한 시간은 988.8ms이다.

(2) 마지막에 해당하는 24번째 세그먼트가 전송 완료되었다는 ACK가 도착해야 전송이 끝났다고 할 수 있다.

  ① 처음 10개를 보낸 후 첫 번째 ACK를 받을 때까지 걸리는 시간 : 41.2ms

  ② 20개를 보내고 다시 첫 번째 ACK를 받을 때까지 걸리는 시간 : 82.4ms

  ③ 21번째 세그먼트에 해당하는 ACK를 받는 시간 : 123.6ms

  22번째 세그먼트에 해당하는 ACK를 받는 시간 : 124.8ms

  23번째 세그먼트에 해당하는 ACK를 받는 시간 : 126ms

  24번째 세그먼트에 해당하는 ACK를 받는 시간 : 127.2ms

  $2 \times 41.2 + (4 \times 1.2 + 40) = 127.2$

  따라서 전송 완료 시간은 127.2ms로 아래 그림과 같이 나타낼 수 있다.

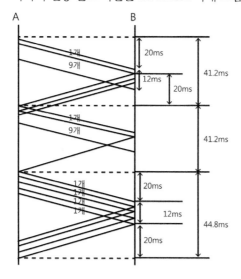

다음과 같이 클라이언트가 서버에서 파일을 다운로드하고자 한다. 조건을 고려하여 물음에 답하시오.

조건

① 매체 전송률 : 10Mbps
② 클라이언트와 서버 사이의 거리 : 4km
③ 다운로드할 파일의 크기 : 64000바이트
④ 전파 지연 시간 : 20μs/m
⑤ 헤더를 제외한 세그먼트의 최대 크기 : 2000바이트
⑥ ACK의 전파시간은 고려하고, 전송시간은 무시한다.
⑦ IP/TCP 헤더의 길이는 무시한다.

---

(1) 정지-대기 ARQ를 사용할 때 세그먼트당 전송시간과 한 세그먼트의 전송 완료시간(ACK 전파시간 포함)을 각각 구하시오.
(2) 정지-대기 ARQ를 사용할 때 모든 세그먼트 전송이 완료되는데 필요한 시간을 구하시오.
(3) 윈도우 크기가 10인 Go-back-N을 사용할 때 30개 세그먼트를 전송하고 ACK가 도착될 때까지 걸리는 총 시간을 구하시오.
(4) 윈도우 크기가 10인 Go-back-N을 사용할 때 모든 세그먼트 전송이 완료되는데 필요한 시간을 구하시오.

풀이 (1) 세그먼트 개수 : 파일 크기 / 세그먼트 크기 = 64000 / 2000 = 32개
전파시간 : $20\mu s \times 4000m = 80000\mu s = 80ms$
- 한 세그먼트당 전송시간 :
  $2000 \times 8bits / 10Mbps = 2000 \times 8 / 10 \times 10^6 = 16 \times 10^{-4} = 1.6ms$
- ACK 전파시간을 포함하여 한 세그먼트의 전송 완료시간 :
  $2 \times 80ms + 1.6ms = 161.6ms$

(2) 32개 전체 세그먼트 전송에 필요한 시간 : $161.6 \times 32 = 5171.2ms$

(3) 30개를 전송한 후 ACK를 받을 때까지 필요한 시간 :
  $80 \times 6 + 1.6 \times 2 + 16 = 499.2ms$

(4) $80 \times 8 + 1.6 \times 5 = 648ms$

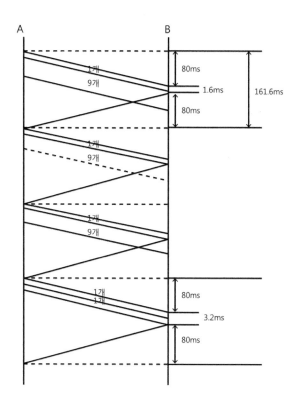

Station A에서 B로 데이터 통신을 하려고 한다. 다음 조건에 따라서 물음에 답하시오.

조건

① A에서 B로의 전파시간(tprop)은 20ms이다.

② A에서 프레임을 전송하는 시간(tframe)은 1ms이다.

③ 들어오는 사건에 반응하여 각 스테이션에서 처리하는 시간(tproc)과 ACK 전송시간(tack)은 무시한다.

④ 전송 시작 시각은 0ms이며, 20개 프레임을 전송한다.

⑤ 전송할 때 오류는 없다고 가정한다.

(1) 정지-대기 흐름제어를 이용하여 전송하려고 할 때, 전체 데이터 전송시간 T를 구하시오.

(2) Go-back-N을 사용하여 전송한다고 할 때, 회선의 전송효율이 1이 되는 최소 윈도우 크기에 대한 순서번호 표현에 필요한 비트수를 구하시오.

(3) Go-back-N에서 순서번호가 4비트로 표현되고, 가능한 최대 윈도우 크기를 사용한다. 정지-대기 흐름제어와 비교하여 어떤 것이 효율적인지 판단하고, 효율의 향상 정도를 구하시오.

(4) TCP는 초당 1MB의 속도로 데이터를 전송하고, 한 프레임은 8비트로 구성된다. 프레임 이 순서번호 0~6999까지 전송되었으며, 7000부터 시작되는 경우 순서번호가 0이 될 때까지 걸리는 최소 시간을 구하시오.

풀이　(1) 전송시간 T : (tprop + tframe + tproc + tack + tprop)×N

$$= (2tprop + tframe + tproc + tack)×N$$
$$= (2×20ms + 1ms + 0ms + 0ms)×20$$
$$= 820ms$$

■ 한 프레임 전송에 대한 시간 구성

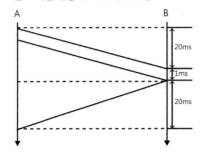

(2) 링크 이용률 :

W×전송시간/(2×전파시간 + 전송시간) = 1%

W×1ms / (2×20ms + 1ms) = 1, W = 41

순서번호의 표현 비트 수(m) : $2^m - 1 > 41$이므로 m = 6

• 최소 윈도우 크기(W) :

W ≥ 한 프레임의 전송 완료시간 (41 = 2×20ms + 1ms)

따라서 최소 윈도우 크기는 41이다.

• 순서번호의 표현 비트 수(m) : $(2^m - 1) > 41$

따라서 순서번호의 표현 비트 수는 6이다.

(3)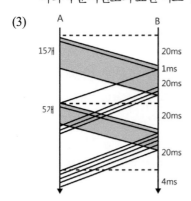

- 최대 윈도우 크기 : $2^n - 1 = 15$ (단, n은 순서번호 비트)
- Go-back-N에서의 총 전송시간 :

  41ms(20+20+1) + 40ms(20+20) + 5ms = 86ms

- 성능 비교 : 820ms / 86ms = 9.5

  따라서 전송효율에 있어서 Go-back-N이 약 9.5배 더 빠르다.

(4)

0	15	16	31
발신지 포트 번호(16)		목적지 포트 번호(16)	
순서 번호(sequence number)			
응답 번호(acknowledgement number)			

헤더 길이 (4)	예약 (6)	U R G	A C K	P S H	R S T	S Y N	F I N	윈도우 크기(16)

체크섬(16)	긴급 포인터(16)
옵션 + 패딩(최대 40바이트)	

- 초당 전송되는 프레임 수 : 1MB(10^6B) / 8비트 = 10^6
- TCP 순서번호 필드 : 32비트

  순서번호의 최댓값 : $2^{32} - 1$ (32비트가 모두 1인 경우)

  순서번호는 7000부터 시작하여 1씩 증가하며, 최댓값이 되면 다시 0부터 시작됨

  전송되는 전체 프레임의 비트 수 : $(2^{32} - 1) - 7000) \times 8$

  대역폭(초당 전송되는 프레임의 비트 수) : $10^6 \times 8$

  따라서 최소 시간 : $((2^{32} - 1) - 7000) \times 8 / 10^6 \times 8 = 4294.96s$

흐름제어의 슬라이딩 윈도우 방식에서 프레임들은 0부터 임의의 수까지 순서번호가 기록되어 있다. 슬라이딩 윈도우 방식의 하나인 'Go-Back-N ARQ'에서 정지-대기(stop and wait) 현상을 피하기 위해서는 충분히 큰 윈도우가 필요하다. 물음에 답하시오.

(1) 통신링크에서 필요한 윈도우의 크기가 50인 경우에 프레임의 순서번호를 위해 필요한 최소 비트수를 구하시오.

(2) 통신링크가 요구하는 윈도우 크기가 k이고 프레임의 순서번호를 나타내기 위한 최소 비트수를 n이라고 할 때, n과 k의 관계를 식으로 나타내시오.

풀이 (1) 비트수 : 6비트

$k \leq 2^n - 1, \; 50 \leq 2^n - 1, \; 50 \leq 2^6 - 1 = 64 - 1 = 63$

(2) 관계식 : $k \leq 2^n - 1$

데이터인 입력비트가 110011이고, 순환부호방식(CRC : cyclic redundancy check) 부호를 생성하는 다항식이 $X^4 + X^3 + 1$일 때 물음에 답하시오.

(1) 입력비트를 다항식으로 표현하시오.

(2) CRC 생성다항식과 (1)에서 구한 다항식을 사용하여 CRC 계산을 위한 다항식을 구하고, 그 결과를 2진수의 비트열로 나타내시오.

(3) CRC를 계산하고, 전송로로 전송할 비트열을 나타내시오.

(4) 수신측에서 수신된 비트열이 1100111001일 때 오류가 검출되지 않았다는 것을 검증하시오.

풀이 정보에 부가 비트(부호)를 추가하여 오류를 제어하는 방식에는 오류검출부호를 사용하는 방법과 오류정정부호를 사용하는 방식이 있다. 오류검출부호를 사용하는 방식에는 순환부호체크 방식이 있다. 순환부호체크(CRC : cyclic redundancy check) 방식은 블록 단위로 데이터가 전송될 때 오류를 검출할 수 있는 방식으로, CRC 부호를 만들어 전송하고 수신측에서 이 CRC 부호로 오류를 검출한다.

(1) 입력 데이터(110011)에 대한 다항식

$X^5 + X^4 + X^1 + X^0 = X^5 + X^4 + X + 1$

(2) • CRC 계산을 위한 다항식 : $X^9 + X^8 + X^5 + X^4$

   • 데이터 다항식에 CRC 다항식의 최고 차수를 곱함

   $W(X) = X^4(X^5 + X^4 + X + 1) = X^9 + X^8 + X^5 + X^4$

   • 비트열의 표현 : 1100110000

   FCS 길이만큼의 '0' 추가

   FCS 길이 : 'CRC 생성 다항식 길이' - 1 = 5 - 1 = 4

(3) 비트열로 표현된 W(X)인 1100110000를 CRC 생성 다항식(11001)으로 나누어줌

   • CRC : 1001

   • 전송할 비트열 : 1100111001

```
                    100001
        11001 ) 1100110000
                11001
                  10000
                  11001
                   1001
```

(4) 수신된 비트열인 1100111001를 CRC 생성 다항식(11001)으로 나누었을 때 나머지가 0이 되므로 오류가 없음

```
                    100001
        11001 ) 1100111001
                11001
                  11001
                  11001
                      0
```

HDLC 프레임과 짝수 패리티의 ASCII 코드를 사용하는 통신시스템에서 데이터 ABCDE를 전송하고자 한다. 전송 데이터 ABCDE에서 A의 ASCII 코드는 x1000001이며, 코드에서 x 는 짝수 패리티 비트라고 가정하고 아래 물음에 답하시오.

(1) 프레임 중에서 주소 필드는 모두 0, 제어 필드는 초기화되어 첫 프레임을 전송하는 것으로 가정하고 HDLC 프레임 구조를 그림으로 나타내시오. 그림에서 Information과 FCS 를 제외한 모든 필드값은 Binary로 나타낸다.

(2) Information 필드에 들어갈 내용을 Binary로 나타내시오.

(3) 생성다항식으로 $X^{12}+X^5+1$을 사용한다고 가정하고 위의 HDLC 프레임에 대한 프레임 검사 순서값(FCS)를 구하시오.

풀이 (1)

Flag	Address	Control			Flag
0111 1110	0000 0000	0000 0000	Information	FCS	0111 1110

- Flag 필드 : 고유의 패턴 가짐
- Address 필드 : 모두 0이라 가정
- Control 필드 : 8비트 중 첫 번째 비트 0은 I-Frame을 나타내고, 초기화되어 첫 프레임을 전송하는 것이므로 보내는 프레임 번호와 받기를 기대하는 프레임 번호 모두 0이 된다. P/F 비트는 1일 때만 의미가 있는 것이며 여기서는 관련이 없다.

(2) Information 필드(1문자 : 짝수 패리티 비트 1bit + 아스키코드 7bit)

A	B	C	D	E
0 100 0001	0 100 0010	1 100 0011	0 100 0100	1 100 0101

(3) 플래그를 제외한 프레임의 나머지 비트들로부터 구한다.

- 제수(13비트) : 1000000100001 (생성다항식이 $X^{12} + X^5 + 1$이므로)
- 피제수(40비트 + 12비트) : 주소와 제어필드가 0이므로 피제수는 다음과 같다.
  01000001 01000010 11000011 01000100 11000101 000000000000

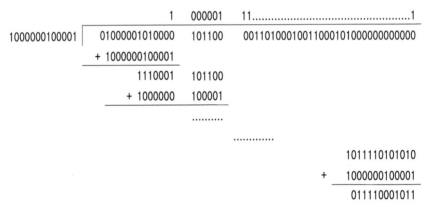

따라서 FCS는 '0111 1000 1011'이다.

2.2.3 LAN

아래 용어를 설명하시오.

(1) HTML(HyperText Markup Language)
(2) HTTP(HyperText Transfer Protocol)
(3) DHTML(Dynamic HTML)

풀이 (1) HTML은 웹 문서를 작성하기 위하여 사용되는 표준 언어이다. 하이퍼텍스트로 구성된 웹 문서의 구조를 기술하는 언어이며, HTML로 작성된 파일들은 .html 또는 .htm의 파일 확장자를 가지게 되는 것이다. HTML은 태그라는 예약어를 사용하여 텍스트 형태의 문서를 만들 수 있으며, HTML 태그가 브라우저에 의해서 해석되고 문서의 내용이 나타난다.

(2) HTTP는 인터넷에서 클라이언트와 서버가 HTML 문서를 주고받는데 사용되는 표준 통신 프로토콜이다. 이것은 웹에서 정보를 제공하는 서버 프로그램과 정보를 요청하는 브라우저 프로그램이 내부적으로 사용하는 프로토콜이다. 클라이언트 요구가 있을 때 서버에서 작성된 HTML 문서는 HTTP 프로토콜에 의하여 클라이언트로 전송된다.

(3) DHTML은 웹 페이지를 동적으로 만들 수 있는 HTML, Style sheets, Script의 조합을 표현하기 위해 업체들이 사용하는 용어이다. Style sheets는 HTML에서 지원되는 CSS1(Cascading Style Sheets Level1)을 의미하는 것이며, 사용자의 필요에 의해 특별히 개발된 style sheet 기법으로서, 폰트, 색상, 공백 공간과 그 밖의 문서 표현 측면을 자유롭게 지정할 수 있는 기능을 제공한다.

IPv4와 비교할 때 IPv6(Internet Protocol Version 6)의 향상된 기능을 나열하시오.

풀이 ① 확장된 주소 공간 : 32비트에서 128비트로 확장

② 옵션 기법 향상 : 옵션 대부분을 라우터에서 처리하지 않기 때문에 더 간단하고 빠르게 처리 가능

③ 주소 자동구성 : IP 주소의 동적인 할당 가능

④ 주소 지정 방식의 융통성 증가 : anycast 개념을 포함

⑤ 자원 할당에 대한 지원 : 실시간 비디오 같은 특별한 트래픽에 대한 지원 가능

⑥ 보안 능력 : 인증과 비밀 지원

⑦ 패킷 구성 비교

IPv4			
• 데이터그램 : 가변 길이의 패킷, 〈헤더+데이터〉로 구성됨			
• 헤더 포맷 : 20~60바이트 가변 길이			
버전 (4bits)	헤더 길이 (4bits)	서비스유형 (8bits)	전체 길이 (16bits)
식별자 (16bits)		플래그 (3bits)	단편화 오프셋 (13bits)
TTL (8bits)	Protocol (8bits)	Header checksum (16bits)	
Source IP address (32bits)			
Destination IP address (32bits)			
Options+Padding (0~40bytes)			

IPv6
•기본 헤더 40바이트, 6개 확장 헤더 추가 가능
•패킷 형식

0	4	12	16	24	31
Version	Traffic class		Flow label		
Payload length			Next header	Hop limit	
Source address (16bytes)					
Destination address (16bytes)					

IPv4 주소체계를 갖는 네트워크 환경에서 ISP가 80.70.56.0/21 블록을 부여한다. 1개의 IP 주소 블록을 할당하여 그룹별로 독립적인 서브넷을 구성하고자 한다. A그룹과 B그룹은 500 개, C그룹과 D그룹은 250개, E그룹은 50개의 주소가 필요하다고 가정하고 물음에 답하시오.

(1) ISP블록의 주소의 개수를 구하시오.

(2) A그룹에 할당된 IP주소 블록을 구성하는 IP주소의 개수를 구하시오.

(3) E그룹에 할당된 IP주소 블록의 첫 번째 IP주소와 마지막 IP주소를 CIDR(Classless Inter-Domain Routing) 표기법으로 나타내시오.

(4) IPv4 주소체계에서 특별한 목적으로 사용되는 특수 주소를 CIDR 표기법으로 나열하고 용도를 설명하시오.

풀이 (1) 80.70.56.0/21 : IP주소(80.70.56.0) + Mask(21)

Mask가 21이므로 32비트 주소에서 앞쪽 21비트가 1이다. 이것을 제외한 11비트가 주소이다. 따라서 ISP블록의 주소 개수는 2^{11} = 2048개

(2) A그룹에 500개 주소가 필요하므로 9비트 사용해야 한다. 2^9 = 512개

(3) CIDR는 도메인 사이의 라우팅에 사용되는 인터넷 주소를 융통성 있게 지정할 수 있어서 IP주소 클래스 체계를 사용하는 것보다 활용 가능한 인터넷 주소의 숫자가 증가한다.

IP주소의 개수가 많은 그룹에 먼저 할당한다.
첫 번째 IP주소 : 80.70.62.0/26
마지막 IP주소 : 80.70.62.63/26

• A그룹(512개 = 2^9) : 80.70.56.0/23 ~ 80.70.57.255/23 (마스크: 32-9 = 23)
• B그룹(512개 = 2^9) : 80.70.58.0/23 ~ 80.70.59.255/23

- C그룹(256개 = 2^8) : 80.70.60.0/24 ~ 80.70.60.255/24 (마스크: 32-8 = 24)
- D그룹(256개 = 2^8) : 80.70.61.0/24 ~ 80.70.61.255/24
- E그룹(64개 = 2^6) : 80.70.62.0/26 ~ 80.70.62.63/26 (마스크: 32-6 = 26)

(4) ① this-host address(0.0.0.0/32) : 데이터그램을 보내려는 호스트가 근원지인 자신의 주소를 모를 때 사용한다.

② 루프백 주소(127.0.0.0/8) : 이 블록 내의 주소를 갖는 패킷은 호스트를 벗어나지 않으며, 테스트 목적으로 사용된다.

③ 멀티캐스트 주소(244.0.0.0/4) : 서버가 패킷을 멀티캐스트로 전송할 때 사용되며, 목적지 IP로 설정된다.

④ 사설 주소(10.0.0.0/8, 172.16.0.0/12, 192.168.0.0/16) : RFC 1918에서 사설 주소에만 사용할 수 있는 라우팅이 불가능한 주소들이다.

⑤ limited-broadcast address(255.255.255.255/32) : 호스트가 라우터나 네트워크 상의 모든 장치로 데이터그램을 보낼 때 사용한다. 라우터가 이 패킷을 차단하므로 네트워크 외부로 나갈 수는 없다.

이더넷을 위해 10Mbps의 새로운 전송 매체를 개발하고자 한다. 매체는 두 개의 종단 시스템 사이에 최대 4개의 리피터를 허용하고, 리피터에서 1μs의 지연이 발생한다. 한 세그먼트의 길이는 200m이고, 한 세그먼트에서 한 방향으로의 최고 전파시간은 40μs이다.

(1) 충돌을 감지하는데 소요되는 최대 시간은?

(2) 프레임의 최솟값은 얼마인가?

풀이 (1) 충돌을 감지하는데 소요되는 최대 시간은 종단 시스템 사이의 왕복 전파시간이 되어야 한다.

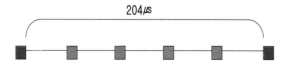

$(40 \times 5 + 1 \times 4) \times 2 = 204\mu s \times 2 = 408\mu s$

따라서 충돌을 감지하는 데 소요되는 최대 시간은 408μs이다.

(2)

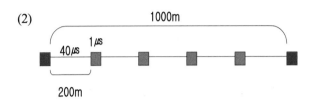

- 프레임 최솟값

  x $\geq$ 전파시간×2 = (40×5 + 1×4)×2 = 204×2

  x $\geq$ 408μs

  매체의 전송속도가 10Mbps이므로 최솟값은 4080비트 이상이 되어야 한다.

  4080비트 / 8 = 510Byte

  따라서 프레임은 최소한 510Byte 크기가 되어야 한다.

 다음 조건을 갖는 통신시스템에 대해 물음에 답하시오.

> **조건**
> ① LAN은 BUS로 구성되어 있다.
> ② 한 번에 하나의 전송만을 허락하고 전송이 끝나면 또 다른 전송을 시작한다. ACK에 관한 사항은 무시한다.
> ③ LAN에 100Mbps의 전송률을 가지는 Station A와 B가 있다. 항상 A에서 B로만 전송이 이루어지며, A에서 B까지의 거리는 10Km이다.
> ④ 전송매체는 동축케이블을 이용한다. 전파속도는 2×10⁸m/s이다.
> ⑤ A에서 B까지 100개의 리피터가 설치되어 있으며 리피터 한 대당 1비트의 지연시간을 가진다.

(1) 전송할 프레임의 길이가 100바이트인 경우 시스템의 처리율은 얼마인가?

(2) 전송할 프레임의 길이가 1000바이트인 경우 시스템의 처리율은 얼마인가?

풀이 (1) • Station A에서 B로 보내는데 걸리는 시간 :

　　　전송시간 + 전파시간 + 처리시간

　　　• 전송시간 = 프레임의 비트 길이 / 전송률

　　　　　　　= 100×8 / 100Mbps

　　　　　　　= 800 / (100×10⁶) = 8μs

　　　• 전파시간 = 링크의 길이 / 전파속도

　　　　　　　= 10Km / (2×10⁸ m/s)

　　　　　　　= (10×1000) / (2×10⁸)

$$= 5{\times}10^{-5} = 50\mu s$$

- 리피터에서의 지연(처리시간)

  1비트의 지연 : 1 / 100Mbps

  리피터 한 대당 10ns의 지연 : 10ns×100 = $1\mu s$

- 처리율 = 전송시간 / (전송시간 + 전파시간 + 처리시간)

  $$= 8 / (8 + 50 + 1) = 8 / 59$$

  (전체 시간의 51 / 59만큼의 시간은 idle)

(2) • 전송시간 : 8×1000 / 10^8 = $80\mu s$

   • 전파시간 : $50\mu s$

   • 리피터 지연시간 : $1\mu s$

   • 처리율 : 80 / (80 + 50 + 1) = 80 / 131

CSMA/CD 프로토콜을 사용하고 대역폭이 10Mbps인 버스 구조 LAN을 구성하고자 한다.
조건을 고려하여 물음에 답하시오.

   조건

   ① 종단 간 최대 거리는 500km이고, 신호의 전파속도는 $2{\times}10^8$m/s이다.

   ② 이진 지수 백오프(binary exponential backoff) 방식을 사용하며, 대기시간은 '0~2^{k-1}
   의 랜덤 값' × '프레임 전송시간'이다.

   ③ 장치 사이의 지연시간과 충돌을 알리는 시간은 무시한다.

(1) 네트워크에서 프레임의 최소 크기를 구하시오.

(2) 종단 간 1000B의 프레임 전송 중에 연속으로 2번 충돌이 발생한 경우 대기시간의 최댓
   값을 구하시오.

(3) CSMA/CD에서 최소 프레임 크기를 유지하는 이유는 무엇인가?

(4) 이진 지수 백오프 방식에서 대기시간이 필요한 이유는 무엇인가?

풀이 ▪ CSMA/CD의 동작

① 비트 스트림을 전송하면서 동시에 트랜시버는 충돌이 발생하였는지 검출하기 위해 수
   신 신호를 모니터링함

② 충돌이 없으면 전체 프레임을 전송하고, FCS를 전송한 후에 MAC 장치는 새로운 프
   레임의 도착을 기다림

③ 충돌이 검출되면 모든 장치(DTE)에게 잼(jam) 신호를 방송하여 충돌이 발생하였음을
   알림

④ MAC 장치는 프레임의 전송을 중지하고, 임의의 시간 동안 기다린 후에 재전송을 시도함

⑤ 프레임의 재전송은 제한된 시도 횟수의 최댓값까지 시도함

⑥ 재전송의 스케줄링은 이진 지수 백오프(binary exponential backoff) 방식에 의해 조정됨

(1) 최대 충돌감지시간은 네트워크에서 가장 멀리 떨어진 2개 스테이션에서 충돌이 발생한 경우이며, 충돌을 감지하는 시간은 전파지연의 2배가 될 수 있다.

프레임 전송시간 ≥ 2×전파시간

전송시간 = 프레임 크기/대역폭

전파시간 = 거리/속도 = 500km/$2×10^8$m/s = 2.5

프레임 크기 ≥ 2×2.5ms×10Mbps = 50Kbit = 6250B

따라서, 최소 프레임의 크기는 6250B

(2) 전송시간 = 1000/10Mbps = 0.8ms

충돌이 2회 발생하였으므로 랜덤의 범위는 0~(2^2-1)이 된다. 여기서 최댓값은 3이 된다. 따라서 대기시간은 3×0.8ms = 2.4ms

(3) 충돌을 감지한 후 재전송을 위한 복사본 유지가 필요하기 때문이다.

(4) 재충돌 방지를 위해 시간 차이를 두어야 한다.

다음은 RARP 패킷이 이더넷 프레임에 캡슐화되는 과정을 나타내었다. 단, IP 주소는 10진 표기법을 표현하였고, 나머지 숫자는 16진수로 표현되었다.

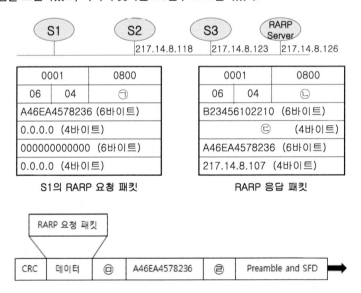

(1) RARP 패킷과 프레임에서 ㉠~㉤에 들어갈 내용을 쓰시오. 단, IP주소는 표기법대로 작성하고, 나머지는 모두 16진수로 표기한다.

(2) RARP 패킷을 사용하는 이유는 무엇인가?

(3) 위 그림의 S1, S2, S3, RARP Server가 255.255.255.192에 의해 서브넷으로 분할되는 경우 서브네트워크 주소는?

풀이 역순 주소결정 프로토콜인 RARP는 호스트가 자신의 MAC을 알고 IP를 모르는 경우 사용되며, 아래와 같은 패킷 구조를 갖는다.

←—————————— 32비트 ——————————→	
hardware type	protocol type
HW length	protocol length	operation - request - reply
근원지 HW address	
근원지 protocol address	
목적지 HW address	
목적지 protocol address	

(1) ㉠ : RARP에서 요청 패킷이므로 필드 값은 0003

㉡ : RARP에서 응답 패킷이므로 필드 값은 0004

㉢ : 근원지 주소인 217.14.8.126

㉣ : 목적지 주소인 ffffffffffff

㉤ : 이더넷 프레임의 Type을 나타내는 8035(0800: IP 데이터그램, 0806: ARP 패킷)

(2) 자신의 IP주소를 알기 위해 사용한다.

(3) 217.14.8.64

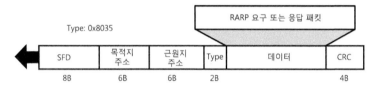

2.3 네트워크 프로토콜

2.3.1 네트워크 계층 프로토콜

아래와 같은 네트워크 도메인에서 각 라우터는 링크상태(link state) 라우팅 기법을 사용한다. 각 링크상의 숫자는 전송비용을 나타내며 양방향이 같은 것으로 가정하고 라우터 B와 C의 라우팅 테이블을 작성하시오.

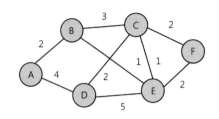

풀이 라우팅 테이블은 라우터, 비용, 다음 라우터로 구성되며 각각 목적지 라우터, 목적지까지의 최소 경로비용, 최초로 경유할 라우터를 나타낸다.

〈라우터 B〉

목적지	비용	다음 라우터
A	2	-
B	0	-
C	2	E
D	4	E
E	1	-
F	3	E

〈라우터 C〉

라우터	비용	다음 라우터
A	4	E
B	2	E
C	0	-
D	2	-
E	1	-
F	2	-

다음 그림은 라우터 B에 대한 라우팅 테이블을 구성하기 위해 최소 비용 트리의 생성 과정을 나타낸 것이다. 그림에서 라우터 C나 F로 가기 위해서는 E를 통과해야 하므로 다음 라우터는 E가 된다. 그리고 라우터 D로 가기 위해서는 E와 C를 순서대로 통과해야 하므로 다음 라우터는 E가 된다.

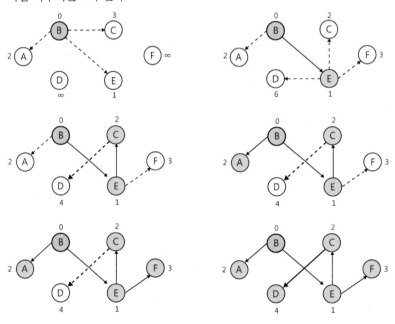

다음 그림은 A~F까지 6개의 라우터로 구성된 네트워크 도메인을 나타낸 것이다. 조건을 고려하여 물음에 답하시오.

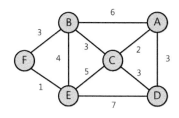

조건

- 라우터는 링크상태(link state) 라우팅 기법을 사용한다.
- 각 링크상의 숫자는 전송비용을 나타내며, 양방향이 동일하다.
- 자기 자신으로의 전송비용은 0이며, 라우터에서의 지연은 없다.
- 패킷을 전송 중에 오류는 발생하지 않는다.
- 라우팅 테이블은 라우터, 비용, '다음 라우터' 필드로 구성되며, 각각 목적지 라우터, 목적지까지의 최소 경로비용, 최초로 경유할 라우터를 나타낸다.
- 인접 라우터로 직접 전달이 가능하면 '다음 라우터' 필드는 '-'로 표시한다

(1) 최단 경로 우선(OSPF: Open Shortest Path First) 프로토콜을 설명하시오.

(2) 라우터 A, B, D, E의 라우팅 테이블(routing table)을 구성하시오.

풀이 (1) 최단 경로 우선(OSPF) 프로토콜은 링크상태 라우팅에 기반을 둔 도메인 내의 라우팅 프로토콜이다. OSPF에서는 모든 라우터가 동일한 네트워크 토폴로지 데이터베이스를 기반으로 경로를 계산한다. 링크상태 라우팅 기법에서는 딕스트라(Dijkstra) 알고리즘을 사용하여 최적 경로를 계산하고 라우팅 테이블을 구성한다.

(2)

〈라우터 A의 라우팅 테이블〉

라우터	비용	다음 라우터
A	0	-
B	5	C
C	2	-
D	3	-
E	7	C
F	8	C

〈라우터 B의 라우팅 테이블〉

라우터	비용	다음 라우터
A	5	C
B	0	-
C	3	-
D	6	C
E	4	C
F	3	-

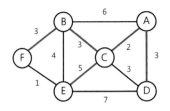
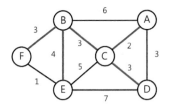

	〈라우터 D의 라우팅 테이블〉	
라우터	비용	다음 라우터
A	3	-
B	6	C
C	3	-
D	0	-
E	7	-
F	8	E

	〈라우터 E의 라우팅 테이블〉	
라우터	비용	다음 라우터
A	7	C
B	4	-
C	5	-
D	7	-
E	0	-
F	1	-

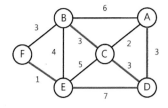
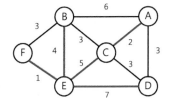

거리 벡터 라우팅을 사용하는 라우터의 현재 라우팅 표와 이웃 라우터 'C'로부터
받은 패킷이 각각 다음과 같을 때 갱신된 라우팅 표를 작성하시오.

〈기존 라우팅 테이블〉			〈C에서 받은 테이블〉	
Net2	8	A	Net3	6
Net3	5	C	Net4	7
Net6	4	A	Net6	5
Net8	3	C	Net8	4
Net9	4	B	Net9	3

풀이 거리 벡터(distance vector) 라우팅 알고리즘은 벨맨 포워드 라우팅(bellman-forward
routing) 알고리즘이라고 한다. 가장 짧은 경로 스패닝 트리를 찾기 위해 경로상의 홉(hop)
수에 따라 반복하여 실행되는 라우팅 알고리즘이다.

〈ⓑ C에서 받은 테이블〉

Network ID	Cost
Net3	6
Net4	7
Net6	5
Net8	4
Net9	3

⇒

〈ⓒ Cost를 1 증가시킨 테이블〉

Network ID	Cost	Next hop
Net3	7	C
Net4	8	C
Net6	6	C
Net8	5	C
Net9	4	C

〈ⓐ 기존 라우팅 테이블〉 ⇒ 〈수정된 라우팅 테이블〉

Network ID	Cost	Next hop
Net2	8	A
Net3	5	C
Net6	4	A
Net8	3	C
Net9	4	B

Network ID	Cost	Next hop
Net2	8	A
Net3	7	C
Net4	8	C
Net6	4	A
Net8	5	C
Net9	4	B

■ 라우팅 테이블 업데이트 방법

기존 라우팅 테이블을 ⓐ, C에서 받은 라우팅 테이블을 ⓑ, C에서 받은 라우팅 테이블에 cost를 1씩 더한 테이블을 ⓒ라고 하자. 이 3개의 테이블을 사용하여 아래와 같은 기준으로 새로운 라우팅 테이블을 만든다.

- 테이블 ⓐ에 항목이 없으면 테이블 ⓒ의 항목을 사용한다. (Net4)
- 테이블 ⓒ에 항목이 없으면 테이블 ⓐ의 항목을 사용한다. (Net2)
- 테이블 ⓐ에서 next hop이 라우터 'C'인 경우는 테이블 ⓒ의 항목을 사용한다. (Net3, Net8)
- next hop이 라우터 'C'가 아닌 경우는 테이블 ⓐ와 ⓒ에서 cost가 작은 것을 사용한다. (Net6, Net9)

다음 그림은 건물의 네트워크 구성도와 라우팅 테이블(R1, R2, R3)을 나타낸 것이다. 〈조건〉을 고려하여 물음에 답하시오. [중등교사 임용시험 정보·컴퓨터 2023-B-6]

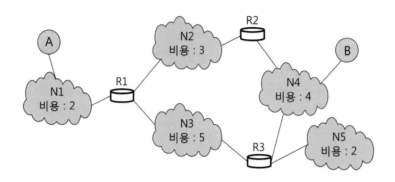

<table>
<tr><th colspan="3">〈R1의 라우팅 테이블〉</th></tr>
</table>

목적지 네트워크	다음 라우터	비용 (cost)
N1	-	2
N2	-	3
N3	-	5
N4	R2	7
N5	R3	7

〈R2의 라우팅 테이블〉

목적지 네트워크	다음 라우터	비용 (cost)
N1	R1	5
N2	-	3
N3	R1	8
N4	-	4
N5	R3	6

〈R3의 라우팅 테이블〉

목적지 네트워크	다음 라우터	비용 (cost)
N1	R1	7
N2	R2	7
N3	-	5
N4	-	4
N5	-	2

조건

- 그림에서 A, B는 호스트, R1~R3는 라우터, N1~N5는 네트워크이다.
- 네트워크에 표시된 비용은 네트워크에 연결된 두 노드간의 메시지 전송 비용이다.
- 호스트의 디폴트 라우터는 호스트에서 다른 네트워크로 메시지를 보낼 때마다 처음 거쳐야 할 라우터이다.

(1) 호스트 A에서 B로 메시지를 보낼 때 통과하는 라우터를 순서대로 쓰시오.

(2) 호스트 B의 디폴트 라우터로 R2와 R3 중 어느 것을 사용하는 것이 비용을 최소화할 수 있는가? 그 이유를 기술하시오.

(3) R3가 N4에 연결되지 않았다고 가정할 경우 R3의 라우팅 테이블에서 N4에 대한 다음 라우터와 비용을 구하시오.

풀이 (1) R1, R2

　　R1의 라우팅 테이블에서 목적지 네트워크 N4의 다음 라우터는 R2이다.

(2) R3, 그 이유는 라우팅 테이블에서 각 네트워크의 비용 합이 R3가 더 적기 때문이다.

　－R2의 라우팅 테이블 비용의 합 : 26

- R3의 라우팅 테이블 비용의 합 : 25

(3) R1, 12

　　N4에서 R3로 가는 경로 : N4→R2→N2→R1→N3→R3, 비용 : 4 + 3 + 5 = 12

라우팅 정보 프로토콜(RIP)은 거리 벡터 라우팅을 기반으로 한 인트라 도메인 라우팅 프로토콜이다. 조건을 고려하여 다음 네트워크에서 RIP 동작에 대한 물음에 답하시오.

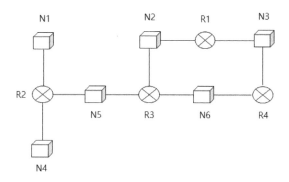

조건

① 포워딩 테이블의 열은 목적지 네트워크, 다음 라우터(next router), 비용(cost)으로 구성된다.
② 다음 라우터는 목적지 네트워크로 가기 위해 경유하는 첫 번째 라우터를 말한다.
③ 비용은 네트워크 수를 의미하는 홉 수이다.
④ 포워딩 테이블의 값이 NULL인 경우는 '-'로 표시한다.

(1) R2과 R4의 초기 포워딩 테이블을 구하시오.
(2) R1과 R3의 최종(안정된 상태) 포워딩 테이블을 구하시오.

풀이 (1)　　　　〈R2 테이블〉　　　　　　　　　　　　　　〈R4 테이블〉

목적지 네트워크	다음 라우터	비용
N1	-	1
N4	-	1
N5	-	1

목적지 네트워크	다음 라우터	비용
N3	-	1
N6	-	1

(2)

〈R1 테이블〉			〈R3 테이블〉		
목적지 네트워크	다음 라우터	비용	목적지 네트워크	다음 라우터	비용
N1	R3	3	N1	R2	2
N2	-	1	N2	-	1
N3	-	1	N3	R1 or R4	2
N4	R3	3	N4	R2	2
N5	R3	2	N5	-	1
N6	R3 or R4	2	N6	-	1

다음의 링크 상태 데이터베이스를 보고 라우터 C를 위한 최단경로 트리와 라우팅 표를 작성하시오. 단, 네트워크에서 라우터로 들어가는 비용은 없다고 가정한다.

라우터	네트워크	비용	인접라우터
A	4	2	B
B	4	4	A
B	5	2	C
C	5	5	B
C	2	3	F
C	6	2	D
D	6	3	C
D	8	5	E
E	3	2	-
E	8	4	D
F	1	3	-
F	2	4	C

풀이 ■ 최단경로 트리

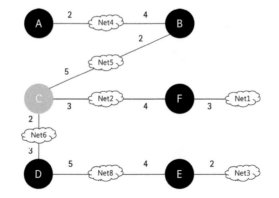

〈라우터 C의 라우팅 테이블〉

목적지	다음 라우터	비용
Net4	B	9
Net5	-	5
Net6	-	2
Net2	-	3
Net1	F	6
Net8	D	7
Net3	D	9

다음 그림과 같이 투명(학습) 브리지를 사용하여 3개의 LAN을 연결하였다. 브리지 테이블의 필드가 주소(address)와 포트(port)로 구성되고, 초기의 브리지 테이블에는 각 스테이션에 대한 정보가 없다. 시간에 따른 프레임의 전송과 응답 순서가 그림과 같을 때 물음에 답하시오.

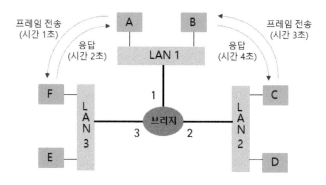

(1) 시간 2초에 프레임을 전송한 후 브리지 테이블의 내용은 무엇인가?
(2) 시간 4초에 프레임을 전송한 후 브리지 테이블의 내용은 무엇인가?

풀이 투명 브리지(교환기)는 브리지의 존재 여부를 각 지국이 모르도록 하며, 지국의 브리지 테이블(스위칭 테이블)을 자동으로 작성한다. 프레임 전송 시 먼저 브리지 테이블을 확인하고 다음 기준으로 업데이트한다. 첫째, 브리지 테이블에 출발지와 목적지 항목이 없으면 플러딩 후 출발지 항목을 저장한다. 둘째, 출발지 항목만 없으면 테이블을 통해 포워딩 후 출발지 항목을 저장한다. 셋째, 목적지 항목만 없으면 플러딩만 수행한다.
프레임을 전송하는 방식에서 플러딩은 입력포트를 제외한 나머지 모든 포트로 프레임을 전송하는 것이며, 필터링은 목적지 주소를 검사한 후 전달할 포트를 결정하는 것이며, 포워딩은 프레임을 해당 포트로만 전송하는 것이다.

• 프레임의 전송과 응답 순서 : A→F, F→A, C→B, B→C

(1) 브리지 테이블

주소	포트
A	1
F	3

(2) 브리지 테이블

주소	포트
A	1
F	3
C	2
B	1

다음은 브리지(bridge)로 연결된 네트워크 구성도이다. 조건을 고려하여 물음에 답하시오.

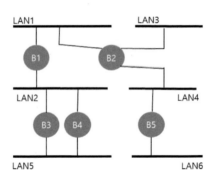

조건

① 네트워크는 6개의 LAN과 5개의 브리지로 구성된다.
② 브리지 번호가 가장 작은 것이 루트 브리지가 된다.
③ 동일한 조건이면 브리지 번호가 작은 것을 선택한다.

(1) 스패닝 트리 알고리즘을 적용한 네트워크를 그리시오.
(2) 네트워크를 스패닝 트리로 구성하는 이유를 쓰시오.

풀이 (1)

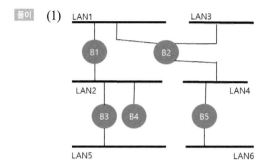

(2) 네트워크를 스패닝 트리를 구성하는 이유는 중복된 브리지 설치로 루프 문제가 발생하는 것을 제거하기 위함이다.

다음은 라우팅 테이블이다. 목적지 주소가 201.4.22.35인 패킷이 도착하였다. 이 패킷을 전송하는 인터페이스는?

마스크(Mask)	네트워크 주소	네트워크 홉(Hop)	인터페이스
/26	180.70.65.192	–	m2
/25	180.70.65.128	–	m0
/24	201.4.22.0	–	m3
/22	201.4.16.0	...	m1
Default	Default	180.70.65.200	m2

풀이 201.4.22.35

→ 1100 1001.0000 0100.0001 0110.0010 0011

/26 → 201.4.22.0이며, 180.70.65.192에 부합되지 않는다.

→ 1100 1001.0000 0100.0001 0110.00|00 0000

/25 → 201.4.22.0이며, 180.70.65.128에 부합되지 않는다.

→ 1100 1001.0000 0100.0001 0110.0|000 0000

/24 → 201.4.22.0이며, 네트워크 주소에 부합된다.

→ 1100 1001.0000 0100.0001 0110.|0000 0000

• 첫 번째 마스크 /26이 목적지 주소에 적용된다. 결과는 201.4.22.0이고, 행 1에 있는 네트워크 주소와 부합되지 않는다.

- 두 번째 마스크 /25가 목적지 주소에 적용된다. 결과는 201.4.22.0이고, 행 2에 있는 네트워크 주소와 부합되지 않는다.
- 세 번째 마스크 /24가 목적지 주소에 적용된다. 결과는 201.4.22.0이고, 행 3에 있는 네트워크 주소와 부합된다. 따라서 패킷의 목적지 주소와 인터페이스 번호 m3가 ARP에게 전달된다.

 다음 IPv4 라우팅 테이블을 참조하여 인터페이스(interface)에 대한 물음에 답하시오. 단, 주소와 마스크는 CIDR(Classless Inter-Domain Routing) 표기법을 따른다. [중등교사 임용시험 정보·컴퓨터 2022-A-3]

마스크	네트워크 주소	다음 홉(hop)	인터페이스
/24	201.80.44.0	–	a1
/23	201.80.2.0	–	b2
/16	201.80.0.0	–	c3
/16	140.17.0.0	–	d4
/16	140.27.0.0	–	e5
default	default	201.80.44.3	a1

(1) 목적지 주소가 140.17.7.7인 패킷의 인터페이스는 무엇인가?

(2) 목적지 주소가 201.80.1.3인 패킷의 인터페이스는 무엇인가?

풀이 (1) 140.17.7.7 : d4

(2) 201.80.1.3 : c3

서브넷 마스크는 네트워크 ID 부분은 1, 호스트 ID 부분은 0으로 이루어진 32비트 이진수 문자열이다. 서브넷 마스크는 10진수와 CDIR의 두 가지 표기법을 사용할 수 있다. 예를 들면, IP 주소가 192.168.0.1이고 서브넷 마스크가 255.255.255.0인 경우 아래와 같이 표기할 수 있다.

- 10진수 표기법 : 192.168.0.1/255.255.255.0
- CDIR 표기법 : 192.168.0.1/24 (왼쪽부터 나열된 1의 수가 24개임)

패킷의 인터페이스를 찾기 위해서는 네트워크 주소 범위에 해당하는 인터페이스를 구해야 한다. 이를 위해 목적지 주소를 해당 마스크(mask)로 마스킹한 후 그 결과가 목적지 주소의 네트워크 주소와 일치하는지 확인한다.

① 목적지 주소가 140.17.7.7인 경우

      10001100.00010001.00000111.00000111

 & 11111111.11111111.11111111.00000000 /24

      10001100.00010001.00000111.00000000 (140.17.7.0)

      10001100.00010001.00000111.00000111

 & 11111111.11111111.11111110.00000000 /23

      10001100.00010001.00000110.00000000 (140.17.6.0)

      10001100.00010001.00000111.00000111

 & 11111111.11111111.00000000.00000000 /16

      10001100.00010001.00000000.00000000 (140.17.0.0) ← d4

②

      11000011.01010000.00000001.00000011

 & 11111111.11111111.11111111.00000000 /24

      11000011.01010000.00000001.00000000 (201.80.1.0)

      11000011.01010000.00000001.00000011

 & 11111111.11111111.11111110.00000000 /23

      11000011.01010000.00000000.00000000 (201.80.0.0)

      11000011.01010000.00000001.00000011

 & 11111111.11111111.00000000.00000000 /16

      11000011.01010000.00000000.00000000 (201.80.0.0) ← c3

다음은 클래스 C의 IP 주소 형식을 사용하는 네트워크에서 호스트의 IP 주소를 나타낸 것이다. 서브넷 마스크(subnet mask)가 255.255.255.224라고 가정하고 아래 물음에 답하시오.

호스트	IP
H1	203.215.40.66
H2	203.215.40.94
H3	203.215.41.78
H4	203.215.40.97
H5	203.215.41.67

(1) 클래스 C의 IP 주소 형식을 그림으로 나타내시오.

(2) 5개의 호스트에 대한 각각의 서브넷 주소를 구하시오.

(3) H1이 라우터를 통하지 않고 통신 가능한 호스트는 무엇인가?

(4) 위 네트워크에서 호스트의 수를 균등하게 분배할 경우 몇 개의 서브넷을 구성할 수 있는가? H4는 몇 번 서브넷에 속해 있는가?

풀이 (1) Class C의 주소 형식(32Bit) : /24 110

네트워크 주소 / 호스트 주소

1	1	0	NetID	NetID	NetID	HostID

(8bit)

(2)

호스트	IP	서브넷 주소
H1	203.215.40.66	203.215.40.64
H2	203.215.40.94	203.215.40.64
H3	203.215.41.78	203.215.41.64
H4	203.215.40.97	203.215.40.96
H5	203.215.41.67	203.215.41.64

(3) H2

라우터를 통하지 않고 통신을 할 수 있으려면 호스트가 같은 서브 네트워크 내에 있어야 한다.

(4) ① 8개

주어진 서브넷 마스크가 255.255.255.224이므로 Class C에서 서브넷 마스크는 11111111.11111111.11111111.11100000이 된다. 여기서 서브넷 마스크의 비트 수는 27개이다. 여기서 구성 가능한 서브넷은 호스트 주소를 나타내는 11100000(Octet 4)에서 상위 3비트로 결정된다. 따라서 서브넷의 수는 $8(2^3)$개가 된다.

② 4번째 서브넷

H4의 서브넷 주소가 203.215.40.96이다. 여기서 마지막 옥텟이 01100000(=96)이므로 H4는 3번 서브넷에 속한다.

203.215.40.0/27 ~ 203.215.40.31/27

203.215.40.32/27 ~ 203.215.40.63/27

203.215.40.64/27 ~ 203.215.40.127/27 ...

서브넷에서 네트워크를 구분할 때 각 서브넷의 첫 번째 IP주소는 네트워크 주소가 되며, 이것은 호스트 IP주소로 사용할 수 없다. 또 각 서브넷에서 마지막 IP주소는 broadcasting 을 위한 것이므로 호스트 IP주소를 사용할 수 없다. 따라서 각 네트워크의 IP 범위에서 첫 번째 주소와 마지막 주소는 호스트에 할당할 수 없다. 예를 들면, 위의 네트워크 구성에서 첫 번째 서브넷의 네트워크 주소, 호스트 IP, broadcasting 주소는 다음과 같다.

	203.215.40.0	네트워크 주소
203.215.40.0/27	203.215.40.1 ~ 203.215.40.30	호스트 IP
	203.215.40.31	broadcasting 주소

다음 그림은 IP 패킷의 구조를 나타낸 것이다. 이와 관련된 물음에 답하시오.

버전(4)	㉠	서비스 타입(8)	전체 길이(16)	
㉡			플래그(3)	단편화 옵셋(13)
생존기간(8)		프로토콜(8)	체크섬(16)	
발신지 IP 주소(32)				
목적지 IP 주소(32)				
옵션 및 패딩(variable)				
데이터(variable)				

(1) ㉠, ㉡에 들어갈 내용은 무엇인가?

(2) IP 헤더의 체크섬(checksum)과 UDP 체크섬의 차이점을 비교 설명하시오.

풀이 (1) ㉠ : 헤더 길이(4), ㉡ : 식별자(16)

(2) IPv4 데이터그램에 캡슐화되는 모든 상위 계층 프로토콜은 전체 패킷을 대상으로 하는 체크섬이 있어서 캡슐화된 데이터를 검사할 필요가 없다. 따라서 IP 체크섬은 데이터가 아닌 헤더만을 대상으로 계산한다. 반면에 UDP 체크섬은 의사 헤더, UDP 헤더, 응용층에 들어오는 데이터를 모두 포함하여 계산한다. UDP 의사 헤더는 0으로 채워진 일부 필드들로 캡슐화되는 사용자 데이터그램에 있는 IP 패킷의 일부이다. 아래 그림은 UDP의 의사헤더, 헤더, 데이터의 필드 구성을 나타낸 것이다.

UDP 의사 헤더 ⇒	발신지 IP 주소(32)		
	목적지 IP 주소(32)		
	All 0's	프로토콜(8)	UDP 전체 길이(16)
UDP 헤더 ⇒	발신지 포트 번호(16)		목적지 포트 번호(16)
	UDP 전체 길이(16)		UDP 체크섬(16)
데이터 ⇒	데이터		
		Pad byte 0	

다음 조건은 IPv4 데이터그램의 단편화(fragmentation)에 대한 것이다. 조건을 고려하여 단편화할 때 각 데이터그램에 대한 전체 길이, More Flag, Fragment Offset을 구하시오.

> **조건**
> ① 최대 전송 단위가 1500B인 이더넷이다.
> ② 데이터그램의 전체 길이는 4480B이며, 헤더 길이는 20B이다.
> ③ 데이터그램에 옵션 필드는 없다.

풀이 ■ 데이터그램

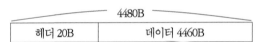

■ 데이터그램 단편화

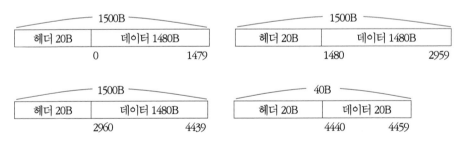

이더넷의 데이터그램 크기는 최소 46B이므로 4번째 단편에는 6B를 padding하여 전송해야 한다. 따라서 4번째 단편은 아래와 같이 구성된다.

46B		
헤더 20B	데이터 20B	padding 6B
	4440 4459	

따라서 각 단편에 대한 길이, More Flag, Fragment Offset은 다음과 같다.

단편	전체 길이	More flag	fragment offset
1	1500B	1	0
2	1500B	1	185(1480/8)
3	1500B	1	370(2960/8)
4	46B	0	555(4440/8)

서로 다른 4개의 네트워크 N_1, N_2, N_3, N_4에서 IPv4 데이터그램의 단편화(fragmentation)을 통해 데이터를 전송한다. 조건을 고려하여 물음에 답하시오.

조건

- 최초 발신지에서 전송할 데이터의 크기는 100,000 바이트이다.
- 최초 발신지에서 데이터는 2,000 바이트의 패킷으로 구성된다.
- 데이터는 최초 발신지에서 $N_1 \rightarrow N_2 \rightarrow N_3 \rightarrow N_4$ 순서를 경유하여 목적지에 도착한다.
- N_1, N_2, N_3, N_4 네트워크의 MTU(Maximum Transfer Unit)는 각각 4000, 1000, 240, 4000 바이트이다.
- MTU에서 IP 헤더의 크기는 고려하지 않는다.

(1) 최종 목적지에 도착한 패킷의 총 개수를 구하시오.

(2) N_2에서 패킷들이 분할될 때 패킷 헤더의 플래그 필드에서 MF(More Fragments) 비트가 1인 패킷의 개수를 구하고, 그 근거를 설명하시오.

(3) N_3에서 패킷들이 분할되었을 때 패킷 헤더의 플래그 필드에서 MF(More Fragments) 비트가 0인 패킷의 수를 구하고, 그 근거를 설명하시오.

풀이 (1) 500개

출발지 데이터 : 100,000B

N_1 : 2,000B×50개

N_2 : (1000B×2)×50개

N_3 : (240B×4 + 40)×2×50개, 1000바이트 패킷은 240 MTU에서 5개로 분할된다.

패킷의 총 개수 : 5개×2×50개 = 500개

(2) 50개

N_2에서 전체 50개의 패킷이 각각 2개로 분할되며, 분할된 2개 중에서 MF 비트가 1인 패킷은 1개이다. 총 패킷이 50개이므로 MF 비트가 1인 패킷은 50개이다.

(3) 100개

N₃에서 1000바이트 크기의 패킷 100개는 각각 5개씩 분할된다. 이때 1000바이트에 MF가 1과 0인 것이 각각 4개, 1개가 있다. 따라서 MF 비트가 0인 패킷은 100개이다. 최종 목적지에서 MF 비트가 0인 패킷의 수는 50개이다. 발신지에서 전체 데이터는 2000바이트로 분할되어 50개 패킷을 만들었다. 패킷 1개당 MF 비트가 0인 패킷은 1개이다. 따라서 최종 목적지에서 MF 비트가 0인 패킷은 50개이다.

인터넷에서 IPv4 데이터그램(datagram)이 전송될 때 분할과 재결합이 이루어진다. 조건에 따라 데이터그램의 분할에 관한 물음에 답하시오.

> **조건**
> - IPv4 데이터그램의 헤더 길이는 20바이트이며, 옵션 필드는 없다.
> - 전송할 IP 패킷의 데이터 필드의 길이는 700바이트이다.
> - 네트워크 계층의 최대 전송 단위(MTU: Maximum Transmission Unit)는 200바이트이다.
> - 패킷은 MTU 범위 안에서 가능한 최대로 크게 분할한다.

(1) 분할된 패킷의 개수를 구하시오. 그리고 각 패킷에 포함된 데이터들이 전체 데이터에서 몇 번째 바이트인지 구분하시오.

(2) 마지막 데이터그램에 대해 패킷의 전체 길이(바이트), Flags 필드의 3비트 내용, 프레그먼트 옵셋을 각각 구하시오.

(3) 데이터그램의 헤더 길이가 20바이트이고 옵션 필드가 없다고 가정할 때, 한 개 데이터그램의 최대 분할 개수를 구하시오.

풀이 (1) 4개, 0~175, 176~351, 352~527, 528~699

■ 패킷의 구성
- 데이터 필드 길이 : 200 − 20 = 180B
- 분할된 데이터그램의 최대 크기 : 180 − 4 = 176B (180 = 8×22 + 4)
- 전송할 전체 데이터의 분할 : 700B = 176B×3 + 172

20B	0	175	20B	176	351
헤더	데이터(176B)		헤더	데이터(176B)	

20B	352		527
헤더	데이터(176B)		

20B	528		699
헤더	데이터(172B)		

(2)

- 마지막 패킷의 전체 길이 : 172 + 20 = 192B
- Flags 필드의 3비트 내용 : 000
- 프레그먼트 옵셋 : 528 / 8 = 66
  - 전송할 총 데이터를 8바이트 단위로 분할
  - 4번째 패킷의 시작 부분이 몇 번째 분할인지 나타냄
(3) 최대 분할의 수 : (65535 - 20) / 8 = 8189.375 = 8190개
  - 패킷 헤더에서 전체 패킷 길이(Total Packet Length) 필드는 16비트임
  - 전송할 데이터를 8바이트 단위로 분할함

0	7 8	15 16	31
버전	헤더 길이	서비스 유형	전체 길이
식별자		플래그	단편화 옵셋
생존기간	프로토콜	헤더 검사 합	
송신자 주소			
수신자 주소			
옵션			
데이터			

동일한 이더넷 네트워크상에 있는 호스트 A가 호스트 B에게 패킷을 보내려고 한다. 각 호스트의 IP주소와 물리주소가 다음과 같을 때 이더넷 프레임으로 캡슐화된 ARP(Address Resolution Protocol) 요청과 ARP 응답 패킷을 완성하시오.

IP주소 : 130.23.3.20 IP주소: 130.23.43.25
물리주소 : B23455102210 물리주소: A46EF45983AB
System A System B

0001		0800
06	04	0001
B23455102210		
130.23.3.20		
① _____		
130.23.43.25		

CRC	Data 28byte	0806	B23455102210	② _____	Preamble and SFD

ARP Request (from A to B)

0001		0800
06	04	0002
③ _____		
④ _____		
⑤ _____		
⑥ _____		

Preamble and SFD	B23455102210	⑦ _____	0806	Data	CRC

ARP Reply (from B to A)

풀이 ARP는 네트워크 계층의 주소와 링크 계층의 주소를 변환시키는 프로토콜이다. 그림의 5번째 필드를 사용하여 요청(0001)과 응답(0002)를 구분한다.

① 000000000000 : 목적지 MAC이며, 현재 값을 모르는 상태임

② FFFFFFFFFFFF : 목적지 MAC

③ A46EF45983AB : 출발지 MAC

④ 130.23.43.25 : 출발지 IP

⑤ B23455102210 : 목적지 MAC

⑥ 130.23.3.20 : 목적지 IP

⑦ A46EF45983AB : 출발지 MAC

2.3.2 전송 프로토콜

다음 그림은 TCP 헤더의 필드 구성을 나타낸 것이다. 물음에 답하시오.

0　　　　3　　　　9　　　　　　　　15								23　　　　　　31
발신지 포트 번호								목적지 포트 번호
순서 번호(sequence number)								
응답 번호(Acknowledgement number)								
헤더 길이(4)	예약 (6)	U R G	A C K	P S H	R S T	S Y N	F I N	㉠
㉡								긴급 포인터(Urgent pointer)
옵션 + 패딩								

(1) ㉠, ㉡에 들어갈 내용을 쓰시오.

(2) 3-way 핸드셰이킹 방식의 TCP 연결 동작을 TCP 헤더의 6개 제어플래그를 이용하여 설명하시오. 단, TCP 연결 과정에서 오류가 발생하지 않는다고 가정한다.

(3) TCP와 UDP의 차이점을 설명하시오.

(4) TCP와 UDP의 차이점을 흐름 제어와 에러제어 관점에서 설명하시오.

풀이 (1) ㉠ 윈도우 크기(Window size), ㉡ 체크섬(Checksum)

(2) 먼저 클라이언트가 서버에게 제어플래그 SYN을 1로 설정한 SYN 세그먼트를 전송한다. 이때 SYN 세그먼트는 데이터는 운반할 수 없으나 하나의 순서번호를 소비한다. 이 SYN 세그먼트를 받은 서버는 제어플래그 중 SYN와 ACK만을 1로 설정한 SYN+ACK 세그먼트를 클라이언트에게 보낸다. 이때 SYN 세그먼트와 마찬가지로 데이터는 운반할 수 없으나 하나의 순서번호를 소비한다. 이를 받은 클라이언트는 서버에게 제어 플래그 중 ACK를 1로 세트한 ACK 세그먼트를 전송한다. 이때 데이터를 전송하지 않는다면 순서번호를 소비하지 않는다.

TCP 헤더의 6개 제어플래그의 기능은 다음과 같다.

① URG : 긴급 포인터 필드가 유효한지 나타내며, 긴급 데이터를 전송하기 위해 사용한다.

② ACK : 응답 번호 필드가 유효한지를 나타낸다. 최소 연결설정 과정에서 전송되는 첫 번째 세그먼트를 제외한 모든 세그먼트에서 1로 지정된다.

③ PSH : 현재 세그먼트에 포함된 데이터를 상위 계층에 즉시 전달하도록 지시할 때

사용된다.

④ RST : 연결의 재설정이나 유효하지 않은 세그먼트에 대한 응답용으로 사용한다.

⑤ SYN : 연결설정을 요구하는 플래그 비트로 순서 번호의 동기화와 가상회선 연결을 설정하는 과정에서 사용된다.

⑥ FIN : 전송할 데이터가 없어서 연결을 종료하겠다는 의사를 상대방에게 알릴 때 사용된다.

(3)

■ TCP(Transmission Control Protocol)

• 연결지향(connection-oriented) 서비스를 대상으로 가상회선을 만들고 메시지의 안전한 전송을 보장한다. 메시지의 수신 순서는 송신 순서와 동일하며 바이트 스트림(stream)으로 비트 정보를 전송한다.

• 송신측에서는 응용프로세스에서 받은 메시지를 일정한 크기의 세그먼트로 분할하고, 수신측은 네트워크 계층에서 받은 세그먼트를 메시지로 조립하여 응용프로세스로 전달한다.

• 전이중 방식(full duplex)으로 통신하며, 전송에러가 발생하였는지를 감시하고 에러 발생 시에는 재전송한다.

• FTP, Telnet 등은 연속적으로 대량의 정보를 전송하는 연결형 서비스이므로 TCP를 사용한다.

■ UDP(User Datagram Protocol)

• 비연결형(connectionless) 프로토콜로 방송(broadcasting)과 같은 신뢰성을 요구하지 않는 작은 정보나 산발적으로 발생하는 정보전송에 적합하다. 따라서 라우팅 정보 프로토콜(RIP)이나 SNMP와 같은 네트워크 관리 프로세스에서 사용된다.

• 메시지를 세그먼트로 나누지 않고 메시지 블록의 형태로 전송한다.

• 오류제어, 재전송, 흐름제어와 같은 기능이 제공되지 않는다. 따라서 수신측에 도착하는 메시지가 송신한 순서와 다를 수 있으며 중복될 수도 있다.

(4) 흐름 제어와 에러제어 는 TCP와 UDP 헤더를 구성하는 필드와 연계하여 설명할 수 있다. 다음 그림은 UDP 헤더의 필드 구성을 나타낸 것이다.

발신지 포트 번호(16)	목적지 포트 번호(16)
UDP 전체 길이(16)	UDP 체크섬(16)

흐름 제어 관점에서 UDP는 비신뢰적인 전송으로 흐름 제어를 하지 않으므로 관련 필드가 없다. 반면에 TCP는 신뢰적인 전송으로 흐름 제어를 한다. 이를 위해서 순서 번

호와 응답 번호, 윈도우 필드가 사용된다.

에러 처리 관점에서 UDP는 체크섬(checksum) 필드를 통해 세그먼트의 오류 여부를 알 수 있으나, 신뢰할 수 없는 프로토콜이므로 오류가 발생하면 이에 대한 처리 절차 없이 폐기한다. 반면에 TCP는 신뢰성 있는 프로토콜로 체크섬으로 오류를 검출하고, 오류가 발생한 경우 폐기하고 재전송한다. 이때, 타임-아웃이 발생하거나 3개의 중복된 확인 응답(ACK 세그먼트)을 받으면 재전송한다.

다음 네트워크 환경에서 발신지 시스템 S는 텔넷(telnet) 클라이언트 프로그램에서 보내온 메시지를 TCP 프로토콜을 사용하여 목적지 시스템 D의 텔넷 서버 프로그램에 전송하고자 한다. 조건을 고려하여 물음에 답하시오.

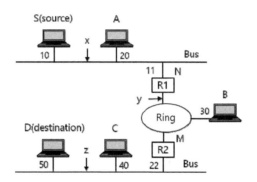

조건

① 데이터링크 계층의 프레임 형식은 다음과 같다.

발신지 링크주소	목적지 링크주소	발신지 IP주소	목적지 IP주소	발신지 포트주소	목적지 포트주소	데이터

② 네트워크에 있는 숫자는 물리주소를 나타낸다.

③ 네트워크에서 S(Source), D(Destination)는 각각 발신지와 목적지 IP주소이다.

④ 프레임에 전송되는 데이터는 크기가 작아서 하위계층에서 분리할 필요가 없다.

(1) x 지점을 통과하는 데이터링크의 프레임 형식을 구하시오.

(2) y 지점을 통과하는 IP층의 데이터그램 형식을 구하시오.

(3) z 지점을 통과하는 데이터링크의 프레임 형식을 구하시오.

①, ③의 데이터링크의 프레임은 데이터링크 단위의 전송이며, ②의 IP층의 데이터그램은 종단대 종단간의 전송이다. 클라이언트의 포트번호 8500은 임시번호이다.

	MAC		IP		포트			
					클라이언트	서버		
(1)	10	11	S	D	8500	23	데이터	
(2)	S	D	8500	23	데이터			
(3)	22	50	S	D	8500	23	데이터	

CSMA/CA(Carrier Sense Multiple Access/Collision Avoidance) 프로토콜에 대한 물음에 답하시오.

(1) CSMA/CA 프로토콜을 설명하시오.

(2) DIFS(Distributed InterFrame Space), SIFS(Short InterFrame Space), RTS (Request to Send), CTS(Clear to Send), ACK, DATA를 사용하여 데이터 송수신 과정을 설명하시오.

풀이 (1) CSMA/CA는 IEEE 802.11 표준 프로토콜이며, Wi-Fi와 같은 무선 LAN 환경에서 데이터 전송을 위해 사용하는 프로토콜이다. 무선 환경에서는 CSMA/CD와 달리 충돌 감지가 어려우므로 최대한 충돌을 피하는 쪽으로 동작한다.

(2) 다음 그림은 CSMA/CA에서의 데이터 송수신 과정을 나타낸 것이며, 이에 대한 설명은 아래와 같다.

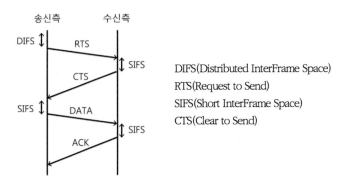

① 송신측에서는 채널이 idle 상태인지 확인한다.

② 만약 idle 상태이면 DIFS(Interframe space) 시간 동안 대기한다. 이것은 다른

Station이 이미 매체를 사용하고 있는 경우를 고려한 것이다.

③ DIFS 동안 대기한 후에도 idle 상태라면 RTS를 전송한다. RTS를 받은 수신측에서는 SIFS 동안 대기한 후 CTS를 전송한다.

④ 송신측에서는 CTS를 수신하고, SIFS 시간만큼 대기한 후 채널이 idle 상태라면 데이터를 전송한다.

⑤ 데이터를 받은 수신측에서는 SIFS 동안 대기한 후 ACK를 전송한다. 수신측에서 ACK를 받으면 전송이 성공적으로 이루어진 것으로 판단하고 종료한다. 송신측은 ACK를 기다리는 동안 타이머를 사용하며, 타이머가 종료될 때까지 ACK 메시지가 수신되지 않으면 이전 상태에서 재전송을 시도한다.

2.3.3 TCP/IP 응용 서비스

아래와 같은 교착상태를 막기 위해서 TCP에서 지원하는 기능을 설명하시오.

수신자는 처리속도가 늦어서 세그먼트를 수신할 수 없을 때 수신 윈도우(rwnd) 값이 0으로 설정된 확인응답을 전송함으로써 송신자에게 일시적으로 윈도우를 폐쇄하도록 요청한다. 시간이 지나면 이러한 제한을 없애기 위하여 0이 아닌 rwnd 값을 가진 ACK 세그먼트를 전송한다. 이 때 ACK가 손실되었을 경우 송신측은 0이 아닌 rwnd 값을 알리는 ACK를 기다리므로 교착상태가 발생한다.

 TCP는 각각의 연결마다 하나의 영속 타이머(persistence timer)를 사용한다. 송신 TCP가 rwnd=0인 ACK를 수신하면, 송신 TCP는 persistence timer를 구동한다. 타이머가 종료되면 송신 TCP는 프로브(probe)라는 특수한 세그먼트를 전송한다. 이 probe는 수신 TCP에게 확인 응답이 손실되었으니 확인 응답을 재전송하도록 알려준다.

다음 그림은 Telnet 클라이언트와 서버의 TCP(Transmission Control Protocol) 연결설정 과정을 보여주고 있다. ①에서 클라이언트가 순서번호(sequence number)를 1031로 설정하였으며, ②에서 서버는 순서번호(sequence number)를 5225로 설정하였다. 물음에 답하시오.

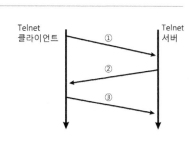

(1) TCP 세그먼트에서 ①, ②의 플래그를 쓰시오.

(2) ③에 설정되는 순서번호와 목적지의 포트 번호를 쓰시오.

풀이 (1) ①의 플래그 기호 : SYN

②의 플래그 기호 : SYN+ACK

(2) ③의 순서번호와 목적지의 포트 번호 : 1032, 23

①번에서 1개의 순서번호를 소비하므로 ③번의 순서번호는 1032이고, telnet의 well-known 포트 번호는 23번이다.

다음 그림은 TCP에서 연결을 설정할 때 주고받는 세그먼트를 나타낸 것이다. SYN과 ACK에 있는 숫자는 각각 TCP 헤더에 있는 순서번호와 응답번호를 나타낸다. ACK는 순서번호를 소모하지 않으며, 데이터는 하나의 세그먼트로 전송된다고 가정하고 물음에 답하시오.

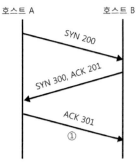

(1) TCP 연결을 설정한 직후 A가 B로 10바이트의 데이터를 전송할 때 해당 데이터 세그먼트의 순서번호는 무엇인가? 그리고 이 데이터 세그먼트를 수신한 B가 A에게 ACK를 전송할 때 ACK의 응답번호는 무엇인가?

(2) 데이터 세그먼트가 전송 도중에 손실되었다면 호스트 A에서 어떤 동작이 수행되는가?

(3) TCP에서 ACK 이외에 연결 해제를 위해 사용되는 대표적인 세그먼트는 무엇인가?

(4) A와 B가 각각 SMTP 클라이언트와 서버라고 가정할 때 연결설정 과정에 나타나는 TCP 세그먼트에서 ①에 들어가는 목적지 포트 번호는 무엇인가?

풀이 (1) 201, 211

이전의 순서번호가 200(SYN 200)이고, ACK는 순서번호를 소모하지 않으므로 다음 순서번호는 201이 된다.

ACK 응답번호는 데이터에 대해 바이트 단위로 증가한다. 10바이트 데이터를 전송하였으므로 ACK 응답번호는 211이 된다.

(2) TIMEOUT 후에 RESTART

(3) FIN

(4) 목적지 포트 번호: 25

<참조>
TELNET(23), SMTP(25), DNS(53),
DHCP(67), HTTP(80)

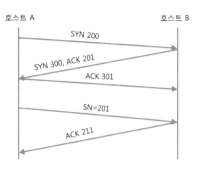

다음 그림은 클라이언트의 웹브라우저와 웹 서버가 통신할 때 사용한 HTTP 요청 메시지와
응답 메시지를 나타낸 것이다. 물음에 답하시오.

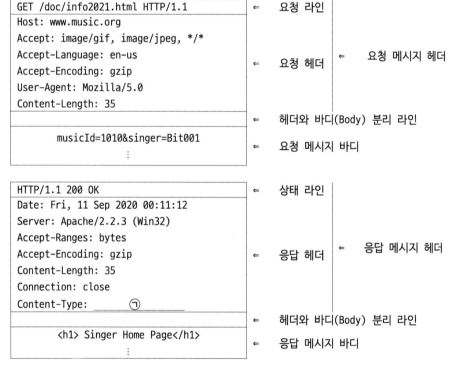

(1) 웹 서버의 주소(URL)를 쓰시오.

(2) 웹브라우저의 요청에 대한 서버의 처리 결과를 상태 코드(status code)와 함께 설명하
시오.

(3) HTTP 응답 메시지의 ㉠에 들어갈 내용을 쓰시오.

(4) 주어진 URL로 자원 생성을 요청한 경우 HTTP 요청 메시지의 요청 라인에 들어갈 내용
을 쓰시오.

풀이 (1) www.music.org : HTTP 요청 메시지의 Host 부분에 서버 주소가 있다.

(2) HTTP 응답 메시지의 상태 라인에 상태 코드가 200이므로 서버가 웹브라우저의 요청을 성공적으로 처리하였다. 상태 코드에는 요청이 성공적으로 처리된 경우에는 2xx가 되고, 요청에 대해 오류가 발생한 경우에는 4xx, 서버 오류는 5xx의 코드가 상태 라인에 기록된다. 예를 들면, 클라이언트의 요청이 성공되고 새로운 리소스가 생성된 경우에는 201, 인증을 필요로 하는 요청에서 인증에 실패한 경우에는 401, 서버에 오류가 발생하여 요청을 수행할 수 없는 경우에는 상태 코드가 500이 된다.

(3) text/html : 요청 메시지에 Body가 있는 경우 그 파일의 포맷을 표시한다.

(4) POST /doc/info2021.html HTTP/1.1 : 요청의 종류를 서버에게 알려주기 위해 HTTP 요청 메시지의 요청 라인에 메서드(Method)를 사용한다. 주어진 URL로 자원 생성을 요청하는 메서드는 POST이다. 요청의 종류에 따라 사용할 수 있는 메서드에는 GET, POST 외에서 PUT, DELETE, HEAD, OPTIONS 등이 있다.

다음은 클라이언트 A가 서버 B에게 TCP 연결 요청을 시작하면서 주고받은 TCP 세그먼트를 순서 없이 나열한 것이다. 〈조건〉을 고려하여 물음에 답하시오. [중등교사 임용시험 정보·컴퓨터 2023-B-2]

ⓐ	
… (상략) …	
순서 번호	…
확인 응답 번호	㉠
제어필드 SYN	0
제어필드 ACK	1
… (하략) …	

ⓑ	
… (상략) …	
순서 번호	…
확인 응답 번호	…
제어필드 SYN	1
제어필드 ACK	0
… (하략) …	

ⓒ	
… (상략) …	
순서 번호	…
확인 응답 번호	…
제어필드 SYN	1
제어필드 ACK	1
… (하략) …	

조건

- TCP 헤더는 순서 번호, 확인 응답 번호, 제어필드 등으로 구성된다.
- 제어필드에는 순서 번호 동기화를 위한 SYN, 확인 응답 번호의 유효 여부를 나타내는 ACK 등이 있다.
- 클라이언트 A의 ISN(Initial Sequence Number)은 3000이고, 서버 B의 ISN은 4000이다.

(1) 세그먼트 ⓐ, ⓑ, ⓒ를 올바른 순서대로 나열하시오.

(2) ㉠에 들어갈 내용은 무엇인가?

풀이 (1) ⓑ, ⓒ, ⓐ

　　TCP 연결 요청을 위해서는 먼저 A에서 B로 SYN을 보내고, B에서 A로 SYN과 SYN에 대한 ACK를 보낸다. 그 후 A가 SYN에 대한 ACK를 보낸다.

(2) 4001

　　확인 응답 번호는 클라이언트 B의 ISN 순서 번호에 1을 더한 4001이다.

다음 그림은 TCP(Transmission Control Protocol) 세그먼트의 전송 과정을 나타낸 것이다. 〈조건〉을 고려하여 물음에 답하시오. [중등교사 임용시험 정보·컴퓨터 2022-B-6]

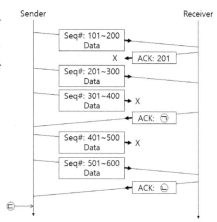

조건

- Seq#은 세그먼트에 포함된 데이터의 순서 번호를 나타낸다.
- X는 세그먼트가 손실된 것을 나타낸다.
- MSS(Maximum Segment Size)는 100바이트이다.
- TCP의 흐름 제어와 Selective ACK는 고려하지 않는다.

(1) ㉠과 ㉡에 들어갈 내용은 각각 무엇인가?

(2) 시점 ㉢에서 time out이 발생할 때 전송되는 세그먼트가 무엇인지 쓰고, 그 이유를 서술하시오.

풀이 (1) ㉠ : 301, ㉡ : 301

　　- ㉠의 수신자 ACK는 누적된 ACK의 다음 값을 전송한다. 그러므로 Seq#인 201~300을 받은 후 ACK가 전송되므로 301이 된다.

- ⓒ의 수신자 ACK는 Seq#인 501~600을 받았으나 이전 301번부터 데이터를 받지 못
  했으므로 301을 요청한다.
(2) Seq# 301~400, 이 세그먼트를 전송하는 이유는 타임아웃이 발생하면 수신자는 순서
  번호에 어긋나게 전송된 패킷은 받지 않기 때문이다. 따라서 송신자는 ACK가 요청하
  는 순서 번호의 세그먼트부터 재전송해야 한다.

다음 그림은 웹브라우저와 서버의 통신 구조를 나타낸 것으로 보안 기능 강화를 위해 HTTP
에 새로운 기능을 추가한 것이다. 이것은 전자상거래나 전자메일과 같이 개인 정보가 포함된
문서를 전송할 때 유용하게 사용될 수 있다. 물음에 답하시오.

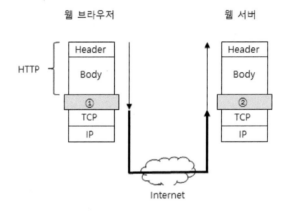

(1) 새로 추가된 기능의 프로토콜 이름을 쓰시오. 그리고 이것이 OSI 7과 TCP/IP 4 계층구
  조에서 각각 어디에 해당하는 계층 이름을 쓰시오
(2) 보안 기능과 관련하여 ①과 ②에서 수행하는 작업을 각각 쓰시오.
(3) 위의 통신 프로토콜과 HTTP와의 차이점을 URL과 기본 포트번호 관점에서 설명하시오.

풀이 (1) • SSL(Secure Sockets Layer)
  • OSI 계층구조 : 표현계층, TCP/IP 계층구조 : 응용계층
(2) ①에서 암호화, ②에서 복호화 작업을 수행한다.
(3) HTTP는 URL이 'http://'로 시작되고, 기본 포트번호는 80이다. 위의 프로토콜인
  HTTPS는 URL이 'https://'로 시작되고, 기본 포트번호는 443이다. 많은 양의 데이터
  를 처리하는 경우 일반적으로 HTTPS는 HTTP에 비해서 속도가 느리다.

사설 네트워크를 외부 네트워크와 연결할 때 네트워크 주소 변환(NAT: Network Address Translation)을 사용할 수 있다. 다음 그림은 NAT를 확장한 NAPT의 사용 예제이다. 이와 관련된 물음에 답하시오.

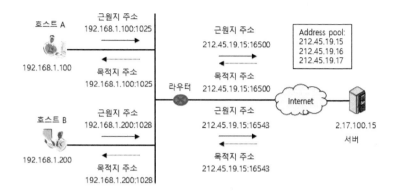

(1) NAPT의 특징을 설명하시오.

(2) NAT 사용의 장점을 설명하시오.

(3) 주어진 그림을 사용하여 다음 NAPT 표를 완성하시오.

NAPT 표			
호스트	전송 방향	라우터 이전	라우터 이후
A	송신		
	수신		
B	송신		
	수신		

풀이 (1) 기본 NAT 구성에서는 하나의 사설 IP주소를 하나의 공인 IP주소로 매핑하는 일대일 (one-to-one) 변환 방법을 사용한다. 이와 함께 소규모 사설 네트워크에서 외부 인터넷에 접속할 때 임시(temporary) 공인 IP주소를 할당받아 포트 번호와 함께 변환시키는 방법(Easy IP)을 사용할 수 있다. NAPT는 일대일(one-to-one) 주소 변환뿐만 아니라 다수의 사설 IP주소를 하나의 공용 IP주소로 매핑하는 일대다(one-to-many) 주소 변환을 지원한다. 이것은 패킷에 있는 IP주소와 포트 번호를 함께 변환시킴으로써 사설 네트워크에서 공용 네트워크로 접근할 때 다수 사용자가 동일한 공용 IP주소를 사용할 수 있도록 지원한다.

(2) 공용 IP주소의 사용을 절약할 수 있어서 IP주소 부족 문제를 해소할 수 있고, 외부로부터의 접근을 제한할 수 있어서 사설 네트워크의 보안을 강화할 수 있다.

(3)

	NAPT 표		
전송 방향		라우터 이전	라우터 이후
호스트 A	송신	192. 168. 1. 100:1025	212. 45. 19. 15:16500
	수신	212. 45. 19. 15:16500	192. 168. 1. 100:1025
호스트 B	송신	192. 168. 1. 200:1028	212. 45. 19. 15:16543
	수신	212. 45. 19. 15:16543	192. 168. 1. 200:1028

다음은 동적 호스트 구성 프로토콜(DHCP)의 동작을 나타낸 것이다. 다음 물음에 답하시오

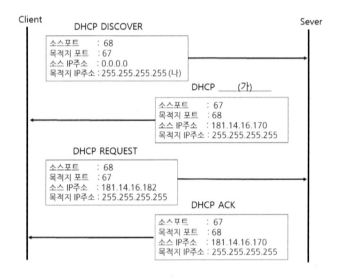

(1) (가)에 들어갈 용어는 무엇인가?

(2) (나)에서 클라이언트가 서버로 전송할 때 브로드캐스트(broadcast)로 전송하는 이유가 무엇인지 설명하시오.

풀이 (1) OFFER

(2) 클라이언트가 서버 주소를 모르고 있으므로 브로드캐스트를 수행해야 한다.

2.4 네트워크 보안

다음은 비대칭키 암호화 알고리즘을 이용한 암호화 시스템에서 Alice가 Bob에게 문서를 보내는 과정이다. 〈조건〉을 고려하여 물음에 답하시오.

> **조건**
> ① Alice는 공개키로 원문서(P)를 부호화(암호화)하여 암호문을 전송한다.
> ② 공개키는 원문서를 부호화(암호화)하기 위해 사용되고 원칙적으로 누구에게나 공유된다.
> ③ 비대칭키 암호화 알고리즘을 이용한 대표적인 암호화 시스템으로 RSA 암호화 시스템이 있다.
> ④ 보안목표에는 기밀성, 무결성, 가용성이 있다.
> ⑤ 메시지 보안서비스에는 인증, 기밀성, 부인방지, 무결성이 있다.

(1) Alice가 보낸 공개키는 누구의 키인가?

(2) RSA를 이용한 전자서명이 제공하는 서비스를 모두 설명하시오.

(3) RSA를 이용한 전자서명 시스템에서 Alice가 서명한 경우 서명 생성 시 필요한 키와 그 키의 소유자를 쓰시오.

풀이 (1) Bob

(2) 인증, 무결성, 부인방지, 기밀성
- 인증 : 전자문서의 서명자가 누구인지 알 수 있는 것
- 무결성 : 인증된 개체가 인증된 절차를 거쳐서만 변경할 수 있는 것
- 부인방지 : 서명자가 이후에 자신이 서명했다는 사실을 부인할 수 없다는 것
- 기밀성 : 인증된 개체만이 기밀정보를 볼 수 있고, 정보를 전송하고 가져올 때 정보를 보호해야 하는 것

(3) 개인키, Alice
전자서명은 기밀성을 제공하지 않지만, 기밀성을 제공하기 위해 전자서명 RSA 암호화 시스템을 사용하는 방법을 제공한다.

비대칭키(공개키) 암호화 방식인 RSA 암호화 알고리즘을 사용하고, 두 개의 소수 p와 q가 각각 7과 17일 때 다음의 물음에 답하시오.

(1) 공개키와 비밀 키를 구하시오. 단, 공개키는 가능한 가장 작은 정수를 사용한다.

(2) 19를 인코딩 할 때 암호문을 구하시오.

---

 (1) 공개키 = (N, K$_p$), 비밀키 = (N, K$_s$)

p = 7, q = 17이므로 N = p×q = 119

ϕ = (p−1)(q−1) = 6×16 = 96 (96 = 2^5×3)

K$_p$는 ϕ(96)보다 작고 ϕ과 서로소인 정수이다.

조건에 따라 가장 작은 정수를 선택해야 하며, 여기서는 5가 된다.

따라서 K$_p$는 5이며, 공개키는 (119, 5)가 된다.

이어서 비밀키를 구한다.

K$_p$ · K$_s$ % 96 = 1 (%는 mod 연산임)이고, 96보다 작은 K$_s$를 구한다.

K$_s$ = (1 + 96×k) / K$_p$ = (1 + 96×k) / 5, k가 1, 2, 3인 경우 정수가 아님

k가 4인 경우는 K$_s$ = (1 + 96×4) / 5 = 77이 된다.

따라서 비밀키는 (119, 77)이다.

(2) 19를 인코딩 할 때 C는 다음과 같다.

C = p^{Kp} mod N

C = 19^5 mod 119 = 2476099 % 119 = 66

아즈라엘이 스머프를 잡기 위한 계획을 담은 내용의 문서를 가가멜에게 보내려고 한다. 이때, 스머프가 암호문을 가로채 해독하고자 한다. 단, 공개키와 비밀키는 가능한 수중에서 가장 작은 값을 택한다고 가정하고 물음에 답하시오.

(1) 가가멜의 공개키인 (N, K$_p$)가 (55, x)일 때, x값과 비밀키를 구하시오.

(2) 스머프는 암호문을 근거로 작전 시간이 27인 것을 확인하였다. 스머프는 이 시간보다 5시간 후에 작전을 수행하는 것으로 문서 내용을 바꾸어 보내려고 한다. 가가멜이 받은 암호문에서의 값은 얼마인가? 단, 암호화되지 않은 시간은 1~12시로만 표현하는 것으로 가정한다.

(3) 스머프는 작전을 실패로 만들기 위해 네트워크를 공격했다. 이것은 능동적인 공격 측면과 네트워크 보안 요구조건 측면에서 각각 무엇인지 나열하시오.

---

(1) • 공개키 = (N, K$_p$)

N = p×q = 5×11 = 11×5 = 55

K_p : (p-1)(q-1)의 인수와 서로소인 수

(5-1)(11-1) = 40, 40의 인수는 2, 2, 2, 5

따라서 K_p는 3이다.

- 비밀키 = (N, K_s)

K_s : (K_p×K_s) mod {(p − 1)(q − 1)} = 1

$3K_s$ % 40 = 1

$3K_s$ = 40x + 1

K_s = (40x + 1) / 3, x = 1일 때 41 / 3, x = 2일 때 81 / 3 = 27

따라서 비밀키는 (55, 27)이다.

x = K_p = 3, 비밀키 : (55, 27)

(2) C = M^x % N, 27 = M^3 % 55

M = 1, 1 % 55 = 1

M = 2, 8 % 55 = 8

M = 3, 27 % 55 = 27

⇒ M = 3이며, 5시간 후이면 8시(= 3 + 5)가 된다.

따라서 C = M^x % N = 8^3 % 55 = 512 % 55 = 17

(3) 능동적인 공격 : 메시지 수정

보안의 요구조건 : 무결성

〈참조〉

- 보안의 요구조건 : 기밀성, 무결성, 유효성
- 수동적인 공격 : 메시지 내용의 공개, 트래픽 분석
- 능동적인 공격 : 가장, 재생, 메시지 수정, 서비스 거부

공개키를 사용하여 기밀성과 인증을 제공하기 위한 시스템을 설계하시오.

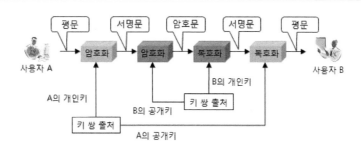

- 평문을 사용자 B의 공개키로 암호화 문장을 사용자 B가 개인키로 복호화 하면 기밀성을 제공할 수 있다.
- 사용자 A의 개인키로 암호화한 암호문을 사용자 B가 A의 공개키로 복호화 하면 인증 기능을 제공할 수 있다.

공개키 암호에서 공개키를 배분하는 방법은 여러 가지가 있으나 강력한 안전성을 제공하는 방법은 공개키 관리기관을 통해 분배하는 것이다. 공개키 관리기관을 통해 분배하는 시나리오를 작성하시오.

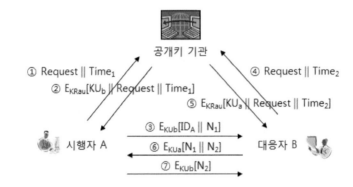

① 시행자 A는 대응자 B의 공개키를 요구하면서 타임스탬프를 공개키 기관에 보낸다.
② 기관은 기관의 개인키로 암호화 메시지로 응답한다. KU_b는 B의 공개키이다. A는 기관의 공개키를 가지고 있으므로 메시지를 복호화 할 수 있다.
③ A는 B의 공개키를 저장하고, A의 식별자와 임시 비표(N_1)을 B에게 보낸다.
④ B는 A가 B의 공개키를 얻는 것처럼 기관으로부터 A의 공개키를 얻는다.
⑤ B는 A가 B의 공개키를 얻는 것처럼 기관으로부터 A의 공개키를 얻는다.
⑥ B는 B에 의해 생성된 임시 비표(N_2) 뿐만 아니라 ③에서 받은 A의 임시 비표까지 보낸다.
⑦ A는 B의 공개키를 사용하여 암호화한 N_2를 돌려줌으로써 B는 그의 통신 상대자가 A임을 확신한다.

스크린 호스트 방화벽(single-homed bastion host)의 단점을 해결하기 위하여 스크린 서버넷 방화벽이 나왔다. 스크린 호스트 방화벽과 스크린 서버넷 방화벽의 특징을 기술하시오.

풀이 (1) 스크린 호스트 방화벽

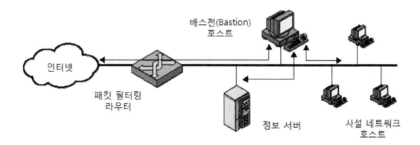

문제점 : 인증과 프록시 기능을 제공하나 packet-filter가 고장이 나면 인터넷과 사설망 간에 직접 트래픽이 발생한다.

(2) 스크린 서버넷 방화벽

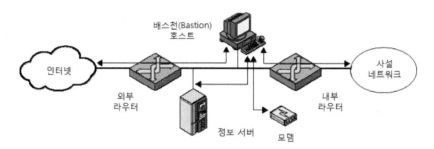

두 개의 packet-filtering 라우터를 사용한다. outside 라우터는 스크린 서버넷의 존재만 인터넷에 알리고, inside 라우터는 스크린 서버넷의 존재를 내부 네트워크에 알린다. 스크린 서버넷을 직접 횡단하는 직접 트래픽은 불가능하다.

데이터베이스

※ 데이터베이스 과목의 평가 영역 및 평가 내용 요소

평가 영역	평가 내용 요소
데이터베이스 시스템 개요	DB, DBMS, 데이터베이스 시스템의 정의 및 특성
	데이터베이스 시스템 요구사항
관계형 데이터베이스	관계형 데이터 모델의 개념과 구조
	관계형 데이터 연산
	키와 무결성 제약조건
데이터베이스 설계	데이터베이스 설계 개요 및 설계과정
	개체-관계 모델 (Entity-Relationship)
	개체-관계 모델에서 관계형 스키마로의 변환
	정규화
데이터베이스 질의처리	데이터베이스 언어 개념
	관계형 데이터 모델 중심 SQL
	뷰와 트리거
트랜잭션 관리	트랜잭션의 개념과 스케줄링
	트랜잭션의 동시성 제어 기법
	트랜잭션의 회복 기법

3.1 데이터베이스 시스템 개요

데이터베이스 관리 시스템(DBMS)의 주요 구성요소와 기능에 관한 다음 물음에 답하시오.

(1) DBMS의 주요 구성요소에 대해 나열하고 기능을 설명하시오.

(2) DBMS가 디스크에 저장하고 관리하는 주요 구성요소를 나열하고 설명하시오.

(3) 사용자가 질의로 데이터베이스를 접근할 때 질의어의 처리 과정을 DBMS의 주요 구성요소를 사용하여 설명하시오.

(4) 프로그래머가 DML/응용프로그램으로 데이터베이스를 접근할 때 DML/응용프로그램의 처리 과정을 DBMS의 주요 구성요소를 사용하여 설명하시오.

(5) DBA가 DDL/스키마로 시스템 카탈로그를 접근할 때 그 과정을 DBMS 주요 구성요소를 사용하여 설명하시오.

풀이 (1) DBMS의 주요 구성요소

DBMS의 주요 구성요소에는 DDL 컴파일러, 질의어 처리기, 예비 컴파일러, DML컴파일러, 런타임 데이터베이스 처리기, 저장 데이터 관리자 등이 있다. DBMS의 주요 구성요소를 도식화하면 다음과 같다.

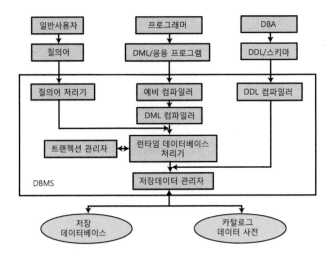

① 질의어 처리기 : 터미널을 통해 일반 사용자가 요청한 고급 질의문을 저급 DML 명령어로 변환하여 런타임 데이터베이스 처리기로 전달한다.

② DDL 컴파일러 : DBA가 DDL로 명세한 스키마의 정의를 해석한다. 그리고 파일 이름, 데이터 아이템, 각 파일의 저장 세부 사항, 스키마 사이의 사상정보 등을 메타 데이터로 처리하여 시스템 카탈로그에 저장한다.

③ 예비 컴파일러 : 응용 프로그래머가 호스트 프로그래밍 언어로 작성한 응용프로그램 속에 삽입시킨 DML 명령어(DSL)을 추출하고 그 자리에 프로시저 호출로 대체시키며, 이 추출된 DML 명령어는 DML 컴파일러로 넘겨진다.

④ DML 컴파일러 : 질의어 처리기나 예비 컴파일러가 넘겨준 DML 명령어를 목적 코드로 변환시켜 런타임 데이터베이스 처리기를 통해 데이터베이스에 접근할 수 있도록 한다.

⑤ 런타임 데이터베이스 처리기 : 실행시간에 데이터베이스 접근을 관리한다. 즉, 이것은 검색이나 갱신과 같은 데이터베이스 연산을 저장 데이터 관리자를 통해 디스크에 저장된 데이터베이스에 실행시킨다.

⑥ 트랜잭션 관리자 : 데이터베이스 접근 과정에서 무결성 제약조건이 만족하는지, 사용자가 데이터 접근 권한이 있는지 검사한다. 또한 트랜잭션의 병행제어나 장애 발생 시 회복작업을 수행한다.

⑦ 저장 데이터 관리자 : 디스크에 있는 데이터베이스나 카탈로그 접근을 책임진다. 디스크의 접근은 주로 디스크 입출력을 관할하는 운영체제에 의해서 수행되기 때문에 저장 데이터 관리자는 디스크와 메모리 사이의 데이터 전송 시 운영체제의 기본적인 모듈을 활용하여 수행한다.

(2) DBMS가 디스크에 저장하고 관리하는 구성요소로는 외부 스키마, 개념 스키마, 내부 스키마, 외부/개념 사상, 개념/내부 사상, 데이터사전 등이 있다.

① 스키마는 데이터의 구조와 제약조건에 대한 명세를 기술한 것으로 외부, 개념, 내부 스키마의 3단계로 분류한다.

외부 스키마는 데이터베이스 사용자나 응용 프로그래머가 접근하는 데이터베이스를 정의한 것으로, 보통 전체 데이터베이스의 한 논리적인 부분이 된다.

개념 스키마는 조직 전체 관점에서 데이터베이스를 정의한 것으로, 모든 응용 시스템들이나 사용자들이 필요로 하는 데이터를 통합한 조직 전체의 데이터베이스를 기술한 것이기 때문에 하나만 존재한다.

내부 스키마는 저장 장치의 입장에서 전체 데이터베이스가 저장되는 방법을 명세한 것으로 실제로 저장될 내부 레코드의 형식, 인덱스의 유무, 저장 데이터 항목의 표현 방법 등 개념 스키마에 대한 저장구조를 정의한다.

② 사상(mapping)은 DBMS의 데이터 독립성 구현에 중요한 역할을 하는 것으로 외부/개념 사상, 개념/내부 사상이 존재한다.

외부/개념 사상은 특정 외부 스키마와 개념 스키마 사이의 대응관계를 정의하는 것이다. 응용프로그램을 변경시키지 않고도 개념 스키마를 변경시킬 수 있어서 논리적 데이터 독립성을 제공한다.

개념/내부 사상은 개념 스키마와 내부 스키마 사이의 대응관계를 정의하는 것이다. 내부 스키마를 변경시키더라도 사상을 이용하면 개념 스키마와 응용프로그램에 영향을 주지 않게 되므로 물리적 데이터 독립성을 제공한다.

③ 데이터사전(시스템 카탈로그)은 데이터베이스에 저장된 모든 데이터 개체들에 대한 정의나 명세에 관한 정보를 관리하는 시스템이다.

(3) 질의어의 처리 과정

① 질의어 처리기는 사용자가 요청한 고급 질의문을 처리한다. 이를 위해 질의문을 파싱해서 분석하고 컴파일한다. 생성된 코드는 데이터베이스 접근을 위해 런타임 데이터베이스 처리기로 전달된다.

② 런타임 데이터베이스 처리기는 실행시간에 데이터베이스 접근을 관리한다. 검색이나 갱신과 같은 데이터베이스 연산을 저장 데이터 관리자를 통해 디스크에 저장된 데이터베이스에 실행시킨다.

③ 트랜잭션 관리자는 데이터베이스 접근 과정에서 무결성 제약조건이 만족하는지, 사용자가 데이터 접근 권한이 있는지 검사한다.

④ 저장 데이터 관리자는 디스크에 있는 저장 데이터베이스나 카탈로그 접근을 책임진다.

(4) 데이터베이스 응용프로그램의 처리 과정

① 예비컴파일러는 응용 프로그래머가 응용프로그램 속에 삽입된 DML 명령어를 추출하고 여기에 이미 정의된 프로시져 호출을 추가한다. 이 추출된 DML 명령어는 DML 컴파일러로 넘겨진다.

② DML 컴파일러는 예비 컴파일러가 넘겨준 DML 명령어를 목적 코드로 변환시켜 런타임 데이터베이스 처리기를 통해 데이터베이스에 접근할 수 있도록 한다.

③ 런타임 데이터베이스 처리기는 실행시간에 검색이나 갱신과 같은 데이터베이스 연산을 저장 데이터 관리자를 통해 디스크에 저장된 데이터베이스에 실행시킨다.

④ 트랜잭션 관리자는 데이터베이스 접근 과정에서 무결성 제약조건이나 접근 권한, 병행제어, 회복작업을 수행한다.

⑤ 저장 데이터 관리자는 디스크에 있는 데이터베이스나 카탈로그 접근을 책임지는 역할로, 디스크와 메모리 사이의 데이터 전송을 수행한다.

(5) DDL/스키마 처리 과정

① DBA가 DDL로 명세한 스키마 정의는 DDL 컴파일러에 의해 내부 형태로 변환된다. 즉 파일 이름, 데이터 아이템, 각 파일의 저장 세부 사항, 스키마 사이의 사상정보 등을 메타 데이터로 처리하여 시스템 카탈로그에 저장한다.

② 저장 데이터 관리자는 디스크에 있는 카탈로그 접근을 책임진다. 저장 데이터 관리자는 디스크와 메모리 사이의 데이터 전송 시 운영체제의 기본적인 모듈을 활용하여 수행한다.

SQL(Structured Query Language)은 데이터 정의어(DDL), 데이터 제어어(DCL)를 포함하여 세 가지 구성요소로 이루어진다.

(1) 데이터 정의어와 데이터 제어어를 제외한 나머지 구성요소의 용도를 쓰고, 그 구성요소에서 사용할 수 있는 명령들의 기능을 설명하시오.
(2) 데이터 정의어로 릴레이션을 정의할 때 애트리뷰트, 기본키, 참조 무결성과 관련하여 지정할 수 있는 제약조건을 설명하시오.
(3) 데이터 제어어의 용도를 설명하시오. 그리고 트랜잭션 수행 시 처리되는 COMMIT와 ROLLBACK 연산의 차이점을 비교 설명하시오.

풀이 (1) 세 번째 구성요소는 데이터 조작어(DML)이다. 데이터 조작어는 데이터 정의어로 정의된 데이터베이스 스키마 내의 데이터를 조작할 때 사용된다. 데이터 조작어로 사용할 수 있는 명령의 종류와 기능은 아래와 같다.
　① SELECT : 릴레이션에서 기존의 튜플(tuple)을 검색한다.
　② INSERT : 릴레이션에 새로운 튜플을 삽입한다.
　③ DELETE : 릴레이션에서 기존 튜플을 삭제한다.
　④ UPDATE : 릴레이션에서 기존 튜플의 값을 수정한다.

(2) ① 애트리뷰트 제약조건
　　• NOT NULL : 애트리뷰트는 디폴트로 널(NULL) 값을 가질 수 있다. 따라서 어떤 애트리뷰트에 널 값을 허용하지 않으려면 제약조건 'NOT NULL'을 명시해야 한다.
　　• UNIQUE : 동일한 애트리뷰트 값을 갖는 튜플이 두 개 이상 존재하지 않도록 보장한다.
　　• DEFAULT : 애트리뷰트에 널 값 대신에 특정 값을 디폴트 값으로 지정할 수 있다.
　　• CHECK : 한 애트리뷰트가 가질 수 있는 값들의 범위를 지정한다. 또한 서로 다른 애트리뷰트의 값에 대해 이 옵션을 설정하는 것도 가능하다.
　② 기본키 제약조건
　　릴레이션의 기본키가 어떤 애트리뷰트인지 지정해야 한다. 각 릴레이션마다 최대한 한 개의 기본키를 지정할 수 있으며, 기본키는 엔티티 무결성 제약조건에 의해 널 값을 갖지 않아야 한다.
　③ 참조 무결성 제약조건
　　참조 무결성 제약조건은 외래키의 무결성을 보장하며, 이 제약조건에서 참조되는 애트리뷰트는 참조된 릴레이션에서 기본키이거나 UNIQUE로 정의되어 있어야 한다.

(3) 데이터 제어어는 사용자가 트랜잭션의 시작, 철회, 완료 등을 명시하고, 릴레이션에 대한 권한을 부여하거나 취소하고, 동시성 제어를 위해 데이터의 록(lock) 수준을 지정하기 위해서 사용된다.

COMMIT는 트랜잭션의 연산이 성공적으로 종료된 것을 의미한다. 즉 트랜잭션이 성공적으로 종료된 것으로, 데이터베이스는 새로운 일관된 상태를 가지게 되며, 트랜잭션이 수행한 갱신이 데이터베이스에 반영된다.

ROLLBACK은 연산이 비성공적으로 종료되어 철회된 것을 의미한다. 즉 트랜잭션 일부가 성공적으로 끝나지 못한 것으로, 데이터베이스가 불일치 상태를 가질 수 있으며, 트랜잭션이 수행한 갱신이 데이터베이스에 일부 반영되었다면 그것을 취소시켜야 한다.

데이터베이스 관리자(DBA)의 정의를 내리고, 임무와 권한에 대하여 작성하시오.

풀이 데이터베이스에 저장된 하위 레벨 데이터와 시스템에 제기되는 응용프로그램 간의 인터페이스를 제공함으로써, 데이터베이스를 관리, 보호, 구축, 사용자에게 편의를 제공하며 효율을 극대화한다. 데이터베이스 관리자의 임무와 권한은 다음과 같다.

① 데이터베이스의 구성요소를 결정한다.
② 스키마를 정의한다.
③ 저장구조와 액세스 방법을 결정한다.
④ 보안 및 권한 부여를 수립한다.
⑤ 백업 및 회복절차를 결정한다.
⑥ 데이터베이스의 무결성을 유지하기 위한 대책을 수립한다.
⑦ 시스템 성능향상과 새로운 요구에 대응한 데이터베이스 재구성을 수립한다.
⑧ 데이터 사전의 조직, 액세스, 유지관리를 한다.

다음 릴레이션 R과 S에 대한 자연조인(R $\bowtie_N$ S), 세미조인(R $\ltimes$ S), 외부조인(R $\bowtie^+$ S)을 구하시오.

\<R\>	학번	이름	성별
	02	홍길동	남
	01	김두한	남
	98	이순신	남
	99	심순애	여

\<S\>	학번	과목명	학점
	02	PL	B
	02	CA	C
	01	DB	B
	98	OS	B
	01	NT	A
	99	SE	A

풀이

〈자연조인, 외부조인〉

학번	이름	성별	과목명	학점
02	홍길동	남	PL	B
02	홍길동	남	CA	C
01	김두한	남	DB	B
01	김두한	남	NT	A
98	이순신	남	OS	B
99	심순애	여	SE	A

〈세미조인〉

학번	이름	성별
02	홍길동	남
01	김두한	남
98	이순신	남
99	심순애	여

다음 릴레이션 R과 S에 대한 자연조인($R \bowtie_N S$), 세미조인($R \ltimes S$), 외부조인($R \bowtie^+ S$)을 구하시오.

\<R\>	A	B	C
	a1	b1	c1
	a2	b1	c1
	a3	b1	c2
	a4	b2	c3

\<S\>	B	C	D
	b1	c1	d1
	b1	c1	d2
	b2	c3	d3
	b3	c3	d3

풀이

〈자연조인〉

A	B	C	D
a1	b1	c1	d1
a1	b1	c1	d2
a2	b1	c1	d1
a2	b1	c1	d2
a4	b2	c3	d3

〈세미조인〉

A	B	C
a1	b1	c1
a2	b1	c1
a4	b2	c3

〈외부조인〉

A	B	C	D
a1	b1	c1	d1
a1	b1	c1	d2
a2	b1	c1	d1
a2	b1	c1	d2
a3	b1	c2	
a4	b2	c3	d3
	b3	c3	d3

다음 릴레이션 R과 S에 대한 왼쪽 외부조인, 오른쪽 외부조인, (FULL) 외부조인 (R ⋈⁺ S)을 구하시오.

<R>	A	B	C
	a1	b1	c1
	a2	b2	c2

<S>	C	D	E
	c1	d1	e1
	c3	d2	e2

풀이 ① 왼쪽 외부조인 : 왼쪽 테이블을 기준으로 외부조인을 한다. 오른쪽 테이블에 일치하는 값이 없어도 왼쪽 테이블의 데이터를 모두 가져온다. 이때 오른쪽에 없는 데이터는 null로 대치된다.

② 오른쪽 외부조인 : 오른쪽 테이블을 기준으로 외부조인을 한다. 왼쪽 테이블에 일치하는 값이 없어도 오른쪽 테이블의 데이터를 모두 가져온다. 이때 왼쪽에 없는 데이터는 null로 대치된다.

③ 전체 외부조인 : 오른쪽 외부조인과 왼쪽 외부조인을 결합한 조인이다. 값의 일치여부와 관계없이 오른쪽/왼쪽 테이블의 모든 데이터를 가져온다.

〈왼쪽 외부조인〉

A	B	C	D	E
a1	b1	c1	d1	e1
a2	b2	c2	-	-

〈오른쪽 외부조인〉

A	B	C	D	E
a1	b1	c1	d1	e1
-	-	c3	d2	e2

〈FULL 외부조인〉

A	B	C	D	E
a1	b1	c1	d1	e1
a2	b2	c2	-	-
-	-	c3	d2	e2

다음 릴레이션과 외부조인 SQL에 대한 물음에 답하시오.

학과(기본키: De_id)

De_id	De_name	Loca
comp	컴퓨터	A
elec	전자	B
mech	기계	C
math	수학	D

학생(기본키: St_num, 외래키: De_id)

St_num	St_name	De_id	Tel	Addr
1901	박지성	comp	123-4321	서울
1902	박항서	elec	123-4322	경북
1903	황의조	mech	123-4323	대전
1904	문선민	mech	123-4324	제주
1905	황인범	elec	123-4325	전남

```
SELECT *
FROM 학과 AS d1
LEFT OUTER JOIN 학생 AS e1
ON d1.De_id = e1.De_id;
```

(1) SQL문을 수행하였을 때 결과 릴레이션을 쓰시오.

(2) 학과 릴레이션에서 튜플 〈comp, 컴퓨터, A〉을 삭제하는 연산을 시도하였다. 이때 발생되는 문제를 제약조건과 연계하여 설명하시오.

---

 (1)

De_id	De_name	Loca	St_num	St_name	De_id	Tel	Addr
comp	컴퓨터	A	1901	박지성	comp	123-4321	서울
elec	전자	B	1902	박항서	elec	123-4322	경북
elec	전자	B	1905	황인범	elec	123-4325	전남
mech	기계	C	1903	황의조	mech	123-4323	대전
mech	기계	C	1904	문선민	mech	123-4324	제주
math	수학	D	null	null	null	null	null

(2) 학과 릴레이션에서 <comp, 컴퓨터, A>를 삭제하면 학생 릴레이션에서 De_id(외래키)가 comp인 튜플은 학과 릴레이션에 존재하지 않으므로 참조할 수 없게 된다. 따라서 참조 무결성에 위배되어 삭제되지 않는다.

대학의 학사업무와 관련된 데이터베이스를 구축하고자 한다. 조건을 고려하여 물음에 답하시오.

조건

- 대학은 여러 과목을 개설하며, 각 과목은 과목코드, 과목명, 시간수에 대한 정보를 가지고 있다.
- 개설되는 각 과목은 전공 분야에 따라 여러 교수가 강의할 수 있다.
- 강의는 정해진 시간과 장소에서 진행된다.
- 교수는 교수번호와 교수명으로 관리된다.
- 각 교수는 여러 과목을 강의할 수 있으며, 한 학과에만 소속된다.
- 학과는 학과코드, 학과명으로 관리된다.
- 각 학과에는 여러 교수가 소속될 수 있다.
- 학생 정보에는 학번, 이름, 전화번호가 있다
- 학생들은 여러 과목에 등록하여 수업을 들을 수 있고, 등록과 동시에 성적과 학점이 관리된다.

(1) 개체타입(entity type)으로 과목, 교수, 학과, 학생을 사용하여 E-R 다이어그램을 나타내시오. 단, 개체타입, 관계타입, 속성은 조건에 명시된 단어만 사용하고, 기본키와 외래키는 조건에서 가장 적합한 것으로 지정한다.

(2) 다음은 (1)에서 설계한 E-R 다이어그램에 대한 설명이다. ㉠~㉣에 들어갈 내용을 각각 쓰시오. 단, 기본키의 속성은 밑줄로 나타낸다.

① 교수와 과목 개체타입은 강의 관계타입으로 (㉠) 관계를 가지며, 학과와 교수 개체타입은 (㉡) 관계를 갖는다.

② 교수 개체타입은 관계 스키마로 변환될 때 (㉢) 스키마로 변환될 수 있으며, 교수 릴레이션에서 학과코드는 학과 릴레이션을 참조하는 외래키이다.

③ 강의 관계타입은 관계 스키마로 변환될 때 (㉣) 스키마로 변환될 수 있다.

④ 학생과 과목 개체타입이 연결된 등록 관계타입은 관계 스키마로 변환될 때 (㉤) 스키마로 변환될 수 있으며, 등록 릴레이션의 학번은 학생 릴레이션을 참조하고, 과목코드는 과목 릴레이션을 참조하는 외래키이다.

풀이 (1)

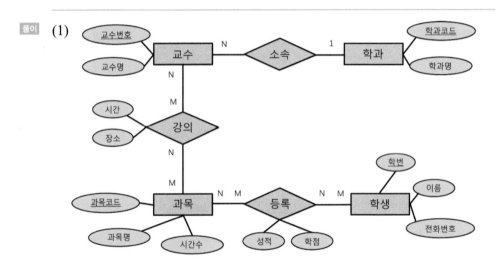

(2) ㉠ 다대다(또는 N : M)

㉡ 일대다(또는 1 : N)

㉢ 교수(교수번호, 교수명, #학과코드)

㉣ 강의(#교수번호, #과목코드, 시간, 장소)

㉤ 등록(#과목코드, #학번, 성적, 학점)

은행 업무를 처리하기 위한 다음 조건에 맞는 E-R 다이어그램을 나타내시오.

조건

① 테이블(객체)의 종류와 속성의 구성
고객 = 고객번호(primary key), 고객이름, 주소
지점 = 지점번호(primary key), 지점이름, 주소
계좌 = 계좌번호(primary key), 계좌종류, 잔액
거래 = 거래번호(primary key), 거래종류, 날짜, 거래금액

② 한 명의 고객은 여러 지점에서 계좌를 개설할 수 있고, 한 지점은 많은 고객을 가질 수 있다. (M : N의 관계)

③ 하나의 계좌는 한 고객의 것이며, 한 고객은 여러 계좌를 가질 수 있다. (1 : M)

④ 계좌는 한 지점에서 개설할 수 있고, 한 지점은 많은 계좌를 보유할 수 있다. (1 : M)

⑤ 거래 객체는 고객 객체와 계좌 객체를 통하여 거래가 이루어지므로 지점 객체와는 직접적인 관계가 성립하지 않는다.

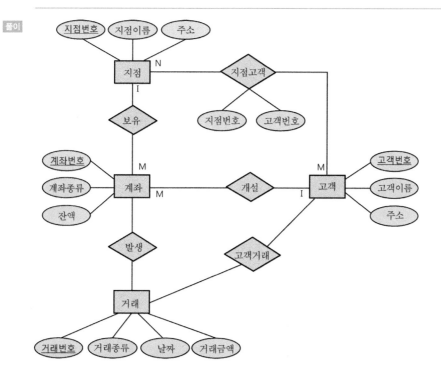

고객(고객번호, 고객이름, 주소)

지점(지점번호, 지점이름, 주소)

계좌(계좌번호, 계좌종류, 잔액, #고객번호, #지점번호)

지점고객(#고객번호, #지점번호)

〈참조〉

- 거래를 강한 객체로 표현한 경우

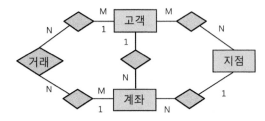

① 거래를 거래번호(1-출금, 2-입금, ...)로 해석하는 경우(N : M)

계좌번호
123
234
345

거래번호	거래종류
1	출금
2	입금

계좌번호	거래번호
123	1
123	2
234	2
345	3

② 거래를 중복이 없는 번호표로 해석하는 경우(N : 1)

계좌번호
123
234
345

거래번호
1
2
3
4

거래계좌

계좌번호	거래번호
123	1
123	2
234	3
345	4

- 거래를 약한 객체로 표현한 경우

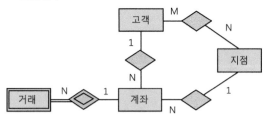

계좌(<u>계좌번호</u>, 계좌종류, 잔액, #고객번호, #지점번호)
거래(<u>거래번호</u>, #계좌번호, 계좌종류, 잔액)

예를 들면, 아래 릴레이션의 경우 거래번호 1이 중복되어 있어서 거래번호 만으로는 이들이 어떤 거래인지 구분할 수 없다. 이를 해결하기 위해 외래키인 계좌번호를 거래번호를 합하여 주키로 사용해야 한다.

계좌번호	거래번호
123	1
123	2
234	1
345	4
456	3

■ 거래를 관계로 표현한 경우

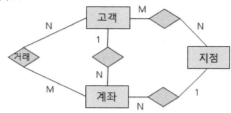

거래(<u>거래번호</u>, #<u>계좌번호</u>, #<u>고객번호</u>, 계좌종류, 잔액)

 다음 E-R 다이어그램을 릴레이션으로 변환하고자 한다. 〈조건〉을 고려하여 물음에 답하시오. [중등교사 임용시험 정보·컴퓨터 2022-B-8]

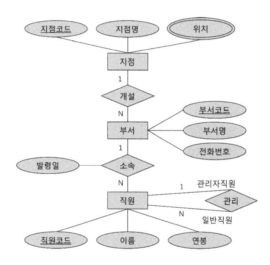

조건

- 불필요한 데이터 중복이 발생하지 않도록 최소의 릴레이션과 속성으로 변환한다.
- 정규화(normalization)는 고려하지 않는다
- 릴레이션의 형식은 다음과 같으며, PK와 FK는 각각 기본키와 외래키이다.

(1) 부서 개체(entity) 타입에서 변환되는 릴레이션의 차수는 무엇인가?

(2) 지점 개체 타입에서 변환되는 릴레이션을 작성하시오.

(3) 직원 개체 타입에서 변환되는 릴레이션을 작성하시오.

풀이 (1) 4

부서(지점코드(FK), 부서코드(PK), 부서명, 전화번호) : 부서 릴레이션에는 지점정보가 들어가야 하므로 외래키인 지점코드가 포함되어야 한다.

(2)

지점 릴레이션은 지점코드, 지점명, 위치를 갖는다. 위치는 다중값 속성이므로 독립적인 릴레이션을 만들어 저장한다.

(3)

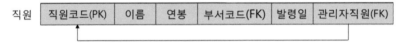

직원 릴레이션은 자기 자신과 관계를 맺는 1진 관계를 갖는다. 따라서 관리자직원이 외래키로 추가된다.

주어진 다이어그램의 전체 릴레이션과 이들의 관계는 다음과 같다.

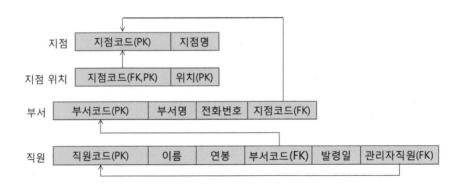

다음은 학사관리 시스템에 대한 요구 기능을 분석하여 도출한 요구사항 정의서와 이를 토대로 작성한 E-R 다이어그램의 일부분이다. 〈조건〉을 고려하여 물음에 답하시오. [중등교사 임용시험 정보·컴퓨터 2023-A-10]

시스템명		학사관리
유형	요구 ID	주요 내용
학과 설립		생략
학생 등록		생략
동아리 가입	CR-01	• 학생이 가입비를 납부하고 동아리에 가입할 수 있는 기능이 구현 되어야 함 • 동아리에 대해 동아리명, 가입비를 관리해야 함 • 동아리는 동아리명으로 구분될 수 있어야 함 • 한 명의 학생은 여러 개의 동아리에 가입할 수 있으며, 한 개의 동 아리에는 여러 명의 학생이 가입할 수 있어야 함 • 동아리 가입 시 가입일을 관리해야 함
보호자 등록	EA-01	• 비상 시 학생의 보호자에게 연락할 수 있는 기능이 구현되어야 함 • 보호자에 대해 보호자이름, 연락처를 관리해야 함 • 보호자 정보는 학생에 종속되며 보호자 이름과 학생번호로 구분 될 수 있어야 함 • 학생 정보 삭제 시 해당 학생에게 등록된 보호자 정보는 삭제되어 야 함 • 한 명의 학생은 여러 명의 보호자를 등록할 수 있으며, 한 명의 보 호자는 한 명의 학생에게만 보호자로 등록될 수 있음

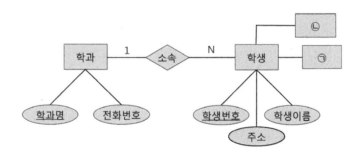

조건

• E-R 다이어그램 작성 시, 요구사항 정의서에 기술된 내용을 만족하는 최소한의 개체와 관계 타입을 사용하며 속성, 키 속성, 약한 개체 타입, 사상수 등을 표현해야 한다.
• 개체 타입, 관계 타입, 속성의 명칭은 요구사항 정의서에서 사용된 용어를 사용한다.
• E-R 다이어그램을 관계형 모델의 릴레이션 스키마로 변환 시 불필요한 중복이 발생하지 않도록 최소한의 릴레이션과 속성만 사용하고 정규화는 고려하지 않는다

(1) 요구 ID 'CR-01'을 고려하여 ㉠에 들어갈 E-R 다이어그램을 작성하시오.

(2) 요구 ID 'EA-01'을 고려하여 ㉡에 들어갈 E-R 다이어그램을 작성하시오.

(3) E-R 다이어그램을 릴레이션 스키마로 변환 시, 학생 개체 타입에서 변환되는 학생 릴레이션의 차수(degree)는 무엇인가?

 (1)

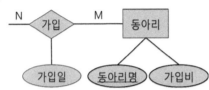

(2)

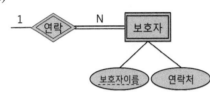

(3) 4개

학생의 속성은 학생번호, 학생이름, 주소, 학과명(외래키)으로 4개이다.

3.2 관계형 데이터베이스

데이터베이스에서 데이터 무결성(data integrity)에 관한 물음에 답하시오.

(1) 데이터 무결성을 정의하시오.
(2) 데이터 무결성의 종류 네 가지를 나열하고 각각의 의미를 설명하시오.
(3) 데이터 무결성의 요소를 만족시키기 위해 활용할 수 있는 방법을 쓰시오.

풀이 (1) 데이터 무결성 정의

데이터베이스에 저장된 데이터 값과 그것이 표현하는 현실 세계의 값이 일치하는 정확성을 말한다.

(2) 데이터 무결성 종류

① 엔티티 무결성

기본키 무결성을 구분하여 나타낼 수도 있다. 기본키 무결성은 키 애트리뷰트에 중복된 값이 존재할 수 없다는 것이다.

개체 무결성이라고 표현할 수 있으며, 한 엔티티는 중복과 누락이 있을 수가 없다. 즉, 동일한 기본키를 가질 수 없거나 기본키의 속성이 NULL을 허용할 수 없다. 기본키는 엔티티 무결성 제약조건에 의해 널 값을 갖지 않아야 한다.

② 참조 무결성

외래키가 참조하는 다른 개체의 기본키에 해당하는 값이 기본키 값이나 NULL이어야 한다.

③ 도메인 무결성

속성의 값은 기본값, Null 여부, 지정된 도메인(데이터 타입, 길이) 규칙을 준수하여 존재해야 한다.

④ 사용자 무결성

사용자의 의미적 요구사항을 준수해야 한다.

(3) 데이터 무결성 만족 기능

① 엔티티 무결성

Primary key, UNIQUE

② 참조 무결성

Foreign key

③ 도메인 무결성

CHECK, NULL/NOT NULL, DEFAULT

④ 사용자 무결성

Trigger, User define data type

릴레이션 연산에 대한 아래 물음에 답하시오.

> **조건**
>
> 릴레이션 R의 애트리뷰트의 집합 X = {A₁, A₂, …, Aₙ}이면 릴레이션 R은 R(X) = R(A₁, A₂, …, Aₙ)로 표현한다.
>
> r이 릴레이션 R의 튜플이면 r〈a₁, a₂, …, aₙ〉로 표현할 수 있다. 이때 aᵢ(i=1, …, n)는 애트리뷰트 Aᵢ의 값이다.
>
> 반대로 튜플 r에 대한 Aᵢ의 값은 r[Aᵢ]로 표기하며, 〈r[A₁], r[A₂], …, r[Aₙ]〉 = r[A₁, A₂, …, Aₙ] = r[X]로 표기한다.

(1) A와 B를 릴레이션 R의 애트리뷰트, θ를 비교연산자(=, ≠ 등), v를 상수라 가정한다. 애트리뷰트 A와 B에 대한 릴레이션 R의 SELECT(σ) 연산을 정의하시오.

(2) 릴레이션 R(X)에서 X의 부분집합 Y가 {B₁, B₂, …, Bₘ}일 때 릴레이션 R의 애트리뷰트 리스트 Y에 대한 프로젝트 $\pi_Y(R)$을 정의하시오.

풀이 (1) 선택(select) 연산은 하나의 릴레이션에서 주어진 조건을 만족하는 튜플을 검색하는 연산이다. 릴레이션 R의 SELECT(σ) 연산은 다음과 같이 나타낼 수 있다.

$$\sigma_{A\,\theta\,V}(R) = R[A\,\theta\,V] = \{\,r \mid r \in R \wedge r[A]\,\theta\,V\,\}$$
$$\sigma_{A\,\theta\,B}(R) = R[A\,\theta\,B] = \{\,r \mid r \in R \wedge r[A]\,\theta\,r[B]\,\}$$

■ 사용 예제

〈등록〉

학번	과목번호	성적	중간성적	기말성적
100	C413	A	90	95
200	C123	B	85	80
300	C312	A	90	95
300	C413	A	95	90
400	C312	A	90	95
400	C324	C	75	75

σ 학번 = 300 ∧ 과목번호 = 'C312' (등록)

학번	과목번호	성적	중간성적	기말성적
300	C312	A	90	95

(2) 추출(project) 연산은 하나의 릴레이션에서 원하는 속성만 선택하는 연산이다. 릴레이션 R의 프로젝트 $\pi_Y(R)$ 연산은 다음과 같이 나타낼 수 있다.

$$\prod_Y (R) = R[Y] = \{\, r[B_1, B_2, \cdots , B_n]\ |\ r \in R\,\}$$
$$\prod_Y (R) = R[Y] = \{\, <r[B_1],\, r[B_2],\, \dots ,\, r[B_n]>\ |\ r \in R\,\}$$
$$\prod_Y (R) = R[Y] = \{\, r[Y]\ |\ r \in R\,\}$$

■ 사용 예제

〈학생〉

학번	이름	성별	학년	학과
100	이수민	여	3	컴퓨터
101	김성진	남	3	전자
102	권지민	여	4	컴퓨터
103	김효선	여	1	기계

$\prod_{이름,\ 학과}(학생)$

이름	학과
이수민	컴퓨터
김성진	전자
권지민	컴퓨터
김효선	기계

릴레이션 R과 S에 대한 관계 대수식 $\pi_a(R \bowtie_{b=c} S)$이 있다.

(1) 관계 대수식에 포함된 관계 연산자들의 기능을 설명하시오.

(2) 동등 조인(equijoin)은 관계 대수의 필수적인 연산자 두 개를 조합하여 표현할 수 있으며 연산 결과도 동일하다. 이것을 위의 관계 대수식과 연계하여 설명하시오.

(3) 동등 조인(equijoin)의 연산 결과와 자연 조인(natural join)의 연산 결과와의 관계를 위의 관계 대수식과 연계하여 설명하시오.

풀이 (1) ① 프로젝션(π, projection) : 한 릴레이션에서 애트리뷰트들의 부분집합을 구하는 연산자이다. 즉, 연산의 결과로 생성되는 릴레이션은 입력 릴레이션에 속한 애트리뷰트들 중에서 일부만을 가지게 된다.

② 동등 조인(equijoin) : 두 릴레이션 $R(A_1, A_2, ..., A_n)$과 $S(B_1, B_2, ... B_m)$를 동등 조인하면 차수가 n+m이고, 애트리뷰트가 $(A_1, A_2, ..., A_n, B_1, B_2, ... B_m)$이며, 조인 조건인 '='를 만족하는 튜플들로 구성된 릴레이션이 생성된다. 동등 조인은 세타 조인 중에서 비교 연산자가 '='인 조인이다.

(2) 주어진 관계 대수식에서 동등 조인을 수행하면 릴레이션 R과 릴레이션 S의 애트리뷰트인 b와 c가 같은 튜플들을 골라낸다. 이때 b와 c는 일반적으로 기본키와 외래키의 관계를 갖는다. 릴레이션 R과 릴레이션 S의 동등 조인 결과는 R과 S의 카티션 곱(×)에 실렉션(σ)을 적용한 결과와 동등하다. 따라서 주어진 관계 대수식에서 동등 조인을 수행하는 'R ⋈_{b=c} S'는 'σ_{b=c}(R×S)'와 결과가 같다.

(3) 동등 조인의 결과 릴레이션에서 조인 애트리뷰트를 한 개 제외한 것을 자연 조인이라고 한다. 동등 조인에서 조인 조건에 사용된 두 애트리뷰트가 이름이 다를 수 있어도 결과 릴레이션의 각 튜플에서 두 애트리뷰트의 값이 같으므로 둘 중에 한 애트리뷰트만 결과 릴레이션에 있으면 된다. 주어진 관계 대수식에서 동등 조인을 수행하면 애트리뷰트 b와 c가 모두 결과 릴레이션에 포함된다. 자연 조인을 하면 b와 c 중에서 한 개만 결과 릴레이션에 포함된다.

함수적 종속성(Functional dependency)은 아래와 같이 설명할 수 있다. 이에 근거하여 정규화에 관한 물음에 답하시오.

> • 릴레이션의 한 속성 X가 다른 속성 Y를 결정지을 때 Y는 X에게 함수적으로 종속된다.
>   X → Y : X는 결정자(determinant), Y는 종속자(dependent)

(1) 부분함수적 종속성(1NF)을 설명하시오.

(2) 이행함수적 종속성(2NF)을 설명하시오.

(3) 결정자 함수적 종속성(BCNF)을 설명하시오.

풀이 (1) X→Y에서도 Y가 X의 부분 집합에 대해서도 함수적으로 종속되는 경우이다.

(2) 릴레이션 R에서, 속성 A→X이고 X→Y이면 A→Y이다.

(3) 함수적 종속이 되는 결정자가 후보키가 아닌 경우이다. 즉, X→Y에서 X가 후보키가 아니다.

스키마 R = (A, B, C, D, E)을 아래와 같이 분해하였다. 함수적 종속 F가 F = {A→BC, CD→E, B→D, E→A}와 같을 때 다음 물음에 답하시오.

> • R1 = (A, B, C)
> • R2 = (A, D, E)

(1) 위의 분해가 무손실 조인(join) 분해인지를 판단하고, 그 이유를 설명하시오.
(2) 종속성이 보존되는지를 판단하고, 그 이유를 설명하시오.

풀이 (1) 무손실 조인 분해이다.

R1∩R2 → R1 또는 R2가 성립되는지 확인해야 한다.

R1∩R2 = {A} → ABC가 성립된다. (F에 A → BC가 있고, A → A이므로 성립됨)

(2) 종속성을 보존하지 않는다.

$(F1 \cup F2)^+ = F^+$가 성립되는지 확인해야 한다.

F1 = (A→BC)$^+$ = {A, B, C}

F2 = (E→A)$^+$ = {A, E}

$(F1 \cup F2)^+$ = {A, B, C} ∪ {A, E} = {A, B, C, E}

F = (A→BC, CD→E, B→D, E→A)$^+$ = {A, B, C, D, E}

$((A→BC) \cup (E→A))^+ \neq F^+$이므로 종속성이 보존되지 않는다.

수강신청 릴레이션과 그 릴레이션의 제약조건인 함수종속(FD : Function Dependency)이 아래와 같을 때 물음에 답하시오.

> • 수강신청(학번, 지도교수, 학과, 과목번호, 성적)
> • 기본키 : {학번, 과목번호}
> • {학번, 과목번호} → 성적
> • 학번 → 지도교수
> • 학번 → 학과
> • 지도교수 → 학과

학번	지도교수	학과	과목번호	성적
2007	강	컴교	C3	A
2007	강	컴교	E1	A
2008	김	컴교	C1	B
2009	이	컴교	C2	A
2009	이	컴교	C4	C
2009	이	컴교	C3	A
2010	강	컴교	C2	A

(1) 수강신청 릴레이션에서 동일한 학번에 대해 지도교수와 학과의 데이터가 중복되어 있다. 이러한 중복으로 인해 발생될 수 있는 이상(anomaly) 현상 3가지를 나열하고 각각을 예를 들어 설명하시오.

(2) 수강신청 릴레이션을 제2정규화(2NF)한 후 릴레이션과 함수종속 다이어그램(FD diagram)을 나타내시오.

(3) (2)의 결과를 이용하여 제3정규화(3NF)한 후 릴레이션과 함수종속 다이어그램을 나타내시오.

(4) 정규화 과정을 나타낸 아래 내용에서 ①, ②, ③에 들어갈 것은 무엇인가?

비정규 릴레이션 → 원자값이 아닌 도메인을 분해 → 1NF → ① → 2NF → ② → 3NF → ③ → BCNF

풀이 (1) ① 삽입이상 : '전교' 학과에 새로운 교수가 와서 삽입하는 경우에 불필요한 데이터 삽입이 생긴다. 이 교수에 대한 수강생 정보인 학번과 과목이 없으므로 기본키가 널이 되어 튜플의 삽입이 불가능하다. 따라서 삽입을 위해서는 가상의 학번과 과목번호를 함께 삽입해야 하므로 불필요한 데이터 삽입이 발생된다.

② 삭제이상 : 학번 2008번 학생이 수강하는 과목번호 C1을 취소하는 경우 지도교수와 학과 정보가 손실된다. 과목번호는 기본키의 일부이므로 과목번호 C1만 삭제할 수 없고 튜플 전체를 삭제해야 한다. 이 경우에 학번 2008 학생의 학과와 지도교수에 관한 정보도 삭제된다.

③ 갱신이상 : 컴교의 지도교수 '강'이 '최'로 바뀌었을 경우 중복되는 다른 모든 튜플도 갱신해야 한다. 그렇지 않으면 정보의 모순성이 생기게 된다. 한 학생의 지도교수나 학과가 바뀌는 경우 정보의 모순이 발생한다.

(2)

학번	과목번호	성적
2007	C3	A
2007	E1	A
2008	C1	B
2009	C2	A
2009	C4	C
2009	C3	A
2010	C2	A

<R1>

학번	지도교수	학과
2007	강	컴교
2008	김	컴교
2009	이	컴교
2010	강	컴교

<R2>

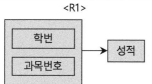

<R2>

(3)

학번	과목번호	성적
2007	C3	A
2007	E1	A
2008	C1	B
2009	C2	A
2009	C4	C
2009	C3	A
2010	C2	A

<R1>

학번	지도교수
2007	강
2008	김
2009	이
2010	강

<R2>

학번 → 지도교수

지도교수	학과
강	컴교
김	컴교
이	컴교

<R3>

지도교수 → 학과

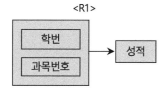

(4) ① 부분 함수적 종속성을 제거한다.

② 이행적 함수종속을 제거한다.

③ 결정자가 후보키가 아닌 것을 분해한다.

릴레이션(relation)의 정규화는 아래와 같이 단계별로 처리할 수 있다. 이와 관련된 물음에 답하시오.

- 1단계 : 비정규화된 릴레이션을 제1정규형으로 변환시킨다.
- 2단계 : 제1정규형을 제2정규형으로 변환시킨다.
- 3단계 : 제2정규형을 제3정규형으로 변환시킨다.
- 4단계 : 제3정규형을 BCNF(Boyce/Codd Normal Form)로 변환시킨다.

(1) 1단계와 2단계에서 필요한 작업을 각각 설명하시오.

(2) 3단계와 4단계에서 필요한 작업을 각각 설명하시오.

(3) 아래 수강신청 릴레이션이 제3정규형을 만족하도록 분해하시오. 단, 분해한 릴레이션의 이름은 임의로 사용할 수 있다.

- 릴레이션 : 수강신청(학번, 과목코드, 성적, 지도교수, 학과명)
- 기본키 : {학번, 과목코드}
- 함수 종속성(function dependency) : {학번, 과목코드} → 성적
- 학번 → 지도교수, 지도교수 → 학과명, 학번 → 학과명

풀이 (1) 1단계에서 필요한 작업은 원자성을 가지도록 반복 그룹을 제거하는 것이다. 2단계에서 필요한 작업은 부분 함수적 종속성을 제거하는 것이다.

(2) 3단계에서 필요한 작업은 이행적 종속성을 제거하는 것이다. 4단계에서 필요한 작업은 후보키가 아닌 결정자를 제거하는 것이다.

(3) R1(학번, 과목코드, 성적), R2(학번, 지도교수), R3(지도교수, 학과명) 단, 여기서 R1, R2, R3은 새로 만든 릴레이션 이름이므로 임의로 사용할 수 있다.

다음은 릴레이션과 그에 대한 제약조건을 나타낸 것이다. 물음에 답하시오.

학번	과목코드	교수
2018111	DB01	박지성
2018111	CA03	이순신
2018112	DB01	박지성
2018112	CA03	이미소
2018113	DB01	심순애
2018113	CA03	이미소

- 한 학생은 각 과목에 대해 한 교수의 강의만 수강한다.
- 각 교수는 한 과목만 담당한다.
- 한 과목은 여러 교수가 담당할 수 있다.
- 기본키는 {학번, 과목코드}이다.
- 함수종속은 {(학번, 과목코드) → 교수, 교수 → 과목코드}이다.

(1) 릴레이션을 함수종속 다이어그램으로 나타내고, 릴레이션이 만족하는 최상위 정규형을 쓰시오.

(2) 상위 정규형으로 분해한 후 릴레이션으로 나타내시오. 그리고 분해한 각 릴레이션을 함수종속 다이어그램으로 나타내고 몇 정규형인지 판단하시오.

풀이 (1) ▪ 함수종속 다이어그램

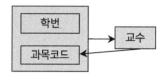

  ▪ 최상위 정규형 : 제3정규형

(2) ▪ 릴레이션

학번	교수
2018111	박지성
2018111	이순신
2018112	박지성
2018112	이미소
2018113	심순애
2018113	이미소

교수	과목코드
박지성	DB01
이순신	CA03
이미소	CA03
심순애	DB01

  ▪ 함수종속 다이어그램

  ▪ 정규형 : BCNF, BCNF

다음 릴레이션 R에 대하여 물음에 답하시오.

- R(A, B, C, D, E), 기본키 : (A, D)
- 함수 종속성 : (A, D) → E, A → B, B → C

(1) R이 만족하는 가장 높은 정규형은 무엇인가? 판단 근거를 설명하시오.

(2) 릴레이션 R을 다음과 같이 두 릴레이션 R1과 R2로 분해하였을 때 R1과 R2가 만족하는 가장 높은 정규형은 무엇인가? 각각에 대한 판단 근거를 설명하시오.

- R1(A, B, C), 함수 종속성 : A → B, B → C
- R2(A, D, E), 함수 종속성 : (A, D) → E

풀이 (1) ▪ R이 만족하는 가장 높은 정규형 : 1NF

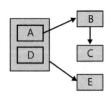

▪ 판단 근거 : 릴레이션 R의 애트리뷰트는 원자값을 갖고(1NF), 부분적 함수 종속성을 가지기 때문이다.

(2) ▪ R1 : 2NF

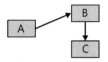

▪ 판단 근거 : R1은 1NF이면서 부분적 함수 종속성을 가지지 않지만(2NF), 이행적 함수 종속성을 가지기 때문이다.

▪ R2 : BCNF

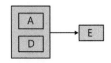

▪ 판단 근거 : R2는 3NF이면서, 결정자가 후보키로 이루어져 있기 때문이다.

다음의 책 릴레이션이 제3정규형을 만족하도록 분해하시오. 단, 분해된 릴레이션의 이름은 임의로 사용할 수 있다.

- 책(ISBN, 도서명, 저자ID, 저자명, 출판사코드, 출판사명, 가격)
- 함수 종속성 : ISBN → 도서명, 저자ID, 저자명, 저자ID → 저자명
  출판사코드 → 출판사명, (ISBN, 출판사코드) → 가격

풀이

■ 책가격(ISBN, 출판사코드, 가격), 출판(출판사코드, 출판사명), 책(ISBN, 도서명, 저자 ID), 저자(저자 ID, 저자명)

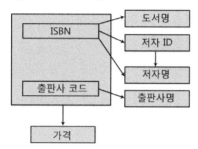

• 3NF를 만족해야 하므로 부분 함수 종속과 이행적 함수 종속성을 제거해야 한다.

■ 부분 함수 종속성 제거 : 2NF

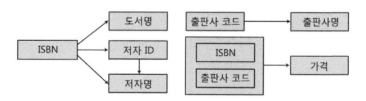

■ 이행적 함수 종속성 제거 : 3NF

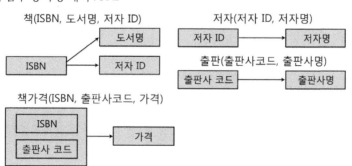

외국에 있는 다수의 공급자들로부터 상품을 수입하는 회사가 정보를 저장하기 위해 아래 조건에 맞는 릴레이션을 생성하였다. 물음에 답하시오.

공급자 코드	국가명	국가 상태	상품 코드	수량
S1	영국	B	P1	30
S1	영국	B	P3	40
S1	영국	B	P4	10
S1	영국	B	P5	50
S2	한국	A	P1	30
S2	한국	A	P2	70
S3	한국	A	P2	10
S4	중국	B	P4	30
S4	중국	B	P5	40

조건

① 각 공급자들은 하나의 국가에 위치해 있다.
② 하나의 국가에는 다수의 공급자들이 있을 수 있다.
③ 각 국가는 하나의 국가 상태 정보를 갖는다.
④ 각 공급자는 다수의 상품을 공급할 수 있다.

(1) 함수 종속 다이어그램을 그리시오.
(2) BCNF까지 무손실 분해하시오.

풀이 (1)

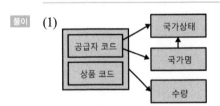

(2) ① 2NF를 만족하기 위해 R1(공급자 코드, 국가상태, 국가명), R2(공급자 코드, 상품
코드, 수량)로 분해한다.

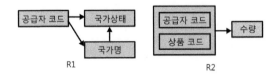

② R1은 3NF를 만족하기 위해 R3(공급자 코드, 국가명), R4(국가명, 국가상태)로 분해
한다.

③ R2, R3, R4 모두 3NF를 만족하고, 결정자가 후보키이므로 BCNF이다.

따라서 R2(공급자 코드, 상품 코드, 수량), R3(공급자 코드, 국가명), R4(국가명, 국
가상태)로 된다.

아래의 릴레이션(relation)이 유지해야 할 제약조건이 다음과 같다고 가정하고 물음에 답하
시오.

조건

① 각 과목에 대한 한 학생은 오직 한 교수의 강의만 수강한다.
② 각 교수는 한 과목만 담당한다.
③ 한 과목은 여러 교수가 담당할 수 있다.
- 수강 : (학번, 과목, 교수)
- 후보키 : (학번, 과목), (학번, 교수)
- 기본키 : (학번, 과목)
- 함수종속 : (학번, 과목) → 교수, 교수 → 과목

학번	과목	교수
2017	네트워크	김
2017	운영체제	이
2018	네트워크	김
2018	운영체제	박
2019	운영체제	박
2019	네트워크	서

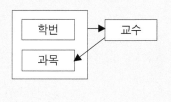

(1) 몇 정규형까지 만족하는지를 쓰고, 그 이유를 설명하시오.
(2) 이상(anomaly) 현상 3가지를 설명하시오.
(3) 상위 정규형으로 분해한 결과를 릴레이션으로 나타내시오.

풀이 (1) 제3정규형

이 릴레이션은 1NF를 만족하며, 기본키({학번, 과목})에 속하지 않으면서 키에 완전
종속이 아닌 에트리뷰트가 없으므로 2NF이고, 또 이행종속이 없으므로 3NF이다. 그
러나 후보키가 아닌 결정자 교수 에트리뷰트가 존재하므로 BCNF가 아니다.

(2) ① 삽입이상 : '운영체제', '윤' 삽입 시 학번이 불필요하게 삽입되는 경우이다. 주키
는 NULL을 허용하지 않는다.

② 삭제이상 : 2017, '운영체제' 삭제 시 '이' 교수의 정보도 연쇄 삭제되는 경우이다.

③ 갱신이상 : '김' 교수의 담당과목을 '운영체제'로 변경 시 '김'이 나타난 모든 튜플
을 변경해야 되는 경우이다.

(3) 후보키가 아닌 결정자를 분해한다. 주어진 릴레이션에서 후보키는 (학번, 과목)과 (학
번, 교수)이며, 교수 결정자는 후보키가 아니다. 따라서 교수 결정자도 후보키가 되도
록 분해하여 BCNF로 정규화한다.

학번	교수
2017	김
2017	이
2018	김
2018	박
2019	박
2019	서

교수	과목
김	네트워크
이	운영체제
박	운영체제
서	네트워크

다음 관계 릴레이션에 대하여 아래 물음에 답하시오.

- R = (A, B, C, D, E, F)
- 함수적 종속 (FD) : {A → BC, E → AF}
- 후보키 : (D, E)

(1) 릴레이션 R이 BCNF를 만족하지 못하는 이유는 무엇인가?

(2) 릴레이션 R을 무손실 조인(lossless join)과 종속성 보존을 만족하는 BCNF로 분해하시오.

풀이 (1) 결정자인 A와 E가 모두 후보키가 아니다.

(2) R = (A, B, C, D, E, F)
FD = {A → BC}
R_1 = (A, B, C), R_2 = (A, D, E, F)

FD = {E → AF}로 결정자가 후보키가 안 된다. 이를 다시 FD로 선정하여 R_{21}로 분해한다.
R_1 = (A, B, C), R_{21} = (E, A, F), R_{22} = (D, E)
$R_1 \cap R_2$ = {A} → R_1, $R_{21} \cap R_{22}$ = {E} → R_{21}로 무손실 조인 분해
$(F_1 \cup F_{21} \cup F_{22})^+ = F^+$ 이므로 종속성이 보존됨

관계형 데이터베이스에서 다음 릴레이션 R의 스키마를 단계별로 최대한 분해하여 정규화하려고 한다. 조건을 고려하여 물음에 답하시오.

학번	교과목	교수
2010	프로그래밍	P1
2010	알고리즘	P2
2020	프로그래밍	P1
2020	알고리즘	P3
2030	알고리즘	P3
2030	프로그래밍	P4

조건
① 릴레이션의 기본키는 (학번, 교과목)이다.
② 분해된 릴레이션의 이름은 R1, R2, ... 형태로 표기한다.
③ 분해된 릴레이션의 기본키에는 밑줄을 긋는다.

(1) 삽입 이상, 삭제 이상, 갱신 이상을 예를 들어 설명하시오.

(2) 정규화 절차에 따라 최대한 분해된 BCNF의 릴레이션 스키마는 무엇인가?

─────────────────────────────

풀이 (1) • 삽입 이상 : P5가 운영체제 교과목 담당이라는 것을 삽입하는 경우 수강하는 학생의 학번이 없으면 삽입 불가능하다.

• 삭제 이상 : 학번이 2010인 학생이 알고리즘 교과목 수강을 취소하는 경우 P2가 알고리즘을 담당한다는 정보의 손실이 발생된다.

• 갱신 이상 : P1이 담당 교과목을 데이터베이스로 바꾸는 경우 모든 튜플에 대해 갱신이 필요하다.

(2) R1(학번, 교수), R2(교수, 교과목)

다음 '운동' 릴레이션에서 함수적 종속성과 정규화에 관련된 아래 물음에 답하시오.

운동 릴레이션(기본키: A)

A	B	C	D
가	테니스	신체	손
나	탁구	기구	라켓
다	테니스	기구	라켓
라	탁구	기구	네트
마	배구	기구	네트
바	배구	신체	손
사	배구	신체	손

(1) 존재하는 함수적 종속성 중 한 개를 쓰시오. 단, 자명한 함수적 종속성(B→B, BC→B 등) 과 결정자에 기본키가 포함된 함수적 종속성(A→D, AB→C 등)은 제외한다.

(2) 운동 릴레이션을 함수종속 다이어그램으로 나타내시오. 그리고 릴레이션이 만족하는 가 장 높은 정규형이 무엇인지 판단하시오. 단, 정규화 과정에서 폐포(closure)와 규준 커버 (canonical cover)는 고려하지 않는다.

풀이 (1) D → C

애트리뷰트 x의 값에 대해 애트리뷰트 y의 값이 오직 하나만 연관되어 있어야 y는 x에 대해 함수적 종속성을 갖는다. 위의 운동 릴레이션에서 D에 대한 C의 관계가 손→신 체, 라켓→기구, 네트→기구로 모두 하나씩 연관되어 있으므로 C는 D에 대해 함수적 종속성을 갖는다.

(2) 2NF

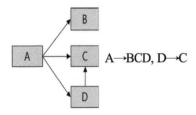

운동 릴레이션에 속한 모든 도메인이 원자값(1NF)이고, 완전함수 종속(2NF)이고, 이 행함수 종속이 존재하므로 2NF가 가장 높은 정규형이다.

다음 릴레이션 R의 스키마인 R(A, B, C, D, E)을 분해하여 정규화하려고 한다. 물음에 답하시오.

R(기본키: (A, B))

A	B	C	D	E
a1	b1	c1	d1	e2
a2	b1	c1	d3	e1
a1	b2	c2	d1	e2
a3	b2	c3	d4	e2
a2	b3	c4	d3	e1
a4	b3	c4	d3	e1

(1) 릴레이션 R의 함수 종속 집합이 다음과 같을 때 ㉠, ㉡에 들어갈 속성 이름을 구하시오.

{AB → C, D → E, A → E, A → ㉠ , C → ㉡ }

(2) 릴레이션 R의 함수 종속 집합을 이용하여 정규화 절차에 따라 2NF, 3NF, BCNF로 분해된 릴레이션 스키마를 구하시오. 단, 분해된 릴레이션의 이름은 R1, R2, … 형태로 나타낸다.

풀이 (1) ㉠ : D, ㉡ : B

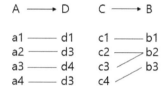

(2)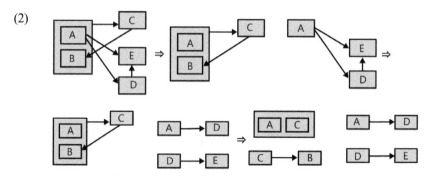

1NF : R(A, B, C, D)

2NF : R1(<u>A</u>, <u>B</u> ,C) R2(<u>A</u>, D, E)

3NF : R1(<u>A</u>, <u>B</u>, C), R2(<u>A</u>, D) R3(<u>D</u>, E)

BCNF : R11(<u>A</u>, <u>C</u>), R12(B, <u>C</u>), R2(<u>A</u>, D), R3(<u>D</u>, E)

다음은 관계형 릴레이션 R의 스키마와 스키마에 포함된 함수 종속 집합이다. 릴레이션 R을 분해하여 정규화하고자 한다. 조건을 고려하여 물음에 답하시오.

- 릴레이션 : R(A, B, C, D, E, F)
- 함수 종속 집합 : {A → C, B → D, B → F, BC → A, D → E}
- 기본키 : (B, C)

조건
① 상위 정규형으로 분해된 릴레이션의 이름은 R1, R2, … 형태로 나타낸다.
② 분해된 릴레이션은 스키마로 나타내며, 주키는 밑줄('_')을 표시하여 구분한다.

(1) 릴레이션 R을 2차 정규형으로 나타내시오.

(2) 2차 정규형을 3차 정규형으로 나타내시오.

(3) 3차 정규형을 보이스-코드 정규형으로 나타내시오.

(4) 보이스-코드 정규형의 릴레이션이 무손실 조인 분해임을 증명하시오.

(5) 함수 종속 집합에 (D → F)이 추가되었을 때 최종 정규형을 함수 종속 다이어그램을 나타내시오.

풀이

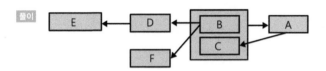

(1) R1(A, B, C), R2(B, D, E, F)

(2) R1(A, B, C), R2(B, D, F), R3(D, E)

(3) R1(A, B), R2(A, C), R3(B, D, F) R4(D, E)

3차 정규형의 R1(A, B, C)에서 후보키는 (B, C)와 (A, B)이며, A는 후보키가 아니면서 결정자이다. 따라서 이를 분해해야 한다.

(4) BCNF 정규화를 위해 R1(A, B, C)를 R1(A, B)와 R2(A, C)로 분해하였다. 따라서 R1∩ R2 → R1 또는 R2가 성립되는지 확인해야 한다.

R1∩R2 = {A}이므로 {A}→R1 또는 {A}→R2가 성립하면 된다. A→C이므로 {A}→R2가 성립되어 무손실 조인 분해이다.

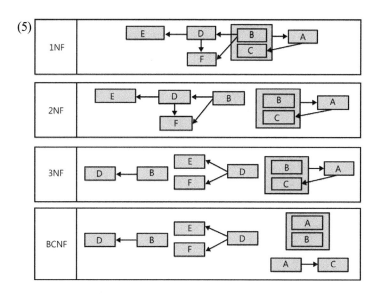

 다음은 학과의 전공 동아리 운영을 위한 〈회원〉 릴레이션을 나타낸 것이다. 〈회원〉 릴레이션
과 조건을 고려하여 물음에 답하시오.

〈회원〉

학번	이름	학년	동아리	멘토	지도교수
21	강혜진	1	모바일앱	조우진	송민호
21	강혜진	1	네트워크	김현준	송민호
20	이동욱	2	모바일앱	조우진	정다빈
20	이동욱	2	데이터베이스	장수경	정다빈
20	이동욱	2	네트워크	김현준	정다빈
19	서혜리	1	데이터베이스	장수경	송민호
19	서혜리	1	프로그래밍	최인영	송민호
18	윤주희	3	모바일앱	박수빈	정다빈
18	윤주희	3	프로그래밍	최인영	정다빈
17	서혜리	2	네트워크	김현준	정다빈

조건

• 회원 릴레이션의 기본 키는 (학번, 동아리)이다.
• 각 학생은 하나의 학년에 등록되어 있으며, 학년에 상관없이 여러 동아리에 가입할 수 있다.
• 한 동아리에는 여러 명의 멘토가 존재할 수 있다.
• 한 명의 멘토는 한 동아리만 관리할 수 있다.

(1) 위 릴레이션이 몇 정규형인지 판단하고, 함수 종속 다이어그램을 그리시오.

(2) 위 릴레이션을 최대 상위 정규형까지 차례대로 정규화하고, 각 정규형에 따른 함수 종속 다이어그램을 그리시오.

 (1)

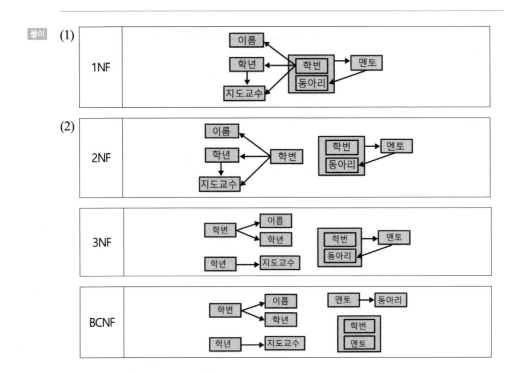

B 트리 색인 파일과 B+ 트리 색인 파일을 설명하시오.

풀이 ■ B 트리 색인 파일

① B+ 트리와 유사하지만, B 트리는 검색 키값이 한 번만 나타나도록 하여 검색키의 중복 저장을 제거한다.

② 잎(leaf)이 아닌 노드 내 검색키는 B 트리 내 어디에도 나타나지 않는다. 잎이 아닌 노드 내의 각 검색키에 대해 추가의 포인터가 내포되어야 한다.

③ B 트리 인덱스의 장·단점

- 동등한 B+ 트리보다 적은 트리 노드를 사용한다.
- 잎 노드에 도달하기 전에 검색 키값을 찾을 경우도 있다.
- 모든 검색 키값 중의 일부만이 조기에 찾을 수 있다.
- 잎이 아닌 노드가 더 크므로, 전개(fan-out)가 감소한다.
- B+ 트리보다 삽입과 삭제가 더 복잡하고, 구현이 더 어렵다.

■ B+ 트리 색인 파일

B+ 트리 인덱스는 인덱스 순차 파일의 다른 방법이다.

① 인덱스 순차 파일의 단점

  • 많은 오버플로 블록이 생성되므로, 파일이 커질 때 성능이 저하된다.

  • 전체 파일의 주기적인 재구성이 필요하다.

② B+ 트리 인덱스 파일의 장·단점

  • 삽입과 삭제의 부분적으로 작은 부분의 변화만으로 자동으로 재구성된다.

  • 단점은 별도의 삽입과 삭제 부담과 공간 부담이 있다는 것이다.

3.3 데이터베이스 설계

 데이터베이스 설계 과정을 5단계로 분류할 때 각 단계에 관한 아래 표를 완성하시오.

단계	단계 이름	중요한 작업	결과물
1	요구 조건 분석	데이터 및 처리 요구 조건 분석	요구 조선 명세
2			정보 구조
		트랜잭션 모델링	
3			
		트랜잭션 인터페이스 설계	
4			
		트랜잭션 세부 설계	
5			운영 가능한 DB
		트랜잭션(응용프로그램) 작성	

풀이

단계	단계 이름	중요한 작업	결과물
1	요구 조건 분석	데이터 및 처리 요구 조건 분석	요구 조선 명세
2	개념적 설계	DBMS 독립적 개념 스키마 설계	정보 구조
		트랜잭션 모델링	
3	논리적 설계	목표 DBMS에 맞는 스키마 설계	논리적 데이터베이스 구조
		트랜잭션 인터페이스 설계	
4	물리적 설계	목표 DBMS에 맞는 물리적 구조 설계	물리적 데이터베이스 구조
		트랜잭션 세부 설계	
5	구현	목표 DBMS에 DDL로 스키마 작성	운영 가능한 DB
		트랜잭션(응용프로그램) 작성	

데이터베이스 설계과정을 크게 요구사항 분석 단계, 설계 단계, 구현 단계로 구분할 수 있다. 여기서 설계 단계를 개념적, 논리적, 물리적 설계로 구분하여 설명하시오.

풀이 ① 개념적 설계 : DBMS 독립적 개념 스키마 설계와 트랜잭션 모델링 작업을 수행한다.
② 논리적 설계 : 목표 DBMS에 적합한 스키마 설계와 트랜잭션 인터페이스 설계 작업을 수행한다. 이 단계의 결과물은 논리적 데이터베이스 구조이다.
③ 물리적 설계 : 목표 DBMS에 DDL로 스키마를 작성하고 응용프로그램을 작성하는 작업을 수행한다. 이 단계의 결과물은 물리적 데이터베이스 구조이다.

데이터베이스 설계에 관한 물음에 답하시오.

(1) 데이터베이스의 설계 과정은 요구사항 분석 단계, 설계 단계, 구현 단계로 구분할 수 있다. 이 중에서 설계 단계를 하위 세 가지 단계로 구분하고 각각의 기능을 설명하시오.

(2) 제3정규형의 다음 릴레이션을 BCNF로 정규화하여 나타낸 후 그 과정을 설명하시오.

학번	과목명	담당교수
18001	인공지능	강감찬
18001	데이터베이스	홍길동
19002	프로그래밍	박지성
19002	인공지능	김민정
17001	인공지능	김민정

풀이 (1) 설계 단계의 하위 세 가지 단계
① 개념적 설계
• ER 모델링 또는 객체 지향 모델을 적용하는 기능을 수행하며, 데이터베이스에서 어떤 엔티티와 관계가 필요한지 설계한다.
② 논리적 설계
• 개념적 설계를 데이터베이스 스키마로 사상하는 기능을 수행하며, 데이터베이스 스키마의 정규형 과정을 포함한다.
③ 물리적 설계
• 성능상의 문제를 고려하여 인덱스 등을 정의하는 기능을 수행하며, 사용자들의 그룹과 접근 제한 등의 보안 설계 과정을 포함한다.

(2) BCNF 정규화 결과

후보키는 최소성과 유일성을 만족해야 하며, 후보키 중 하나를 기본키(주키)로 지정하면 나머지는 대체키가 된다. 주어진 릴레이션에서 담당교수 애트리뷰트는 후보키가 아니지만 과목명 애트리뷰트를 결정하기 때문에 BCNF가 아니다. 제3정규형 릴레이션에서 후보키가 아닌 결정자를 제거하면 BCNF 정규형을 만들 수 있다. 먼저 후보키가 아니면서 결정자 역할을 하는 담당교수 애트리뷰트와 이에 함수적으로 종속되는 과목명 애트리뷰트를 가져와 새로운 릴레이션 R2를 만든다. R2 릴레이션에서 결정자인 담당교수는 기본키가 된다. 이어서 기존 릴레이션에 결정자인 담당교수를 남겨서 기본키의 구성요소가 되도록 한다. 이 결정자는 새로운 릴레이션 R2에 대한 외래키의 역할도 한다.

〈R1〉

<u>학번</u>	<u>담당교수</u>
18001	강감찬
18001	홍길동
19002	박지성
19002	김민정
17001	김민정

〈R2〉

<u>담당교수</u>	과목명
강감찬	인공지능
홍길동	데이터베이스
박지성	프로그래밍
김민정	인공지능

다음은 도서 판매점의 온라인 주문서를 나타낸 것이다. 〈설계 조건〉에 따라 이에 대한 릴레이션 스키마를 설계하여 나타내시오. 단, 릴레이션 스키마는 BCNF 정규형을 만족하며, 속성 이름은 온라인 주문서에 있는 것을 사용하고, 기본키는 밑줄로 표시한다.

[온라인 주문서]

- 주문번호: 1734
- 고객번호: 4321
- 주문일자: 2020.12.25
- 고객이름: 김도서
- 고객전화: 010-2323-1234

도서번호	도서명	수량	단가
123	희망의 도시	3	13,000
456	데이터베이스	2	16,000
789	인공지능	2	20,000

설계조건

- 온라인 주문서의 고객번호, 도서번호, 주문번호는 유일하다.
- 고객이름, 도서명은 각각 동일한 것이 존재할 수 있다.
- 한 개의 주문번호로 여러 종류의 도서를 각각 복수로 주문할 수 있다.
- 고객은 하루에 여러 번 주문할 수 있다.

풀이 ■ 릴레이션 스키마 설계

R1(<u>고객번호</u>, 고객이름, 고객전화)

R2(<u>도서번호</u>, 도서명, 단가)

R3(<u>주문번호</u>, 고객번호, 주문일자)

R4(<u>주문번호</u>, <u>도서번호</u>, 수량)

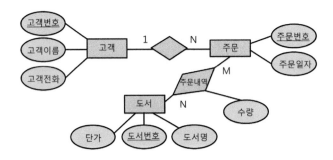

〈참조〉

■ 릴레이션 스키마 설계

R1(<u>고객번호</u>, 고객이름, 고객전화)

R2(<u>도서번호</u>, 도서명, 단가)

R3(<u>고객번호</u>, <u>도서번호</u>, 주문번호, 주문일자, 수량)

E-R 다이어그램

 다음은 환자의 진료 정보를 나타낸 〈진료〉 릴레이션이다. 환자는 여러 과에서 진료를 받을 수 있으며, 각 과에서는 의사 1명에게서만 진료를 받는다. 기본키는 (환자번호, 진료과)이고, 담당의사는 한 과에만 소속되어 있다고 가정하고 물음에 답하시오. 단, ①~⑥은 튜플 번호를 나타낸 것이다.

	환자번호	진료과	담당의사
①	1232	피부과	이은경
②	1233	피부과	이은경
③	1234	피부과	나철수
④	1234	성형외과	이보미
⑤	1235	안과	김안경
⑥	1235	피부과	이은경

(1) 릴레이션에 대한 후보키를 모두 나열하고, 릴레이션이 갖는 가장 높은 정규형을 쓰시오.

(2) 릴레이션에서 이상(anomaly) 현상이 발생할 수 있다. 수정 이상과 관련된 튜플과 삭제 이상에 관련된 튜플의 번호를 각각 모두 나열하시오.

(3) 릴레이션을 상위 정규형의 릴레이션으로 분해하여 나타내시오. 단, 분해된 릴레이션의 이름은 R1, R2, … 형태로 나타낸다.

(4) 분해된 각 상위 릴레이션에 대해 기본키와 외래키가 무엇인지 쓰시오.

풀이 (1) 후보키 : (환자번호, 진료과), (환자번호, 담당의사)

최상위 정규형 : 제3정규형

(2) 수정 이상 관련 튜플 : ①, ②, ⑥

삭제 이상 관련 튜플 : ③, ④, ⑤

(3) 〈R1〉　　　　　　　　　　　　　〈R2〉

환자번호	담당의사
1232	이은경
1233	이은경
1234	나철수
1234	이보미
1235	김안경
1235	이은경

담당의사	진료과
이보미	성형외과
이은경	피부과
나철수	피부과
김안경	안과

(4) 기본키 : R1(환자번호, 담당의사), R2(담당의사)

외래키 : R1(담당의사), R2는 없음

3.4 데이터베이스 질의처리

다음 2개의 SQL 질의문을 각각 관계 대수식으로 나타내시오.

```
SELECT  이름
FROM    수강생
WHERE   성적 > 80 AND 과목번호 = 'CS123';
```

```
SELECT  과목번호
FROM    학생, 등록
WHERE   학생.이름 = '도우미' AND 학생.학번 = 등록.학번;
```

풀이

$$\Pi_{\text{이름}} (\sigma_{\text{성적} > 80 \,\wedge\, \text{과목번호} = \text{'CS123'}} (\text{수강생}))$$

$$\Pi_{\text{과목번호}} (\sigma_{\text{학생.이름} = \text{'도우미'}} (\text{학생} \bowtie_{\text{학생.학번} = \text{등록.학번}} \text{등록}))$$
$$\Pi_{\text{과목번호}} ((\sigma_{\text{학생.이름} = \text{'도우미'}} (\text{학생})) \bowtie_{\text{학생.학번} = \text{등록.학번}} (\text{등록}))$$
$$\Pi_{\text{과목번호}} ((\sigma_{\text{학생.이름} = \text{'도우미'} \,\wedge\, \text{학생.학번} = \text{등록.학번}} (\text{학생} \times \text{등록}))$$
$$\Pi_{\text{과목번호}} ((\sigma_{\text{학생.이름} = \text{'도우미'}} (\text{학생} \bowtie_N \text{등록}))$$

다음의 '학생'과 '수강신청1' 테이블을 사용하여 '수강신청2' 테이블이 만들어질 수 있도록 DELETE와 부속 질의문을 사용한 SQL 문을 작성하시오.

<학생>

학번	이름	학과
07	이진영	컴퓨터교육과
08	김태희	수학교육과
09	김유신	컴퓨터교육과
10	이슬기	영어교육과
11	박윤희	컴퓨터교육과

<수강신청1>

학번	과목번호	점수
07	CS1	85
07	CS2	90
07	CS4	95
08	CS1	90
09	CS3	75
09	CS5	70
09	CS4	90
10	CS4	70
11	CS4	89

<수강신청2>

학번	과목번호	점수
07	CS1	85
07	CS2	90
08	CS1	90
09	CS3	75
09	CS5	70
10	CS4	70
11	CS4	89

<수강신청2>는 <수강신청1>에서 <07, cs4, 95>와 <09, cs4, 90>이 삭제된 것이다.

> DELETE FROM 수강신청1
>
> WHERE 과목번호 = 'CS4' AND 점수 >= 90 AND 수강신청1.학번
>
> IN (SELECT 학번 FROM 학생 WHERE 학과 = '컴퓨터교육과');

〈참조〉 SELECT를 사용하는 경우

> <수강신청1>에서 학번 07~11까지의 avg(점수)는 각각 90, 90, 78.3, 70, 89이다.

> SELECT 학번, 과목번호, 점수
>
> FROM 수강신청1
>
> WHERE 점수 <= (SELECT AVG(점수)
>
>   FROM 수강신청1 AS S1
>
>   WHERE S1.학번 = 학생.학번);

다음 릴레이션에 대한 아래 SQL문들의 실행결과를 나타내시오.

<성적>

SNO	CNO	GRADE	MID	FINAL
100	C413	A	82	87
300	C312	A	96	75
400	C312	A	95	70
400	C413	B	90	95
400	C412	C	87	82

(1) Select CNO, avg(FINAL) as F-avg from 성적 group by CNO;

(2) Select SNO, avg(MID) as M-avg from 성적 group by SNO having count(*))=3;

(3) Select SNO, CNO, GRADE from 성적 where CNO like "C3%";

---

 (1)

CNO	F-avg
C413	91
C312	72.5
C412	82

(2)

SNO	M-avg
400	90.7

(3)

SNO	CNO	GRADE
300	C312	A
400	C312	A

다음은 〈학생〉 릴레이션과 이로부터 생성할 뷰에 대한 SQL문이다. 물음에 답하시오.

<학생>

학번	이름	학년	학과
2010	이찬진	2	컴퓨터
2020	허경수	1	전기
2030	김은미	4	컴퓨터
2040	이미나	3	기계
2050	정성윤	3	전자

```
CREATE VIEW CSTUDENT((학번, 이름, 학년)
       ㉠      SELECT 학번, 이름, 학년
            FROM 학생
            WHERE 학과 = '컴퓨터'
               ㉡              ;
CREATE VIEW ESTUDENT(학번, 이름, 학년)
       ㉠      SELECT 학번, 이름, 학년
            FROM 학생
            WHERE 학과 = '기계';
```

(1) ㉠, ㉡에 들어갈 내용은 무엇인가? 단, ㉡은 뷰 정의 조건을 위배하면 실행이 거부된다는 것을 나타내기 위한 것이다.

(2) 다음 명령의 허용 유무를 그 이유와 함께 서술하시오.

```
INSERT INTO ESTUDENT(이름, 학년)
     VALUES('김경주', '3');
```

(3) 다음 명령의 허용 유무를 그 이유와 함께 서술하시오.

```
INSERT INTO ESTUDENT(학번, 이름, 학년)
        VALUES('2060', '나지수', '4');
```

풀이 (1) AS, WITH CHECK OPTION

(2) 기본키가 없어서 개체무결성 제약조건에 위배되기 때문에 허용되지 않는다.

(3) 기본키가 존재하고, 뷰에 대한 삽입은 기본 테이블(학생)에 삽입되므로 허용된다. 즉,
ESTUDENT 뷰에는 뷰 정의 조건 위배에 대해 명세가 없고, 학과가 '기계'가 아니지
만 기본 테이블에 삽입되므로 기본키가 있어서 삽입이 허용된다.

다음 릴레이션을 보고 물음에 해당하는 SQL 문을 작성하시오.

- 학생(학번, 이름, 학년)
- 과목(과목번호, 과목이름, 담당교수)
- 등록(과목번호, 학번, 점수)

(1) 등록 테이블을 생성한다. 단, 과목번호와 학번은 각각 5문자의 문자열, 점수는 정수형으
로 음수가 아니며, 학번이 주키이다.

(2) 과목번호가 '60024'인 '논리회로'를 과목에 삽입한다.

(3) 'DB' 과목을 수강하는 3학년 학생의 이름을 검색하는 질의를 관계대수 및 SQL로 나타
낸다. 단, 중복된 이름이 있으면 제거한다.

(4) 학번이 '98765'인 학생의 학년을 4로 변경한다.

(5) 학생 릴레이션에 있는 모든 튜플을 삭제한다.

(6) 등록 릴레이션을 데이터베이스에서 제거한다.

풀이 (1) CREATE TABLE 등록

    (과목번호   CHAR(5),

    학번 CHAR(5) NOT NULL,

    점수 INTEGER,

    PRIMARY KEY (학번),

    CHECK (점수 >= 0));

(2) INSERT INTO 과목 (과목번호, 과목이름) VALUES('60024', '논리회로');

(3) 관계 대수 : $\prod_{\text{이름}}(\sigma_{\text{과목이름}='DB' \wedge \text{학년}=3}(\text{과목} \bowtie_N \text{등록} \bowtie_N \text{학생}))$

　　SQL : SELECT DISTINCT 이름 FROM 과목, 등록, 학생

　　　　WHERE 과목.과목번호 = 등록.과목번호 AND 등록.학번 = 학생.학번 AND
　　　　　　과목.과목이름 = 'DB' AND 학생.학년 = 3;

(4) UPDATE 학생 SET 학년 = 4 WHERE 학번 = '98765';

(5) DELETE FROM 학생;

(6) DROP TABLE 등록 CASCADE(또는 RESTRICT);

다음 릴레이션을 보고 SQL 문을 작성하시오.

> • 종업원(종업원이름, 거리명, 도시명)
> • 근무(종업원이름, 회사명, 월급)
> • 회사(회사명, 도시명)

(1) '농협은행'에서 일하고, 월급이 500만원 이상인 종업원이 사는 거리는?

(2) 종업원 수가 가장 많은 회사는?

(3) '국민은행'에 일하지 않는 종업원의 이름은?

(4) 회사가 위치한 도시와 같은 도시에 거주하는 모든 종업원의 이름은?

풀이 (1) SELECT DISTINCT 거리명 FROM 종업원

　　　WHERE 종업원이름 IN

　　　　(SELECT 종업원이름 FROM 근무 WHERE 회사명 = '농협은행' AND 월급 >=
　　　　5,000,000);

(2) SELECT 회사명 FROM 근무 GROUP BY 회사명

　　　HAVING COUNT(DISTINCT 종업원이름) >= ALL

　　　　(SELECT COUNT(DISTINCT 종업원이름) FROM 근무 GROUP BY 회사명);

(3) SELECT DISTINCT 종업원이름 FROM 근무 WHERE 회사명 <> '국민은행';

(4) SELECT DISTINCT 종업원.종업원이름 FROM 종업원, 근무, 회사

　　　WHERE 종업원.종업원이름 = 근무.종업원이름 AND

　　　　종업원.도시명 = 회사.도시명 AND 근무.회사명 = 회사.회사명;

다음은 관계형 데이터베이스의 릴레이션을 나타낸 것이다. 물음에 답하시오.

<학생>

학번	이름	학년	학과
2010	이찬진	2	컴퓨터
2020	허경수	1	전기
2030	김은미	4	컴퓨터
2040	이미나	3	기계
2050	정성윤	3	전자

<등록>

학번	과목명	평점	성적1	성적2
2010	DB	A	95	95
2010	OS	A	90	95
2020	AL	B	80	85
2030	PL	A	90	95
2030	DB	A	90	90
2040	DB	B	85	80
2040	OS	C	70	75
2050	PL	B	85	85

(1) 다음 질의문을 'JOIN USING'을 사용하여 SQL로 나타내시오.

"과목명 'DB'에 등록한 학생의 학번, 학과, 평점을 구하시오."

(2) 질의문이 수행되었을 때 결과 릴레이션을 구하시오.

(3) 결과 릴레이션의 차수와 카디널리티를 각각 구하시오.

풀이 (1) SELECT 학번, 학과, 평점

FROM 학생 JOIN 등록 USING (학번)

WHERE 등록.과목명 = 'DB';

〈참조〉

SELECT 학번, 학과, 평점

FROM 학생 (INNER) JOIN 등록 ON 학생.학번 = 등록.학번

WHERE 등록.과목명 = 'DB';

(2) 〈학생〉

학번	학과	평점
2010	컴퓨터	A
2030	컴퓨터	A
2040	기계	B

(3) 3, 3

• 차수(degree): 하나의 릴레이션에서 속성의 전체 개수를 말한다.

• 카디널리티(cardinality): 하나의 릴레이션에서 튜플의 전체 개수를 말한다.

다음 SQL을 관계 대수식으로 표현하시오.

```
R = (A, B, C)
S = (D, E, F)
SQL : Select distinct A, E
      From R, S
      Where C = D
```

풀이 $\Pi_{A,E}(R \bowtie_{C=D} S)$

다음 릴레이션은 게임 동아리의 회원 관리를 위한 것이다. 〈회원〉과 〈접속〉 릴레이션은 각각 회원 정보와 게임기 사용 정보를 나타낸 것이다. 조건을 고려하여 물음에 답하시오.

<회원>

회원번호	이름	학년	급수	전화번호
20-1	김태현	3	1	123-1212
20-2	조태석	3	3	123-1213
20-3	황석영	1	2	234-1234
21-1	정대성	2	4	123-1235
21-2	강명기	3	2	345-1245
21-3	이정미	4	1	123-1236
21-4	박보라	1	2	234-1239

<접속>

회원번호	게임기번호	사용시간
20-1	GM2	10
20-1	GM3	9
20-2	GM1	6
20-2	GM2	7
20-2	GM3	8
20-3	GM2	12
20-3	GM3	13
21-1	GM1	5
21-1	GM2	7
21-4	GM3	11

조건

• 한 회원은 같은 게임기를 동시에 접속할 수 없으며, 각 게임기의 사용시간은 누적되어 관리된다.
• 다음은 SQL로 생성한 〈연락처〉 릴레이션을 나타낸 것이다.

〈연락처〉

이름	급수	전화번호
김태현	1	123-1212
황석영	2	234-1234
박보라	2	234-1239

(1) 연산자 IN을 사용한 부속 질의문으로 〈연락처〉 릴레이션을 생성하는 SQL문을 작성하시오. 단, SQL문에서 where 절의 조건식은 AND 연산자를 한 번만 사용한다.

(2) 자연조인(natural join)의 조인 질의문을 사용하여 〈회원〉과 〈접속〉 릴레이션에서 〈연락처〉 릴레이션을 검색하는 SQL문을 작성하시오.

(3) (2)에서 구한 SQL을 관계 대수식으로 표현하시오.

풀이

(1)
```
SELECT 이름, 급수, 전화번호
FROM 회원
WHERE 회원번호 IN (SELECT 회원번호
FROM 접속
WHERE 게임기번호 = 'GM3' AND 사용시간 >= 9);
```

(2)
```
① SELECT 이름, 급수, 전화번호
     FROM 회원 NATURAL JOIN 접속
     WHERE 게임기번호 = 'GM3' AND 사용시간 > 8;

② SELECT 회원.이름, 회원.급수, 회원.전화번호
     FROM 회원 NATURAL JOIN 접속
     WHERE 접속.게임기번호 = 'GM3' AND 접속.사용시간 >= 9;
```

(3) $\prod_{\text{이름, 급수, 전화번호}} (\sigma_{\text{게임기번호 = 'GM3'} \land \text{사용시간} \geq 9} (\text{회원} \bowtie_N \text{접속}))$

다음은 POS 데이터베이스의 고객과 주문 릴레이션을 나타낸 것이다. 〈조건〉을 고려하여 물음에 답하시오. [중등교사 임용시험 정보·컴퓨터 2023-B-7]

고객 릴레이션(기본키: 고객ID)

고객ID	고객이름	고객주소
101	마동석	서울
102	김효주	서울
201	오하영	부산
201	김민석	광주

주문 릴레이션(기본키: 주문NO, 외래키: 고객ID)

주문NO	주문일자	고객ID	주문총액
1	2022-11-26	301	130000
2	2022-11-25	101	40000
3	2022-11-18	101	80000

조건

- 주어진 릴레이션은 도메인 제약조건, 참조 무결성 제약조건, 키 제약조건을 만족한다.
- 고객 릴레이션의 고객ID, 고객이름, 고객주소의 데이터 타입은 각각 INT, CHAR(10), VARCHAR(200)이다.
- 주문 릴레이션의 주문NO, 주문일자, 고객ID, 주문총액의 데이터 타입은 각각 INT, DATE, INT, INT이다.

(1) 다음 관계 대수식이 "고객주소가 서울인 고객의 고객이름을 출력하시오."의 의미가 되도록 빈칸 안의 ㉠, ㉡에 해당하는 내용을 쓰시오.

$$\underline{\quad ㉠ \quad}_{고객이름} \left(\sigma_{고객주소 = '서울'} \left(\underline{\quad ㉡ \quad} \right) \right)$$

(2) 다음 SQL문이 "주문 이력이 없는 고객의 고객ID와 고객이름을 출력하시오."의 의미가 되도록 빈칸 안의 ㉠에 해당하는 내용을 쓰시오.

```
SELECT A.고객ID, A.고객이름 FROM 고객 AS A
WHERE_____㉠_____(SELECT * FROM 주문 AS B
                    WHERE B.고객ID = A.고객ID);
```

(3) 아래와 같이 뷰(view) 생성 후 INSERT문 실행 시 오류가 발생하였다. 그 이유를 기술하시오.

```
CREATE VIEW ORD_SUM AS
    SELECT 주문NO, 주문일자, 고객ID, SUM(주문총액) AS 주문총액합
    FROM 주문
    GROUP BY 주문NO, 주문일자, 고객ID  ;
```

```
INSERT INTO ORD_SUM(주문NO, 주문일자, 고객ID, 주문총액합)
VALUES(4, '2022-11-26', 201, 40000) ;
```

풀이 (1) ㉠: ㅠ, ㉡: 고객

고객 릴레이션에서 고객이름을 선택하는 것이므로 프로젝트 연산을 수행해야 한다.

(2) NOT EXISTS

부속질의문이 존재하지 않는 튜플을 선택해야 하므로 NOT EXISTS를 사용해야 한다.

(3) GROUP BY나 집계함수를 사용할 경우 삽입 연산을 수행할 수 없다.

 다음은 기업체 릴레이션과 휴대폰 릴레이션을 나타낸 것이다. 휴대폰 릴레이션의 기업체코드는 기업체 릴레이션의 기업체코드를 참조하는 외래키이다. 물음에 답하시오.

기업체 릴레이션(기본키: 기업체코드)

기업체코드	기업체명	국가명
KO	삼성전자	한국
AM	애플	미국
CH	화웨이	중국
JA	소니	일본

휴대폰 릴레이션(기본키: 휴대폰코드, 외래키: 기업체코드)

휴대폰코드	모델명	판매년도	평점	기업체코드
K1-01	갤럭시 Z 플립3	2022	4	KO
K2-02	갤럭시 S22	2023	5	KO
A1-09	아이폰13 P20	2022	5	AM
A2-01	아이폰 SE3	2021	3	AM
C1-05	메이트 XS	2020	4	CH

(1) 휴대폰 릴레이션을 생성하는 다음 SQL문에서 평점 속성에 1~5의 정수만 저장되도록 할 때 ㉠, ㉡에 들어갈 내용은 무엇인가?

```
CREATE TABLE 휴대폰 (
휴대폰코드 CHAR(5) NOT NULL,
모델명 VARCHAR(100) NOT NULL,
판매년도 CHAR(4) NOT NULL,
평점 _____㉠_____ ,
기업체코드 CHAR(2) NOT NULL, PRIMARY KEY(휴대폰코드), _____㉡_____ ) ;
```

(2) 모델명에 '갤럭시'가 포함된 휴대폰에 대해 모델명, 휴대폰코드, 평점이 출력되도록 SQL 문을 작성하시오.

(3) 기업체별 휴대폰의 평균 평점이 4.0 이상인 기업체에 대해 다음과 같이 출력되도록 SQL 문을 작성하시오.

기업체명	평균평점
삼성전자	4.5
애플	4.0
화웨이	4.0

풀이 (1)

㉠ INT NOT NULL CHECK(평점 >= 1 AND 평점 <= 5)

열의 값을 어떠한 특정 범위로 제한할 때는 제약조건 중 CHECK 조건을 사용한다.

㉡ FOREIGN KEY(기업체코드) REFERENCES 기업체(기업체코드)

(2)

SELECT 모델명, 휴대폰코드, 평점

FROM 휴대폰

WHERE 모델명 LIKE"%갤럭시%" ;

문자열 내에서 검색할 때는 LIKE를 사용한다. 앞과 뒤로 어떤 문구가 들어가도 '갤럭시'가 포함된 것을 검색해야 하므로 '%갤럭시%'를 사용한다.

(3)

SELECT A.기업체명, AVG(평점) AS 평균평점

FROM 기업체 AS A, 휴대폰 AS B

WHERE A.기업체코드 = B.기업체코드

GROUP BY 기업체명 HAVING AVG(평점) >= 4.0;

집계 합수인 AVG를 이용하여 평점의 평균값을 평균평점으로 재명명한다. 기업체명, 평균평점이 출력되도록 기업체 릴레이션과 휴대폰 릴레이션에 대해 JOIN 연산을 수행한다. 그리고 GROUP BY를 사용하여 기업체 별로 묶어준다. 그 후 각 그룹의 평균평점이 4.0이상이 되도록 HAVING을 사용하여 각 그룹의 구성 요건을 명세한다.

3.5 **트랜잭션 관리**

트랜잭션에 관한 물음에 답하시오.

(1) 트랜잭션이 갖추어야 할 네 가지 속성을 나열하고 각각의 의미를 설명하시오.

(2) 트랜잭션의 상태 전이도를 나타내고, 각각의 상태를 설명하시오.

풀이 (1) ACID

① 원자성(Atomicity)

트랜잭션은 분해 불가능한 최소의 단위로서 연산 전체가 처리되거나 전체가 처리되지 않아야 한다.

② 일관성(Consistency)

트랜잭션이 실행을 성공적으로 완료하면 언제나 모순 없이 일관성 있는 데이터베이스 상태를 보존한다.

③ 고립성(Isolation)

트랜잭션이 실행 중에 생성하는 연산의 중간 결과를 다른 트랜잭션이 접근할 수 없다.

④ 영속성(Durability)

성공이 완료된 트랜잭션의 결과는 영속적으로 데이터베이스에 저장된다.

(2)
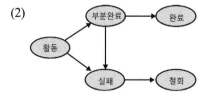

① 활동(Active)

초기 상태이다. 트랜잭션이 실행 중이면 동작 상태에 있다.

② 부분 완료(Partial committed)

마지막 명령문이 실행된 후에 가지는 상태이다.

③ 완료(Committed)

트랜잭션이 성공적으로 완료된 후 가지는 상태이다.

④ 실패(Failed)

정상적인 실행이 계속될 수 없을 때 가지는 상태이다.

⑤ 철회(Aborted)

정상적인 실행을 계속할 수 없을 때 가지는 상태이다.

다음 조건과 트랜잭션 스케줄을 보고 물음에 답하시오.

조건

① 트랜잭션이 소유한 모든 잠금은 트랜잭션이 완료될 때 해제된다.
② 잠금을 요구한 트랜잭션은 요구한 잠금을 DBMS가 허용할 때까지 블록(block)된다.
③ S(A)는 공용 잠금이고, X(A)는 전용 잠금이다.
④ 공용 잠금은 트랜잭션이 객체를 읽기 원할 때 사용하며, 전용 잠금은 객체에 쓰기 원할 때 사용한다.

T1	T2	T3	T4
S(A)			
R(A)			
	X(B)		
	W(B)		
S(B)			
		S(C)	
		R(C)	
	X(C)		
			X(B)
		X(A)	

(1) 트랜잭션 스케줄을 보고 T3가 X(A) 연산을 수행하기 전의 대기 그래프를 그리시오.

(2) 트랜잭션 스케줄을 보고 T3의 X(A) 연산을 수행한 후의 대기 그래프를 그리시오.

(3) 교착상태가 발생하는가? 교착상태가 발생하였다면 해당 트랜잭션을 쓰고, 그렇지 않다면 그 이유를 쓰시오.

풀이 [대기(탐지) 그래프]　　　　　　　　　[선행 그래프]

- 교착상태 여부 판단

T1이 T2를 기다림(unlock하기를)
- 사이클 생성 = 교착상태 발생

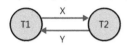

- 충돌 직렬 가능성 여부 판단

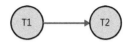

T1이 쓰고 다음에 T2가 사용하는 경우
- 사이클 생성 = 직렬 가능이 아님

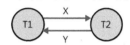

(1) T1→T2 : B,　T2→T3 : C,　T4→T2 : B

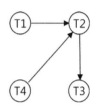

(2) T1→T2 : B,　T2→T3 : C,　T3→T1 : A,　T4→T2 : B

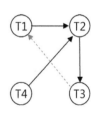

(3) 교착상태가 발생
- 교착상태인 트랜잭션 : T1, T2, T3
- 조건에서 트랜잭션이 요구한 잠금을 획득하지 못하는 경우 블록된다. T1, T2, T3가 서로 다른 트랜잭션이 완료하기를 기다리면서 대기한 상태이므로 교착상태가 발생하였다.
- 대기 그래프에서 사이클이 존재하면 교착상태가 발생한 것이다. 그래프에 사이클이 존재하지 않은 경우에도 교착상태가 발생할 수도 있다.

트랜잭션들이 제약 없이 동시에 데이터베이스에 접근하면 문제가 발생될 수 있다. 이와 관련된 아래 물음에 답하시오.

(1) 트랜잭션 수행 시 동시성 제어를 하지 않는 경우 발생할 수 있는 3가지 문제를 나열하고 각각을 설명하시오.

(2) 아래 트랜잭션에 대해 동시성 제어를 하지 않고 수행하는 경우 어떤 문제가 발생되는지 쓰고, 그 이유를 기술하시오.

T1	T2	시간
...		↓
read(x)		
read(y)		
x = x + y	...	
	x = x + 2	
write(x)		
...	write(x)	
	...	

풀이 (1) ① 연쇄 복귀 : 한 트랜잭션이 롤백하면서 정상적으로 종료한 다른 트랜잭션도 연쇄적으로 복귀하게 된다.

② 갱신 분실 : 한 트랜잭션이 작업한 값이 write 되기 전에 다른 트랜잭션이 그 값을 변경함으로써 잘못된 갱신이 일어난다.

③ 모순성 : 한 트랜잭션이 작업하는 사이에 다른 트랜잭션이 작업을 수행하면서 두 트랜잭션이 독립적으로 실행될 때와 다른 결과가 나타난다.

(2) 갱신 분실 : 트랜잭션 T1과 T2가 데이터 x를 동시에 접근함으로써 두 트랜잭션 사이에 간섭이 일어나고, 충돌된 데이터 x의 잘못된 갱신으로 그 값을 잃게 된다.

트랜잭션인 T1, T2가 실행되어 데이터베이스 항목 A, B, C의 값을 읽고 갱신하는 동안에 다음의 로그 파일이 생성되었다. DBMS가 지연갱신 회복기법을 사용하며 특정 시점에서 시스템이 파손되었다. 시스템이 재가동되어 트랜잭션의 복구되었을 때 회복 작업내용에 대한 아래 물음에 답하시오. 단, 복구 연산에는 '조치 없음', UNDO(T), REDO(T)가 있고, 로그 레코드는 〈트랜잭션번호, 데이터항목, 새로운 값〉의 구조를 갖는다.

T1	T2
Read(A)	Read(C)
A = A-100	C = C-200
Write(A)	Write(C)
Read(B)	
B = B + 100	
Write(B)	

순서	로그 레코드
1	<T1, start>
2	<T1, A, 900>
3	<T1, B, 2100>
4	<T1, commit>
5	<T2, start>
6	<T2, C, 2800>
7	<T2, commit>

(1) T1의 Write(B)에 대한 로그 레코드를 기록한 직후 시스템이 붕괴된 것으로 가정할 때, 회복작업의 내용을 쓰시오.

(2) T2의 Write(C)에 대한 로그 레코드를 기록한 직후 시스템이 붕괴된 것으로 가정할 때, 회복작업의 내용을 쓰시오.

(3) T2의 〈T2, commit〉 로그 레코드를 기록한 직후 시스템이 붕괴된 것으로 가정할 때, 회복작업의 내용을 쓰시오.

(4) (3)에 대한 회복작업 도중에 다시 시스템이 붕괴된 것으로 가정할 때, 회복작업의 내용을 쓰시오.

풀이 지연갱신 회복기법은 마지막에 갱신하므로 Undo는 고려할 필요가 없다. 따라서 commit 레코드가 있는 트랜잭션에 한해서 Redo 연산을 처음부터 다시 실행한다.

(1) T1, T2 모두 조치할 필요가 없음

(2) Redo(T1), T2는 조치 없음

(3) Redo(T1), Redo(T2)

(4) Redo(T1), Redo(T2)

트랜잭션의 병행제어를 위해 타임스탬프 순서 기법과 낙관적 병행제어 기법을 사용할 수 있다. 타임스탬프 순서 기법과 비교할 때 낙관적 병행제어 기법이 갖는 장단점을 설명하시오.

풀이 낙관적 병행제어 기법은 확인 기법이라고도 하며, 이것은 아무런 검사를 하지 않고 일단 트랜잭션 실행을 시작한다. 반면에 트랜잭션이 수행하는 갱신은 실행이 다 끝날 때까지 데이터베이스에 직접 반영시키지 않는다. 트랜잭션을 실행하는 동안 모든 갱신은 지역 사본에만 반영된다. 낙관적 병행제어 기법은 각 트랜잭션을 판독단계(R), 확인단계(V), 기록단계(W)의 3단계를 거쳐 처리한다.

- 장점 : 검사 작업을 나중에 한꺼번에 함으로써, 타임스탬프 순서 기법보다 검사 작업에 의한 트랜잭션 실행의 부하가 없어 처리 시간을 지연시키지 않는다.
- 단점 : 트랜잭션 간에 간섭이 있는 경우 다수의 트랜잭션이 실행한 결과를 취소하고 다시 실행되어야 한다. 따라서 갱신보다 판독 시에 이 기법이 많이 사용된다.

데이터베이스 항목 A, B, C, D, E의 값을 읽고 갱신하는 5개 트랜잭션 T1, T2, T3, T4, T5가 실행되는 중 시스템이 파손되었다. 다음은 로그 파일의 로그 레코드를 시간에 따라 그림으로 변환한 것이다. 즉시갱신(immediate update) 회복 기법을 사용하며, 시스템이 재가동되어 트랜잭션의 복구 연산을 마쳤다고 가정하고 물음에 답하시오. 단, 복구 연산에는 REDO(재실행), UNDO(취소), NO-REDO(재실행 없음), NO-UNDO(취소 없음)가 있다.

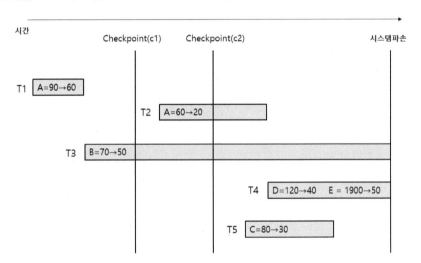

(1) 트랜잭션 T1이 수행하는 복구 연산은 무엇인가?

(2) 데이터베이스 항목 A와 C의 갱신된 값을 각각 구하시오.

(3) 트랜잭션 T3에 있는 항목 B의 복구 값을 쓰고 그 이유를 설명하시오.

(4) UNDO 연산을 수행하는 트랜잭션들을 수행하는 순서대로 나열하시오.

(5) REDO 연산을 수행하는 트랜잭션들을 수행하는 순서대로 나열하시오.

풀이 (1) NO-UNDO/NO-REDO

(2) A : 20, C : 30

(3) B : 70, 트랜잭션 T3는 시스템이 파손될 때까지 commit 연산을 수행하지 않았으므로

UNDO 연산을 수행해야 한다. 따라서 항목 B의 값은 70이 저장된다. T3는 checkpoint(c1)에서 항목 B의 값인 50을 디스크로 출력하지 않고 메인 메모리의 데이터베이스 버퍼에 저장한다.

(4) T4, T3
(5) T2, T5

트랜잭션에 대하여 검사점(checkpoint)과 즉시갱신(immediate update) 기법을 사용할 때 다음 로그를 보고 물음에 답하시오.

```
<T1, start>, <T1, C, 100, 20>, <T3, start>, <T3, A, 10, 200>,
<T1, commit>, <T2, start>, <T2, B, 200, 12>, <checkpoint>,
<T3, E, 50, 80>, <T3, commit>, <T4, start>, <T4, B, 12, 15>
<T5, start>, <T5, A, 200, 30>, <T4, A, 30, 20>,
<T4, commit>, <T2, C, 20, 30>, 시스템 장애발생
```

(1) Undo와 Redo 연산의 개념을 설명하시오.
(2) Undo와 Redo 연산을 수행해야 할 트랜잭션들을 각각 나열하시오. 그리고 판단 방법을 설명하시오.
(3) 트랜잭션의 회복 처리 방법을 설명하시오.

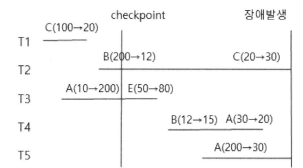

(1) • Undo : 트랜잭션에 오류가 발생되거나 비정상적으로 종료되는 경우에 트랜잭션이 시작된 지점으로 돌아간다. Undo를 수행하는 트랜잭션은 트랜잭션이 변경한 모든 데이터 아이템 값들을 로그에 기록된 역순으로 로그에 있는 변경 전 값으로 환원시켜야 한다.
   • Redo : 로그의 내용을 토대로 트랜잭션을 다시 수행하고 변경된 내용을 데이터베이스에 반영한다. Redo를 수행하는 트랜잭션은 트랜잭션이 변경한 모든 데이터 아이템의 값들을 로그 파일의 순서에 따라 다시 로그에 있는 새로운 값으로 지정한다.

(2) Undo : {T2, T5}, Redo : {T3, T4}

이것을 판단하는 방법은 먼저 가장 최근의 검사점을 기준으로 검사점 이전에 commit 된 것을 제외하고 모든 트랜잭션을 시작된 순서대로 나열한다. 이 문제에서는 {T3, T2, T4, T5}이 된다. 이 중에서 commit 된 것인 {T3, T4}는 Redo가 되고, 그렇지 않은 {T2, T5}는 Undo가 된다.

(3) 트랜잭션의 회복은 Undo, Redo 순서로 진행하며, Undo는 로그에 나열된 트랜잭션의 역순으로, Redo는 정순으로 회복한다. 따라서 트랜잭션은 {T5, T2, T3, T4} 순서로 회복된다.

Undo를 수행할 때는 검사점 이전을 포함하여 트랜잭션 전체를 Undo 해야 한다. 그리고 Redo를 수행할 때는 검사점 이후에 일어난 변경에 대해서만 Redo 하면 된다. 예를 들면 Undo를 수행하는 T2는 검사점 이전의 B 변경을 포함하여 트랜잭션 전체에 대해 Undo 연산을 수행하고, Redo를 수행하는 T3는 검사점 이전의 변경인 A는 Redo 하지 않고 검사점 이후의 변경인 E만 Redo를 수행한다. 따라서 다음과 같은 순서로 회복이 이루어진다.

A = 200, <T5, A, 200, 30>

C = 20, <T2, C, 20, 30>

B = 200, <T2, B, 200, 12>

E = 80, <T3, E, 50, 80>

B = 15, <T4, B, 12, 15>

A = 20, <T4, A, 30, 20>

 다음은 두 개의 트랜잭션과 이 트랜잭션들이 수행될 때 기록되는 로그를 나타낸 것이다. 현재 A, B, C에 각각 100, 200, 300이 저장되어 있고, 즉시갱신(immediate update) 회복 기법을 사용하는 것으로 가정하고 물음에 답하시오.

T1	T2
Read(A)	Read(C)
A = A-10	C = C-50
Write(A)	Write(C)
Read(B)	
B = B + 10	
Write(B)	

번호	로그 레코드
①	<T1, start>
②	<T1, A, 100, 90>
③	<T1, B, 200, 210>
④	<T1, commit>
⑤	<T2, start>
⑥	<T2, C, 300, 250>
⑦	<T2, commit>

(1) 트랜잭션 T1과 T2가 수행될 때 A, B, C의 값이 각각 어떤 로그 레코드가 기록된 후 데이터베이스에 반영되는지 번호를 쓰시오. 그리고 데이터베이스에 저장되는 A, B, C의 값을 쓰시오.

(2) 위의 로그 기록에서 시스템이 붕괴된 시점이 ④번 레코드가 기록되기 직전, ⑦번 레코드가 기록되기 직전, ⑦번 레코드가 기록된 직후라고 가정한다. 각각의 경우에 각 트랜잭션의 회복 연산과 A~C의 값을 구하여 아래 표를 완성하시오.

붕괴 시점	회복 연산		값		
	T1	T2	A	B	C
④번 직전					
⑦번 직전					
⑦번 직후					

(3) 회복 작업에서 Undo와 Redo 연산을 수행할 트랜잭션이 여러 개인 경우가 있다. 이때는 먼저 Undo를 수행할 모든 트랜잭션에 대해 연산을 수행한 후 Redo를 수행할 트랜잭션에 대해 연산을 수행하는 것이 효율적이다. 이유를 설명하시오.

풀이

(1) 즉시갱신(immediate update) 회복 기법은 트랜잭션이 연산을 실행하고 있는 상태에서 데이터의 변경 결과를 데이터베이스에 그대로 반영한다. 따라서 A, B, C는 각각 ②, ③, ⑥ 레코드가 기록된 후 데이터베이스에 값이 적용된다. 이때 A, B, C의 값은 각각 90, 210, 250이 된다.

(2)

붕괴 시점	회복 연산		값		
	T1	T2	A	B	C
④번 직전	Undo	-	100	200	300
⑦번 직전	Redo	Undo	90	210	300
⑦번 이후	Redo	Redo	90	210	250

(3) Undo 연산은 로그에 기록된 순서의 역순으로 수행하고 Redo 연산은 로그에 기록된 순서로 수행해야 하기 때문이다.

트랜잭션인 T1과 T2의 실행 중에 시스템이 붕괴되었으며, 다음의 로그 파일이 생성되었다. 〈조건〉을 고려하여 물음에 답하시오.

T1	T2
Read(A)	Read(C)
A = A-100	C = C-200
Write(A)	Write(C)
Read(B)	
B = B + 100	
Write(B)	

순서	로그 레코드
1	<T1, start>
2	<T1, A, 900>
3	<T1, B, 2100>
4	<T1, commit>
5	<T2, start>
6	<T2, C, 2800>
7	<T2, commit>

조건

① DBMS가 로그를 이용하는 지연갱신 회복기법을 사용한다.
② 로그 레코드는 〈트랜잭션 번호, 데이터 항목, 새로운 값〉으로 구성된다.
③ 회복작업의 종류에는 UNDO(T), REDO(T), '조치 없음'이 있다.

(1) T1의 Write(B)에 대한 로그 레코드를 기록한 직후 시스템이 붕괴된 경우 회복작업은 무엇인가?

(2) T2의 Write(C)에 대한 로그 레코드를 기록한 직후 시스템이 붕괴된 경우 회복작업은 무엇인가?

(3) T2의 〈T2, commit〉 로그 레코드를 기록한 직후 시스템이 붕괴된 경우 회복작업은 무엇인가?

(4) (3)에 대한 회복작업 도중에 다시 시스템이 붕괴된 경우 회복작업은 무엇인가?

풀이 (1) 조치 없음

(2) Redo(T1)

(3) Redo(T1), Redo(T2)

(4) Redo(T1), Redo(T2)

로그 레코드에 commit가 있는 트랜잭션에 한해 Redo 연산을 처음부터 다시 실행한다. 연산을 여러 번 적용하더라도 결과가 달라지지 않는 성질인 멱등성(idempotent)이 적용되므로 문제가 발생되지 않는다.

다음 표는 수행할 트랜잭션 T1과 T2이며, 그림은 트랜잭션 T1이 시간에 따라 수행되는 과정을 나타낸 것이다. 조건을 고려하여 물음에 답하시오.

T1	T2
ex-lock(x)	
read(x)	sh-lock(y) ← ㉠
x = x + 100	read(y)
write(x)	ex-lock(x) ← ㉡
ex-lock(y)	unlock(y)
unlock(x)	read(x)
y = y + 100	x = x + y
unlock(y)	unlock(x)

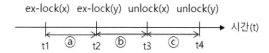

조건

① read(x)와 write(x)는 각각 데이터 항목 x에 대한 읽기와 쓰기 연산이다.
② ex-lock(x)와 sh-lock(x)는 각각 x에 대해 배타적 로크와 공유적 로크를 생성하는 연산이다.
③ sh-lock()은 sh-lock()과 양립될 수 있으나 그 외에는 양립할 수 없다.
④ unlock(x)는 x에 대한 로크를 해제하는 연산이다.
⑤ 교착상태 회피 전략으로 wound-wait를 사용한다.
⑥ T1은 고참이고, T2는 신참이다.

(1) 트랜잭션이 갖는 특징 4가지를 나열하고, 이들 중에서 병행성과 관련된 것 2가지를 쓰시오.
(2) T1과 동시에 T2가 처리되면서 교착상태가 발생할 수 있다. 이 경우 연산 T2의 ㉠ 연산이 수행되는 지점은 ⓐ~ⓒ 중 어디인가?
(3) T2의 연산 ㉠과 ㉡이 각각 ⓐ와 ⓑ에서 수행되는 경우의 회피 전략을 설명하시오.
(4) T2의 연산 ㉠과 ㉡이 모두 ⓐ에서 수행되는 경우의 회피 전략을 서술하시오.

풀이 로크(lock)는 트랜잭션이 특정 데이터 항목에 대한 배타적 사용을 보장한다. 로크에는 배타적(write) 로크와 공유적(read) 로크가 있다. 배타적 로크는 충돌 가능성이 존재할 때 사용되는 것으로 객체를 로크한 트랜잭션만 접근할 수 있도록 예약된 것이다. 배타적 로크는 트랜잭션이 데이터 항목에 쓰기를 원하고, 다른 모든 트랜잭션이 그 데이터 항목에 어떤 로크를 걸지 않았을 때 실행된다.

공유적 로크는 동시성 트랜잭션들이 같은 데이터 항목을 공통으로 읽을 때 존재한다. 공유적 로크는 동시성 트랜잭션들이 읽기만 하는 때에는 충돌을 일으키지 않는다. 공유적 로크는 트랜잭션이 데이터 읽기를 원할 때 실행되며, 어떤 배타적 로크도 그 데이터 항목에 대해서 실행되지 않는다.

트랜잭션의 교착상태 회피 전략으로 wound-wait 방식(선점)과 wait-die 방식(비선점)이 있다. wound-wait 방식에서는 경쟁 트랜잭션보다 새로운 트랜잭션이면 기다리고(wait), 경쟁 트랜잭션보다 오래된 트랜잭션이면 경쟁 트랜잭션을 rollback(wound) 시킨다. wait-die 방식에서는 경쟁 트랜잭션보다 오래된 트랜잭션이면 기다리고(wait), 새로운 트랜잭션이면 Rollback(die) 한다.

(1) 트랜잭션의 특징에는 원자성, 일관성, 격리성, 영속성이 있으며, 이들 중에서 병행성과 관련된 특징은 일관성과 격리성이다.

(2) ⓐ

교착상태 탐색을 위해 대기 그래프를 사용하며, 직렬가능성을 검사할 때는 선행그래프를 사용한다.

T1에서 ex-lock(x)이 가장 먼저 수행되므로 T2에서 ex-lock(x)은 어디에서 수행되든지 기다려야 한다. 따라서 대기 그래프에 간선이 추가되어야 한다. 대기 그래프에서는 T_i가 T_j를 대기 중이면 간선이 $T_i \rightarrow T_j$가 만들어진다. 현재 x를 T1이 lock한 것을 T2가 기다리므로 T2→T1 간선이 존재한다.

이 상태에서 교착상태가 발생하려면 대기 그래프에서 사이클이 존재해야 하므로 T2→T1 간선이 필요하다. y에 대해 T1→T2 간선이 만들어지기 위해서는 ㉠ 연산이 ⓐ에서 수행되어야 한다.

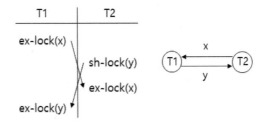

(3) wound-wait 방식을 사용하므로 T2는 복귀하고 T1이 선점한다. wait-die 방식을 사용하면 T1의 ex-lock(y)에서 T1이 wait하고, 이후 T2의 ex-lock(x)에서 T2가 die(복귀)된다.

(4) wound-wait 방식을 사용하므로 T2의 ex-lock(x)에서
    T2는 wait하고, 이후 T1의 ex-lock(y)에서 T2를 wound
    하므로 T2가 abort 된다. wait-die 방식을 사용하면 T2
    는 abort 한다.

T1	T2
ex-lock(x)	
	sh-lock(y)
ex-lock(y)	
	ex-lock(x)

T1	T2
ex-lock(x)	
	sh-lock(y)
	ex-lock(x)
ex-lock(y)	

다음은 타임스탬프 순서 기법을 적용한 스케줄링이다. 조건을 고려하여 물음에 답하시오.

번호	T1	T2	T3
1	read(x)		
2		read(y)	
3			read(y)
4	read(y)		
5		write(x)	
6			write(x)
7	write(x)		
8			write(y)

조건

① 타임스탬프는 T1, T2, T3 순서로 부여된다.
② 데이터 아이템 x에 대해 read_TS(x)와 write_TS(x)가 있으며, y에 대해 read_TS(y)
   와 write_TS(y)라는 두 개의 타임스탬프 값을 유지한다.

(1) 복귀(abort)가 발생하는 트랜잭션을 찾고 이와 관련된 연산 번호를 쓰시오.
(2) 2단계 로킹 규약과 비교할 때 타임스탬프 순서기법의 장점을 설명하시오.

풀이 (1) 트랜잭션 Ti가 read(x)를 수행할 때

$TS(Ti) \geq write\_TS(x)$이면 허용된다.

$read\_TS(x) \leftarrow max \{read\_TS(x), TS(Ti)\}$

아니면 read(x) 연산을 거부한다. Ti를 취소시켜 복귀시킨다.

트랜잭션 Ti가 write(x)를 수행할 때

$TS(Ti) \geq read\_TS(x)$이고 $TS(Ti) \geq write\_TS(x)$이면 허용된다.

$write\_TS(x) \leftarrow TS(Ti)$

아니면 write(x) 거부한다. Ti를 취소시켜 복귀시킨다.

$read\_TS(x) : 1$

$write\_TS(x) : 2 \rightarrow 3$

$read\_TS(y) : 2 \rightarrow 3$

$write\_TS(y) : 3$

T1의 7번 write(x) 연산이 요청될 때, $read\_TS(x) = 1$, $write\_TS(x) = 3$이므로 연산이 거부되고, T1이 취소된다.

(2) 트랜잭션이 대기하는 경우가 없어서 교착상태가 발생하지 않는다.

다음은 DBMS의 시스템 실패 발생 후 검사점(checkpoint) 기반 회복에 사용할 로그이다. 〈조건〉을 고려하여 물음에 답하시오. [중등교사 임용시험 정보·컴퓨터 2023-A-3]

로그 레코드
<T0, start>, <T1, start>, <T0, B, 0, 1500>, <T1, A, 500, 1000>, <T2, start>, <checkpoint>, <T0, B, 1500, 2100>, <T2, D, 1700, 0>, <T0, commit>, <T1, C, 2000, 1500>, <T2, D, 1700>, <T2, abort>, <checkpoint>, <T3, start>, <T1, A, 1000, 1200>, <T3, E, 400, 300>, 시스템 실패 발생

조건

- 즉시 갱신 기법을 사용한다.
- <Tn, X, V1, V2>는 트랜잭션 Tn이 데이터 항목 X를 V1에서 V2로 변경하는 로그 레코드이다.
- <Tn, X, V>는 트랜잭션 Tn이 데이터 항목 X를 V로 변경하는 로그 레코드이다.

(1) 회복을 위해 undo 작업이 필요한 트랜잭션 2가지를 쓰시오.

(2) 회복 후 데이터 항목 B의 값은 무엇인가?

풀이 (1) T1, T3

즉시 갱신기법에서 시스템 장애가 발생했을 때 완료되지 않은 트랜잭션은 undo를 수행한다.

(2) 2100

B와 관련된 연산을 수행하는 트랜잭션은 T0이다. B의 연산과정은 0→1500→2100이다.

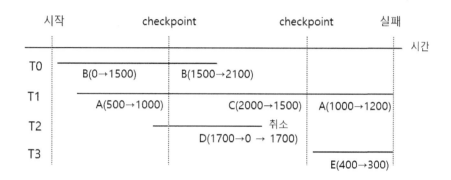

CHAPTER 4

정보통신윤리/
소프트웨어공학

※ 정보통신윤리 과목의 평가 영역 및 평가 내용 요소

평가 영역	평가 내용 요소
정보사회의 특징	정보사회와 정보과학의 역할과 영향
	정보사회와 직업
소프트웨어 저작권	소프트웨어 저작권 이용 및 공유 방법
	소프트웨어 저작권 보호 기술과 제도
	오픈 소스 활용법
정보보호	개인정보의 개념과 보호 방안
	개인정보 관리의 법과 제도
	정보보안의 기술과 설정
	해킹 및 바이러스 피해 예방법
사이버 윤리	사이버 윤리의 필요성 및 관련 제도
	사이버 공동체 윤리
	사이버 공동체에서의 협업과 공유

※ 소프트웨어공학 과목의 평가 영역 및 평가 내용 요소

평가 영역	평가 내용 요소
소프트웨어공학 개요	소프트웨어와 시스템
	소프트웨어공학 개발 모형
	소프트웨어 개발에 영향을 미치는 요소
계획	계획 수립
	일정 계획
	개발비용 산정
	조직 계획
	위험분석
요구분석	요구 정의(기능적 요구, 비기능적 요구)
	도메인 분석, 요구추출 방법
	구조적 요구분석(자료흐름도, 자료사전, 소단위명세서)
	객체지향 요구분석(사용사례 다이어그램)
설계	설계원리(문제의 분할, 추상화, 모듈화)
	구조적 설계(변환분석, 자료설계, 알고리즘 설계)
	객체지향 개념(클래스와 객체, 캡슐화, 상속, 다형성)
	객체지향 설계(클래스 다이어그램, 인터랙션 다이어그램, 상태 다이어그램, 액티비티 다이어그램)
구현 및 테스트	구현(코딩 원리, 코딩 스타일)
	테스트 개념, 원리, 기법(화이트박스 테스트, 블랙박스 테스트, 통합테스트)

4.1 정보통신윤리

지적재산권(지식재산권)에 관한 다음 물음에 답하시오.

(1) 지적재산권(intellectual property rights, IPR)을 정의하시오.
(2) 저작권을 설명하시오.
(3) 저작물을 설명하시오.

풀이 (1) ① 지적재산권은 지적창작물에 부여된 재산권에 준하는 권리를 말한다. 지적재산권
은 산업 분야의 창작물과 관련된 산업재산권(특허권, 실용신안권, 상표권, 디자인
권) 또는 공업소유권, 문화예술 분야의 창작물과 관련된 저작권으로 나눈다.

② 지적재산권은 지적인 창작활동의 결과물을 법이 정하는 방식으로 다른 사람이 이
용하는 것을 허락하는 모든 권리이다.

(2) ① 저작권은 저작물을 만든 사람이 다른 사람에게 자신의 저작물을 자유롭게 이용하
는 것에 대해 허락할 수 있는 권리이다.

② 저작권은 저작자가 자기 저작물을 통제하고 그로부터 이익을 얻을 수 있는 권리이
며, 인격권과 재산권이 있다. 저작인격권은 공표권, 성명 표시권, 동일성 유지권을
포함한다. 저작재산권은 복제권, 배포권, 공중송신권, 공연권, 2차적 저작물 작성
권, 전시권, 대여권을 포함한다.

(3) ① 저작물은 자신이 생각이나 감정을 표현해 만든 창작물이다.

② 저작물은 어떤 아이디어를 독자적으로 표현한 창작물을 말한다. 지적 · 문화적 창
작을 넓게 포괄하는데, 여기에는 문학작품, 논문, 강연, 작곡, 연극, 영화, 춤, 그림,
조각, 건축, 사진, 지도, 컴퓨터 프로그램 등이 포함된다. 저작물로 인정받기 위해
서는 창작성이 있어야 하며, 인간의 사상과 감정의 표현이어야 한다.

다음 저작물을 보호받는 것과 보호받지 못하는 것으로 구분하시오.

① 데이터베이스
② 편집저작물(백과사전, 신문, 잡지, 전화번호부 등)
③ 2차적 저작물(소설의 영화화, 외국어 번역 등 기존의 저작물을 토대로 작성된 새로운 저작물)
④ 헌법, 법률, 조약, 명령, 조례 및 규칙

⑤ 국가 또는 지방자치단체의 고시, 공고, 훈령 그 밖의 이와 유사한 것

⑥ 법원의 판결, 결정, 명령 및 심판이나 행정심판절차 그 밖의 이와 유사한 절차에 의한 의결 결정 등

⑦ 국가 또는 지방자치단체가 작성한 것으로서 제1호 또는 제3호에 규정된 편집물 또는 번역물

⑧ 사실의 전달에 불과한 시사 보도

풀이
- 보호받는 것 : ①, ②, ③
- 보호받을 수 없는 것 : ④, ⑤, ⑥, ⑦, ⑧

 저작권의 종류를 나열하고 각각을 설명하시오.

풀이 (1) 저작 인격권
- 저작물은 저작자의 정신적 창조물로서 저작자의 인격을 반영하는 것
- 공표권, 성명 표시권, 동일성 유지권
- 저작인격권은 양도와 상속이 불가능함

(2) 저작 재산권
- 저작물의 이용 허락과 그 대가를 받을 수 있는 재산적 권리
- 복제권, 공연권, 공중송신권, 전시권, 배포권, 대여권, 2차적 저작물 작성권 등
- 자유로운 양도 및 제한이 가능

(3) 저작 인접권
- 실연자, 음반제작자, 방송사업자

 저작물의 형태에 따른 저작권의 존속기간(보호기간)을 설명하시오.

풀이 저작권법 제29조 1항에 따르면 저작권은 저작자의 생존 여부가 명확하고 공표된 것에 한해서 그 저작자의 생존기간 및 사망 후 70년 동안 보호를 받는다.

저작물 형태	저작권 존속기간
저작자의 생존 여부가 명확한 공표된 저작물	공표된 때부터 70년간 존속
무명/이명 저작물	공표된 때부터 70년간 존속
공동 저작물	마지막으로 사망한 저작자의 사후 70년간 보호
업무상 저작물	공표된 때부터 70년간 존속
창작 이후 50년 이내에 공표하지 않은 저작물	공표된 때부터 70년간 존속

저작권 보호기술인 디지털 워터마킹(digital watermarking), 포렌식 워터마킹(Forensic Watermarking), 디지털 핑거프린팅(finger printing)을 설명하시오.

① 디지털 워터마킹(digital watermarking)

멀티미디어 저작물의 불법복제를 막고 저작권자 보호를 위한 디지털콘텐츠 저작권 보호기술이다. 즉, 디지털콘텐츠에 저작권자의 고유마크(fingerprint)를 추가하는 기술이다. 그림, 음악, 동영상과 같은 디지털콘텐츠에 눈으로 보고 알 수 없는 '디지털 워터마크'를 삽입함으로써 불법사용을 방지할 수 있다.

② 포렌식 워터마킹(forensic watermarking)

상영되고 있는 영화의 비디오 녹화를 통한 콘텐츠 유출을 방지하는 기술이다. 눈에 보이지는 않지만 녹화된 콘텐츠의 분석을 통해 어느 스크린에서 촬영되었는지 추적이 가능하므로 콘텐츠 유출의 경로까지 파악할 수 있다.

③ 디지털 핑거프린팅(finger printing)

사람의 지문을 디지털화한 것으로, 숨은 메시지를 디지털 시청각 자료에 삽입하며 저작물의 품질에는 영향을 미치지 않는다.

저작물 이용허락표시(CCL: Creative Commons License) 제도를 설명하시오.

CCL은 자신의 창작물에 대하여 일정한 조건에서 모든 이의 자유 이용을 허락하는 내용의 라이센스이다.

		
저작자 표시 (Attribution)	비영리 (Noncommercial)	변경금지 (No Derivative)
		
저작물 사용 허락	이차적 저작물 허락	동일조건 변경 허락 (Share Alike)

공공누리(공공저작물 자유이용허락 표시제)를 설명하시오.

풀이 CCL(Creative Commons License) 같은 자유이용 라이선스와 달리 공공저작물에 특화된 라이선스이다. 공공저작물의 자유로운 이용을 촉진할 수 있는 표준화된 이용허락제도의 도입과 유통체계 구축을 위해 도입되었다.

- 공공누리 유형

① 저작물의 출처 표시

이용자는 이용 공공저작물의 출처를 표시해야 한다. 출처 표시는 저작인격권의 하나로 인정되고 있으며, 사용한 저작물이 신뢰할 수 있는 것이라는 것을 이용자가 알 수 있도록 한다.

② 비영리 목적의 저작물에 이용

상업적 이용이 금지된 공공저작물은 영리 행위와 직간접으로 관련된 행위를 위하여 이용될 수 없다. 그러나 별도의 이용허락을 받아 공공저작물을 상업적으로 이용하는 것은 가능하다.

③ 저작물 변경 및 2차적 저작물 금지

공공저작물의 변경을 금지하도록 한다. 내용과 형식을 변경할 수 없으며, 원저작물을 번역/편곡/각색/영상제작 등을 통해 2차적 저작물을 작성하는 것도 금지 대상 행위에 포함된다.

개인정보의 침해를 정의하고, 개인정보의 생명주기를 설명하시오.

풀이 ① 개인정보 침해

당해 정보 주체와 관련된 정보가 도용, 변경, 유출, 훼손 등 오용되거나 남용됨으로써 정보 주체의 자기정보 통제권이 침해되는 것이다.

② 개인정보의 생명주기

개인정보는 수집되어 저장 및 관리, 이용 및 제공, 파기될 때까지 일종의 생명주기를 가진다. 개인정보의 침해는 각 단계에서 개별적으로 발생할 수도 있지만, 여러 단계에서 복합적으로 발생하는 경우가 대부분이다.

단계	내용
수집	• 동의 없는 개인정보 수집 및 수집 시 고지사항 불이행 • 동의 및 고지 없는 개인정보 주체 외로부터의 수집 • 법정 대리인의 동의 없이 개인정보의 수집 • 서비스 이용과 관련 없는 과도한 개인정보의 수집 • 해킹 등 불법 수단에 의한 개인정보의 수집 • 기망에 의한 개인정보의 수집
저장 및 관리	• 내부 취급자에 의한 개인정보의 유출, 훼손, 변경 등 • 외부인의 불법적 접근에 의한 개인정보 유출 및 훼손, 변경 • 사업자의 인식 부족, 과실 등으로 인한 개인정보의 공개 • 기술적, 관리적 조치 미비로 인한 개인정보 유출 • 개인정보 관련 고객의 이의제기에 대한 불응 또는 미조치
이용 및 제공	• 동의 없이 개인정보의 무단 제공 및 공유 • 수집 시에 고지한 이용목적을 넘어서는 개인정보의 이용 • 타인의 개인정보를 무단으로 이용하는 경우
파기	• 수집 및 목적 달성 후 개인정보의 미파기 • 개인정보 삭제 요구의 불응

아이핀(i-PIN : Internet Personal Identification Number)을 정의하고, 특징 및 장점을 설명하시오.

풀이 인터넷을 이용한 금융거래에서 신원을 확인하기 위한 개인 식별 수단으로 주민등록번호를 자주 이용한다. 주민등록번호는 노출되기 쉬우며, 개인의 신상정보를 포함하고 있어서 노출되었을 경우 발생하는 피해 범위가 커지며 해결이 어려운 단점이 있다.

아이핀은 개인의 신상정보를 포함하고 있지 않아 개인정보 노출로 인한 신상정보 유출 피해의 예방이 가능하다. 발급 및 폐기 과정이 간단하며, 인터넷 홈페이지 이용이 간소화되고 보안 기능이 강화될 수 있다.

정보보안의 목표인 기밀성(confidentiality), 무결성(integrity), 가용성(availability)을 설명하시오.

풀이 ① 기밀성(confidentiality)

허락되지 않은 사용자가 정보의 내용을 알 수 없도록 하는 것이다. 인가받은 사용자만이 정보에 접근할 수 있도록 하는 것이므로 비밀 보장이라고 할 수 있다.

② 무결성(integrity)

비인가자의 변경, 삭제, 생성 등으로부터 시스템을 보호하는 것이다. 즉, 허락되지 않은 사용자가 정보를 수정할 수 없도록 하는 것이다. 수신자가 정보를 수신하였을 때 그 정보가 중간에 수정되지 않았음을 확인할 수 있도록 하는 것이다.

③ 가용성(availability)

인가받은 사용자는 언제라도 시스템을 사용할 수 있어야 한다. 즉, 허락된 사용자가 정보에 접근하려 하고자 할 때 이것이 방해받지 않도록 하는 것이다. 예를 들면 서비스 거부 공격(DoS : Denial of Service)이 가용성을 해치는 공격이다.

정보보안 위협의 종류를 나열하고 간단히 설명하시오.

풀이 ① 위조 : 허위자료를 내부의 정상적인 정보자료인 것처럼 만든다.

② 변조 : 정보의 내용의 일부 또는 전부를 다른 내용으로 바꾼다.

③ 유출 : 허가되지 않은 사용자가 정보를 확인하거나, 복제 또는 외부로 내보내어 악용할 수 있도록 한다.

④ 훼손 : 내부의 정보자료, 특정 소프트웨어, 컴퓨터 운영체제를 변경하거나 파괴하여 보안에 위협이 되거나 정상 동작을 방해한다.

모바일 악성코드인 모스키토(Mosquito), 스컬스(Skulls), 컴워리어(CommWarrior)를 설명하시오.

풀이 ① 모스키토(Mosquito)

사용자 몰래 SMS 메시지를 휴대폰에 저장된 전화번호로 전송하여 고액의 서비스 이용료를 부과한다.

② 스컬스(Skulls)

감염된 단말기의 시스템 애플리케이션을 다른 파일로 교체해 단말기를 사용할 수 없게 한다.

③ 컴워리어(CommWarrior)

멀티메시징서비스(MMS)로 전파되는 최초의 모바일 웜 바이러스로, MMS에 자신의 복사본을 첨부해 단말기 주소록에 있는 모든 연락처에 발송한다.

악성코드는 컴퓨터의 정상적인 작동을 방해하기 위해 만든 악의적인 목적의 소프트웨어를 말한다. 악성코드에는 컴퓨터 바이러스, 트로이목마, 웜, 스파이웨어, 애드웨어, 하이제커 등이 있다.

(1) 컴퓨터 바이러스는 프로그램을 통해 감염되며, 실행프로그램 혹은 데이터에 손상을 입혀서 정상적인 작동을 방해한다. 이러한 바이러스의 유형을 감염 부위별로 분류하고 설명하시오.

(2) 트로이목마, 웜, 스파이웨어, 애드웨어, 하이제커를 설명하시오.

풀이 (1)

① 파일 바이러스
- 컴퓨터 시스템을 파괴하거나 작업을 지연 또는 방해하고 감염대상을 가지지 않는 악성 프로그램이다.
- 파일의 용량이 갑자기 늘어나며, 파일의 생성 날짜나 시간이 변경된다.
- 디스크의 불량 섹터가 늘어나거나 오류가 발생한다.
- 작업과 관련 없는 문자열이나 소리 등이 나타난다.

② 부트 바이러스
- 부팅이 되지 않거나 디스크를 인식하지 못할 수 있다.
- 부팅 시간이 평소보다 현저하게 오래 걸리거나, 시스템의 속도가 느려진다.

- 메모리나 디스크의 용량이 갑자기 감소한다.

③ 부트&파일 바이러스

- 부트섹터와 파일이 동시에 감염되며, 시스템에 심각한 피해를 준다.

④ 매크로 바이러스

- 마이크로소프트의 엑셀, 워드와 같이 파일 안에 매크로를 포함하고 있는 파일을 실행 또는 종료할 때 자동으로 바이러스가 실행되어 작업한 문서를 위조 또는 변조한다.

(2)

① 트로이목마(Trojan horse)

자료삭제, 정보탈취 등 사이버테러의 목적으로 사용되며, 자가 복제능력이 없는 악성 프로그램이다. 해킹 기능이 있어 인터넷을 통해 감염된 컴퓨터의 정보를 외부로 유출 하는 특징이 있다.

② 웜(Worm)

컴퓨터 시스템을 파괴하거나 작업을 지연 또는 방해하며, 감염대상을 가지지 않지만, 네트워크를 통해 스스로 전파되는 악성 프로그램이다. 빠른 전파력을 가지고 있다.

③ 스파이웨어

타인의 컴퓨터 시스템에 몰래 들어가 사용자의 동의 없이 정보를 유출시키는 악성코드 이다. 인터넷을 통해 공개 소프트웨어를 다운로드하거나 인터넷을 검색할 때 자신도 모르는 사이에 설치된다. 신용카드와 같은 금융정보, 신상정보, 패스워드 등 각종 정보 를 수집한다.

④ 애드웨어(Adware)

컴퓨터 사용 시 광고나 마케팅 목적으로 자동으로 광고를 노출시키는 프로그램이다. 무료 소프트웨어 다운로드 시 사용자의 동의하에 광고를 보는 대가로 소프트웨어 사 용을 허가한다. 동의하에 개인정보가 수집되므로 백신에서는 악성코드로 분류되지 않 는다.

⑤ 하이재킹(Hijaking)

사용자가 의도하지 않은 사이트로 실행 위치를 이동시키고 팝업창을 띄우는 악성코드 이다.

소비자를 위한 전자상거래 보호제도에는 에스크로 제도, 소비자피해보상보험계약, 채무지급 보증계약, 공제계약 등이 있다. 각 제도를 간단히 설명하시오.

풀이 ① 에스크로 제도 : 결제대금예치제도라고 하며, 3자인 에스크로 사업자가 소비자의 결제 대금을 예치하고 있다가 상품배송이 완료된 후 통신판매업자에게 대금을 지급하는 제 도이다.

② 소비자피해보상보험계약 : 통신판매업자는 소비자의 금전적 피해에 대하여 보상해 주 는 것을 내용으로 사전에 보험회사와 보험을 계약하고 지급 사유가 발생한 경우 지급 할 의무를 부여하는 제도이다.

③ 채무지급보증계약 : 통신판매업자는 소비자 피해보상금의 지급을 확보하기 위해서 금 융기관과 채무지급보증 계약을 체결한다. 이에 따라 지급사유가 발생하면 즉시 지급 하며 이를 지연할 경우 지연배상금을 지급해야 하는 의무를 부여하는 제도이다.

④ 공제계약 : 통신판매업자는 소비자 보호를 위해서 공제조합과의 공제계약을 설정할 의무를 부여하는 제도이다.

다음 내용은 수업목적의 저작물 이용과 관련된 내용이다. 아래 내용 중에서 잘못된 것을 찾아 그 근거와 함께 설명하시오.

> 초, 중등학교는 수업을 위한 목적이면 공표된 저작물 일부를 저작권자의 허락이 없이 이용할 수 있다. 저작권법 제25조 제2항에는 교육기관은 학교 수업 목적상 저작물을 일부 또는 부득이 한 경우 전부를 이용할 수 있다고 명시되었다.
> 저작물의 전송은 홈페이지 블로그 등에 업로드하여, 다른 사람들이 자료를 내려받거나 스트리 밍 방식으로 보거나 들을 수 있도록 제공하는 것을 말한다. 학교 선생님이 수업목적으로 개인 적으로 운영하는 블로그에 자료를 업로드하여 제공하는 것은 이에 해당한다.

풀이 수업목적으로 타인의 저작물을 전송할 수 있는 환경은 교육기관이 직접 운영 또는 관리하 는 인터넷 환경으로 제한한다. 따라서 마지막 문장이 잘못되었다.

다음 그림은 인터넷 중독의 진행 과정을 설명하기 위한 하위요인들 간의 모형을 나타낸 것이다. 물음에 답하시오.

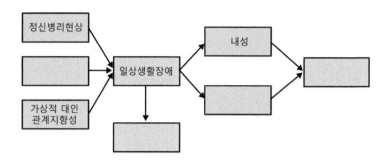

(1) 위 모형의 빈칸을 채워 완성하시오.
(2) 위 모형에 있는 하위요인 '내성'을 설명하시오.

풀이 (1) 인터넷 중독은 인터넷 사용에 대한 금단과 내성을 지니며 이로 인해 일상생활의 장애가 유발되는 것으로 정의한다.

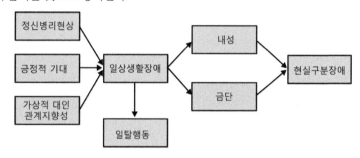

(2) 내성이란 더 많은 시간을 인터넷에 소모해야 만족하는 것으로, 인터넷에서 지속적으로 같은 시간을 소모해도 그 효과가 현저히 저하된다.

저작권의 반대 개념을 나타내는 ⓒ 마크의 명칭을 쓰고, 의미를 설명하시오.

풀이 마크의 명칭은 카피레프트(copyleft)이다. 독점적인 의미의 저작권에 반대되는 개념이며, 저작권에 기반을 둔 사용제한이 아니라 저작권을 기반으로 한 정보의 공유를 위한 방안이다. 지식과 정보는 소수에게 독점되어서는 안 되고 모든 사람에게 열려있어야 한다는 것을 강조한다.

한국형 인터넷 중독 자가진단 척도(K-척도)의 7개 하위요소를 설명하시오.

① 일상생활 장애 : 인터넷 사용으로 인한 생활기능 저하, 갈등 등의 문제 발생 정도
② 현실구분 장애 : 인터넷 사용으로 인한 현실과 가상세계 구분의 어려움 정도
③ 긍정적 기대 : 인터넷 사용에 대한 기대와 인터넷 사용으로 인한 자유감 정도
④ 금단 : 인터넷을 사용하지 못하게 되었을 때, 불안, 초조 등을 유발하는 정도
⑤ 가상적 대인관계지향성 : 인터넷을 통한 인간관계 추구 및 지향성
⑥ 일탈 행동 : 인터넷 사용으로 인한 거짓말, 약속어김, 속임 등의 경험 정도
⑦ 내성 : 점점 더 많은 시간 동안 인터넷을 사용해야만 만족감을 느끼고, 사용 조절을 실패한 경험 정도

피싱(Phishing), 스니핑(Sniffing), 스미싱(Smishing), 파밍(Pharming), 스푸핑(Spoofing)을 각각 설명하시오.

① 피싱 : 개인정보(private data)와 낚시(fishing)의 합성어이다. 금융기관을 가장한 이메일을 발송한 후 이메일에 있는 인터넷주소를 클릭하게 하여 가짜 은행사이트로 접속을 유도한다. 보안카드 번호를 전부 입력하도록 요구한 후 금융정보를 탈취하여 범행계좌로 이체시킨다.
② 스니핑 : 네트워크의 중간에서 남의 패킷 정보를 도청하는 해킹 방법이다. 수동적 공격에 해당하며, 도청할 수 있도록 설치되는 도구를 스니퍼(Sniffer)라고 한다.
③ 스미싱 : 문자메시지(SMS)와 피싱(phishing)의 합성어이다. '무료쿠폰 제공'과 같은 문자메시지에 포함된 URL을 클릭하면 악성코드가 스마트폰에 설치된다. 그 결과 사용자가 모르는 사이에 소액결제 피해가 발생하거나 개인정보가 유출된다.
④ 파밍 : 악성코드에 감염된 사용자 컴퓨터를 조작하여 금융정보를 빼내는 금융사기의 범행 수단이다. 컴퓨터를 악성코드로 감염시킨 후 피싱(가짜) 사이트로 유도하여 범행계좌로 이체 등 금융정보 입력을 요구한다.
⑤ 스푸핑 : 의도적인 행위를 위해 타인의 신분으로 위장하는 것으로 MAC 주소, IP 주소, 포트, 이메일 주소 등을 이용한다.

악성코드의 하나인 랜섬웨어(Ransomware)를 설명하시오.

사용자 컴퓨터에 저장된 문서, 그림 파일 등을 암호화해 열지 못하도록 만들어 두고, 해커가 사용자에게 전자우편 주소 등으로 접촉해 돈을 보내주면 해독용 열쇠 프로그램을 전송해 준다며 금품을 요구하는 사이버 범죄이다. 이는 인증된 개체가 정보에 대해 접근하지 못하고 있으므로 3가지 보안목표인 기밀성, 무결성, 가용성 중에서 가용성을 위협한 것이다.

인터넷 역기능과 관련된 용어인 인포데믹스(Infodemics)와 네카시즘(Netcarthism)을 설명하시오.

① 인포데믹스는 정보(information)와 전염병(epidemics)의 합성어이다. 부정확한 정보나 루머들이 인터넷을 통해 전염병처럼 빠르게 전파됨으로써 사생활 침해는 물론 경제, 정치, 안보 등에 치명적인 영향을 미치는 것을 말한다.
② 네카시즘은 네티즌(Netizen)과 매카시즘(McCarthyism)의 합성어로 마녀사냥이라고도 한다. 루머의 진위여부와 상관없이 익명성을 이용해 인터넷상에서 무차별적으로 악성 댓글과 신상 털기로 루머의 대상을 공격하는 사이버 폭력이다.

4.2 소프트웨어공학

다음은 두 가지의 소프트웨어 개발 모형을 비교한 것이다. 물음에 답하시오.

모형 ⊙	하향식 수명주기 방법으로, 소프트웨어 생명주기라고도 불린다. 각 단계의 결과가 확인된 후에야 다음 단계로 넘어가고, 다시 수정하도록 전 단계로 돌아가는 피드백이 있다. 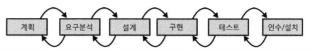

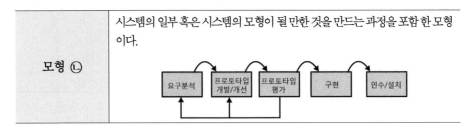

모형 ⓛ	시스템의 일부 혹은 시스템의 모형이 될 만한 것을 만드는 과정을 포함한 모형이다.

(1) 모형 ㉠과 모형 ⓛ의 이름은 무엇인가?

(2) ㉠ 모형의 각 단계별 결과물을 순서대로 나열하시오.

(3) ㉠ 모형의 장단점을 각각 2가지씩 쓰시오.

(4) ⓛ 모형은 ㉠ 모형의 단점을 일부 보완하였다. 이를 설명하시오.

 (1) ㉠ 폭포수 모형 ⓛ 프로토타이핑 모형

(2) 계획서, 요구분석서, 구조설계서(상세설계서), 프로그램, 통합된 프로그램, 설치된 소프트웨어

(3) 장점 : 단순하고 파이프라이닝이 가능하며, 위험하고 장기적인 프로젝트에 적합하다.
   단점 : 아래쪽 단계가 지연될 수 있고, 각 단계와 일정이 엄격하여 요구 변경을 수용하기가 어렵다.

(4) 모형 ㉠은 각 단계가 엄격하여 요구사항을 수용하기가 어렵지만 모형 ⓛ은 프로토타입을 구현하여 의뢰인의 요구사항을 정확하게 파악하고 구현할 수 있다.

소프트웨어 개발 모형의 하나인 나선형 모형의 단계를 나열하고, 장단점을 설명하시오.

풀이　① 계획 수립 : 목표, 기능 선택, 제약조건의 결정

② 위험 분석 : 기능 선택의 우선순위, 위험요소 분석

③ 개발 : 선택된 기능의 개발

④ 평가 : 개발 결과의 평가

• 장점 : 소프트웨어의 기능을 나누어 점증적으로 개발함으로써 실패의 위험을 줄일 수 있다. 그리고 테스트가 쉽고 피드백을 제공한다.

• 단점 : 초기에 위험을 발견하지 못하는 경우 실패할 가능성이 크다.

소프트웨어 개발 프로세스와 방법론에 관한 물음에 답하시오.

(1) 애자일(Agile) 프로세스의 특징을 설명하시오.
(2) 애자일 방법론 3가지를 쓰고 각각을 설명하시오.

풀이 (1)

① 절차와 도구보다 개인의 소통을 중요하게 취급한다.
② 문서의 품질보다 실행되는 소프트웨어에 더 가치를 둔다.
③ 계약 절충보다 고객 협력을 더 중요하게 여긴다.
④ 계획에 따른 실행보다 변경에 잘 대응하는 것을 중요하게 여긴다.

(2)

① 익스트림 프로그래밍(eXtreme programming)

소규모 개발 조직이 불확실하고 변경이 많은 요구를 접하였을 때 적절한 방법이다. 이 방법은 탐구, 계획, 반복, 제품화, 유지보수, 종료의 단계로 구성된다.

② 스크럼(scrum)

소프트웨어 개발팀이 개발을 연습하고 능력을 향상시킬 수 있는 프레임워크이다. 이 방법은 소프트웨어 개발자들의 팀 구성, 팀 구성원의 역할, 시간의 틀, 결과물, 스크럼 규칙으로 구성된다. 예측을 정확히 할 수 있고 위험을 관리할 수 있는 반복적이며 점증적인 접근 방법이다.

③ 기능 중심 개발

이 방법은 목표 지향적인 시스템에 적합하며, 전체 모델개발, 기능 리스트 구축, 기능 단위의 계획 단계를 한 번 수행한다. 이어서 기능 단위의 설계, 구축, 설치 단계를 반복 수행한다.

소프트웨어 요구분석에 관한 물음에 답하시오.

(1) 소프트웨어 요구분석 단계의 작업을 순서대로 나열하고 설명하시오.
(2) 요구분석 명세서의 평가 기준을 나열하고 설명하시오.

풀이 **(1)**

① 요구 추출

계획 단계에 정의한 문제의 범위 안에 있는 사용자의 요구를 찾는다.

② 도메인 분석

문제 영역 안에 있는 중요한 사항들을 인식하기 위하여 정보를 수집하고 배경을 분석한다.

③ 모델링

도메인 분석을 통하여 찾아낸 중요한 개념, 특성, 관계에 대하여 개념화한다.

④ 프로토타이핑과 테스트

분석된 기능적 요구의 타당성을 테스트하기 위하여 프로토타입을 만든다.

⑤ 문서화 작업

요구 분석서를 작성하는 단계이다.

(2)

① 무결성(완벽성)

사용자의 요구를 오류 없이 완벽하게 반영하고 있어야 한다.

② 일관성

요구 분석서 안에 서로 모순되는 부분이 없어야 한다.

③ 명확성

요구분석의 내용이 여러 의미로 해석되는 모호한 점이 없도록 간결하게 써야 한다.

④ 기능성

요구분석 명세서가 '어떻게'보다 '무엇을'에 관점을 두고 기술되어야 한다.

⑤ 검증 가능성

요구분석이 사용자의 요구를 충족시키는지, 개발된 시스템이 요구분석에 기술된 내용과 일치하는지를 검증할 수 있어야 한다.

⑥ 추적 가능성 및 변경 용이성

내용은 체계적으로 정리되어야 하며, 이후에 작성할 문서에서 인용하거나 내용을 변경할 수 있도록 찾기 쉽게 해야 한다.

객체지향 모델의 표현 방식인 UML(Unified Modeling Language)에 관한 물음에 답하시오.

(1) UML을 이용한 시스템 모델링을 기능적, 구조적, 동적 모델 관점에서 각각 설명하시오.
(2) 도서 대여점의 대여 기능을 클래스 다이어그램으로 나타내고, 클래스와 클래스 사이의 관계를 설명하시오.
(3) 도서 대여점의 대여 기능을 시퀀스 다이어그램으로 나타내고, 객체와 메시지 호출을 설명하시오.

풀이 (1)

① 기능적 모델 관점

사용자 관점에서 시스템의 기능을 나타내며, 주로 요구분석 단계에서 사용하는 사례 다이어그램으로 표현한다.

② 정적(구조적) 모델 관점

시간 개념을 포함하지 않으며, 시스템의 구조적 측면을 나타낸다. 객체, 클래스, 속성, 연관 관계, 오퍼레이션, 패키지, 컴포넌트 등을 기초로 시스템의 구조를 나타낸다. 클래스 다이어그램, 패키지 다이어그램, 배치 다이어그램 등이 있다.

③ 동적 모델 관점

시간 개념이 있는 동적 모델은 특정한 시각에 시스템의 내부 동작을 나타낸다. 시퀀스 다이어그램, 상태 다이어그램, 액티비티 다이어그램 등이 있다.

(2) ① 클래스 다이어그램

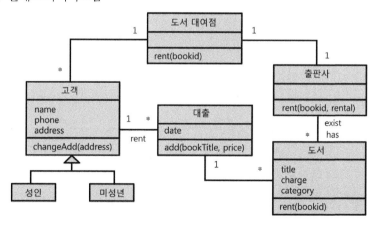

② 클래스와 클래스 간의 관계
• 클래스 다이어그램은 클래스, 속성, 연산, 연관 관계, 집합 관계 등을 표현한다.

- 클래스를 연결하는 선 위의 숫자는 연관 관계에 포함되는 객체의 수를 나타낸다.
- 도서 객체는 대출, 고객, 출판사 객체와 연관을 맺고 있다.
- 대출 객체는 여러 권의 책과 연계되며, 한 번에 다수의 책을 빌릴 수 있다.
- 도서 클래스의 속성에는 title, charge, category가 있으며, 연산에는 rent가 있다.
- 고객 클래스의 속성에는 name, phone, address가 있으며, 연산에는 changeAdd가 있다. 하위 클래스는 성인, 미성년이 있다.
- 대출 클래스는 도서와 고객 클래스를 연결하는 연관 클래스이다. 속성에는 date가 있고, 연산에는 add가 있다.

(3) ① 시퀀스 다이어그램

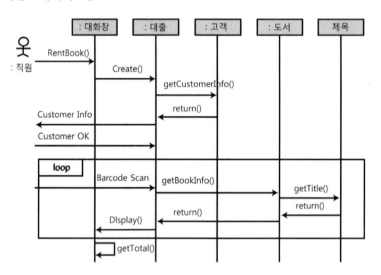

② 객체와 이벤트

- 도서 대출을 위해 대출 담당자는 대출을 위한 메뉴를 선택한다.
- 대화창 객체는 입출력될 자료를 나타낼 창을 만들고 대출 객체를 생성한다.
- 대출 객체는 대출한 도서와 대출자에 대한 정보를 기록한다. 이 객체는 대출자 정보를 알아내기 위해 고객 객체에게 메시지를 전송하여 대출자 정보를 요구한다.
- 대출자 정보가 확인되면 바코드를 스캔하여 해당하는 도서를 찾은 후 도서에 대한 자세한 정보를 제목 클래스에 요청한다.
- 대출하는 도서가 더 있으면 직전 단계를 반복하고, 없으면 대출 객체가 정보를 저장한 후 대화창 객체에게 보여주도록 요청한다.
- 대화창 객체는 대출이 정상적으로 끝난 것을 확인하며, 이후 모든 이벤트가 종료된다.

소프트웨어 유지보수(maintenance)에 관한 물음에 답하시오.

(1) 소프트웨어 유지보수 작업에 포함되는 기본 작업을 설명하시오.

(2) 소프트웨어 유지보수 모델을 설명하시오.

(3) IEEE에 따른 소프트웨어 유지보수의 종류를 설명하시오.

풀이 **(1)**

① 프로그램 이해

유지보수를 담당하는 소프트웨어 엔지니어는 변경하기 전에 프로그램을 이해해야 한다.

② 변경 파악과 분석

필요한 변경을 파악하고 그 영향도와 소요 비용, 변경에 의한 위험요소를 분석하는 것이다.

③ 형상 변경 관리

시스템 컴포넌트에 가해진 변경은 다른 컴포넌트에도 영향을 줄 수 있으므로 영향을 받는 컴포넌트 담당 엔지니어도 의사결정에 참여해야 한다.

④ 변경 구현, 테스트, 설치

변경이 승인되면 구현으로부터 설계를 복구하거나 설계를 변경할 수 있다. 변경을 반영하여 시스템을 수정한 후 테스트를 시행하고, 문제가 없으면 시스템을 운영환경에 설치한다.

(2)

① 즉시 수정 모델

문제가 발생할 것에 대비하여 기다리다가 가능하면 빨리 문제를 해결하는 방식이다.

② 반복적 개선 모델

소프트웨어에 대한 변경이 전체 생명주기 단계에 반복적으로 일어나 시스템이 계속 개선된다는 전제에 기초를 두고 있다.

③ 재사용 중심 모델

유지보수 작업을 프로그램 컴포넌트의 재사용이라고 보며, 컴포넌트를 분류하고 변경을 가능하게 하는 프레임워크가 필요하다.

(3)

① 교정형(corrective) 유지보수

소프트웨어 설치 후에 발견된 결함을 고치기 위해 실시하는 소프트웨어의 반사적 수정이며, 계획적인 유지보수 작업이다.

② 적응형(adaptive) 유지보수

소프트웨어 설치 후에 변경된 환경에서도 계속 사용할 수 있도록 실시하는 소프트웨어의 변경이다.

③ 완전형(perfective) 유지보수

소프트웨어 설치 후에 성능이나 유지보수 부담을 개선하기 위해 실시하는 소프트웨어의 변경이다.

④ 응급형(emergency) 유지보수

시스템이 계속 가동될 수 있도록 실시하는 무계획적인 교정형 유지보수이다.

리팩토링(refactoring)에 관한 물음에 답하시오.

(1) 리팩토링을 정의하시오.

(2) 리팩토링을 하는 목적 4가지를 쓰시오.

(3) 코드 스멜(code smell)에 해당하는 메시지 체인과 데이터 클래스에 대한 리팩토링 방법을 각각 설명하시오.

풀이 (1) 리팩토링은 결과의 변경 없이 코드의 구조를 다시 조정하는 것이다. 가독성을 높이고 유지보수가 쉽도록 버그를 없애거나 새로운 기능을 추가하는 행위이다.

(2)

• 소프트웨어의 디자인을 개선한다.

• 소프트웨어를 이해하기 쉽게 한다.

• 프로그램의 버그를 찾는 데 도움을 준다.

• 프로그램 작성을 빠르게 할 수 있게 도와준다.

(3)

• 메시지 체인 : 특정 객체를 사용하기 위해 많은 클래스를 거치지 않고 직접 사용할 수 있도록 한다.

• 데이터 클래스 : 특정 클래스의 데이터를 주로 사용하는 다른 클래스의 메소드를 내부로 가져온다.

테스트에 관한 물음에 답하시오.

(1) 사용자 인터페이스 테스트에서 발견하고자 하는 결함을 나열하고 설명하시오.
(2) 테스트 케이스 생성 도구를 나열하고 설명하시오.

풀이 (1)

① 사용자 인터페이스 : 일관성, 정확도, 복잡도, 대화창 등에 대한 결함을 검사한다.

② 데이터 입출력 표현 : 입력 데이터 양식과 출력 표현에 관한 것으로 시스템이 정확한 입출력 데이터와 형식을 사용하는지 검사한다.

③ 액터와 시스템 사이의 동작 : 액터와 시스템 사이의 상호작용을 설계대로 구현하는지 검사한다.

④ 오류 처리 : 시스템 또는 사용자에 의해 발생되는 오류와 관련된 것으로, 오류 미처리, 부정확, 부적절 등에 대한 결함을 검사한다.

(2)

① 자료 흐름도 : 원시 프로그램을 입력받아 파싱한 후 자료 흐름도를 작성하여 define-use 관계를 찾아낸다.

② 기능 테스트 방법 : 주어진 기능을 구동시키는 모든 가능한 상태를 파악하여 이에 대한 입력을 작성한다.

③ 입력 도메인 분석 : 입력 변수가 가질 수 있는 값의 도메인을 분석하여 테스트 데이터를 만든다.

④ 랜덤 테스트 : 입력 값을 무작위로 추출하여 테스트하는 도구이며, 주로 시스템의 신뢰성 분석에 사용된다.

소프트웨어 개발팀을 구성하는 방법인 에고레스(Egoless) 팀구성, 책임 프로그래머 팀구성, 계층적 팀구성을 설명하시오.

풀이 ① 에고레스 팀구성

민주주의 방식으로 의사결정을 하며 모든 일을 공동의 일로 간주한다. 팀 구성원 각자가 서로의 일을 검토하고 다른 구성원이 작업한 결과에 대하여 같은 그룹의 일원으로 책임을 진다.

② 책임 프로그래머 팀구성

　소프트웨어 개발팀을 중앙 집권적으로 관리하는 방법으로, 프로그래머들은 책임 프로그래머의 지시로 프로그래밍을 한다. 책임 프로그래머는 요구분석과 설계, 중요한 부분의 프로그래밍 및 기술적 판단을 내린다.

③ 계층적 팀구성

　책임 프로그래머 방식과 에고레스 방식의 단점을 보완한 혼합 형태이다. 팀 구성원 모두를 동등하게 보지만 경험자와 초보자를 구별한다. 경험이 있는 엔지니어는 초보 엔지니어에게 지시한다.

테스팅의 유형인 블랙박스 테스팅과 화이트 테스팅을 설명하시오.

풀이　① 블랙박스 테스팅 : 테스트 엔지니어는 시스템에 제공할 수 있는 입력과 시스템이 도출해야 하는 출력이 무엇인지만을 안다. 테스트 방법으로 동치분해, 경계값 분석, 원인-결과 그래프가 있다.

② 화이트 테스팅 : 모듈 안의 작동을 자세히 관찰하고 구현한 프로그램의 내부 구조를 다룬다. 테스트 방법으로는 논리흐름 표현, 기본경로 테스팅, 싸이클로매틱 복잡도가 있다.

소프트웨어공학 관점에서 위험 관리를 설명하고, 위험의 범주 3가지를 제시하시오.

풀이　위험 관리는 프로젝트 추진 과정에서 예상되는 각종 돌발 상황을 예상하고 이에 대한 적절한 대책을 수립하는 일련의 활동이다.

① 프로젝트 위험 : 프로젝트 계획을 위협하는 것으로, 이로 인해 일정과 비용이 증가하게 된다.

② 기술 위험 : 소프트웨어의 품질이나 시기를 위협하는 것으로, 이로 인해 구현하기 어려워지거나 불가능해진다.

③ 비즈니스 위험 : 소프트웨어의 생존 가능성을 위협하는 것으로, 이로 인해 원하지 않는 제품이나 전략과 다른 제품을 개발하게 된다.

소프트웨어 품질의 속성을 나열하고 설명하시오.

① 가능성 : 소프트웨어가 사용될 때 이미 결정된 기능을 제공하는 능력이다.

② 신뢰성 : 소프트웨어가 정해진 수준의 성능을 유지할 수 있는 능력이다.

③ 사용 용이성 : 쉽게 이해되고 배울 수 있고 사용될 수 있는 능력이다.

④ 효율성 : 사용되는 자원의 양에 따라 적절한 성능을 제공할 수 있는 능력이다.

⑤ 유지보수성 : 정정, 개선, 적응시킬 목적으로 수정될 수 있는 능력이다.

⑥ 이식성 : 별도의 작동이나 수단 없이 다양한 환경에서 실행될 수 있는 능력이다.

CHAPTER 5

컴퓨터(정보) 교과교육학

※ 컴퓨터(정보)교육론 과목의 평가 영역 및 평가 내용 요소

평가 영역	평가 내용 요소
정보(컴퓨터) 교육의 본질	교육의 필요성 및 역할
	교과 역량의 분류와 정의
정보(컴퓨터) 교육과정	교육과정의 변천
	성격
	목표
	내용
	교수학습 및 평가의 방향
정보(컴퓨터) 교수·학습 방법	교수·학습 이론 및 실제
	교수·학습 방법의 유형 및 특성
	교과 역량별 교수·학습 방법 및 유의사항
정보(컴퓨터) 평가 방법	평가 방법의 유형 및 특성
	평가 활용 방안
	교과 역량별 평가 방법 및 유의사항
정보(컴퓨터) 교육 환경	교육 환경 특성
	교육환경 구성 및 수업 설계
	교구의 종류 및 특성
	교구 선택 및 활용 방안
	교재의 종류 및 특성
	교재 선택 및 활용 방안
정보윤리교육	정보사회의 특성 이해와 정보윤리의 필요성
	개인정보와 정보보호
	저작권 보호 및 활용
	사이버 문화와 공동체의 이해
	사이버 윤리의 이해와 실천

※ 정보 · 컴퓨터 임용고사 교과교육학 기출문항의 내용

학년도	문항 내용	학교급
2017	정보과 교육과정의 내용 체계	중/고
	교과용 도서의 종류	중/고
	수업자료 관련 저작권 - CCL	중
	교육과정의 내용 체계와 내용 요소	중/고
	정보과 교육과정에서 지도상의 유의 사항	중
	교수학습 지도안에서 협동학습에 대한 교수학습 활동 작성	중
	정보과 교육과정의 성취기준, 평가방법 및 유의사항 - 평가기준 설정이 필요한 이유, 성취기준에 대한 평가기준 설정, 컴퓨팅 사고력 신장	중
2018	평가도구 개발 및 적용 - 채점 기준표	고
	순서도 적용에 대한 과제 평가 및 피드백	중
	정보과 교육과정 변화 - 내용체계	중
	실습수업 교수학습 방법	고
	2015 개정 교육과정 총론 및 정보과 교육과정 - 정보과 교육과정 변화, 교과역량 하위요소, 정보교육 강화 방안	중/고
2019	교육과정의 내용 체계	
	교육과정의 성격 - 수업활동	중
	추상화, 알고리즘, 프로그래밍 연계 학습활동	고
	교육과정의 교수·학습 방법 및 유의사항(중), 교수·학습 및 평가의 방향(고)	중/고
	교수·학습 지도안과 관찰평가 채점 기준표, 활동지를 활용한 평가 및 피드백	중
	교육과정의 내용 체계, 성취기준, 교과역량 - 교육과정 재구성, 학습주제에 맞는 학습경험 제시, 정보과 교육역량	중
2020	중학교 정보과 교육과정의 내용체계에 따른 영역 기술	중
	중학교 정보과 교육과정의 성취기준 및 교수학습 활동	중
	고등학교 교수학습 방법의 명칭 및 특성	고
	중학교 정보과 핵심역량 및 하위 능력	중
	고등학교 성취기준 및 저작권	고
	중학교 평가 기준	중
	중학교 핵심 개념	중
2021	중학교 정보 교육과정 내용 요소, 수업방법(협동학습, 브레인스토밍)	중
	중학교 정보 교육과정 영역, 교수학습 방법, 피드백	중
	저작권 보호 조치, 저작물 이용 허락 표시(CCL)	중/고
	교육과정 총론(정보 과목의 교과(군))	중/고

	가네 9단계 수업, 켈러 학습 동기 이론	중/고
2022	정보 교육과정(인공지능 기초)	고
	알고리즘 평가기준 및 성취기준	고
	인공지능 기초 과목의 수업 내용	고
	교육과정 재구성(컴퓨팅 시스템, 프로그래밍)	중
	정보과 교육과정의 변화	중/고
	프로그래밍 시범실습 수업(켈러)	고
	프로그래밍 수업 설계(페퍼트의 구성주의)	중
	프로그래밍 영역 수업에 대한 평가와 피드백	고
2023	정보 교과의 성격	중/고
	인공지능 기초 과목의 핵심개념 및 교수·학습 방법	고
	인공지능 기초 과목의 내용 요소 및 성취기준	고
	정보과 교육과정의 내용 요소 및 성취기준	중
	정보 교육과정에서 정보문화 영역의 성취기준	고
	정보 과목의 수업 평가	중
	인공지능 기초 과목의 성취기준	고
	정보 교육과정에서 내용 체계의 영역 및 성취기준	고

5.1 2015 개정 교육과정

5.1.1 교육과정의 이해

다음은 교육과정에 관련된 설명이다. ㉠~㉢에 들어갈 내용을 쓰시오.

우리나라의 교육과정은 2007년 이후 2007 개정 교육과정, 2009 개정 교육과정, 2015 개정 교육과정, 2022 개정 교육과정으로 변화되었다. 교육과정에 대한 자세한 내용은 ㉠ 홈페이지인 ncic.go.kr에서 확인할 수 있다. 2015 개정 교육과정에 따른 초·중등학교 교육과정 총론은 교육부 고시 ㉡에 나타나 있으며, 정보과 교육과정은 교육부 고시 ㉢에 제시되어 있다.

풀이 ㉠ 국가교육과정정보센터

㉡ 제2015-74호 [별책 1]

㉢ 제2015-74호 [별책 10]

〈참조〉

2015 개정 교육과정에서 교육과정 총론, 중등학교 교육과정, 정보 교과 관련 교육과정에 대한 교육부 고시 자료는 다음과 같다.

별책 1 : 초·중등학교 교육과정 총론   별책 3 : 중학교 교육과정

별책 4 : 고등학교 교육과정   별책 10 : 실과(기술·가정)/정보과 교육과정

별책 20 : 과학 계열 전문교과 교육과정   별책 36 : 정보·통신 교육과정

다음은 2015 개정 교육과정의 초·중등학교 교육과정 총론(교육부 고시 제2015-74호)에 수록된 중학교 편제이다. ㉠, ㉡에 들어갈 내용을 쓰시오.

- 중학교 교육과정은 교과(군)와 창의적 체험활동으로 편성한다.
- 교과(군)는 국어, 사회(역사 포함)/도덕, 수학, ㉠, 체육, 예술(음악/미술), 영어, 선택으로 한다.
- 선택 교과는 한문, 환경, 생활 외국어(독일어, 프랑스어, 스페인어, 중국어, 일본어, 러시아어, 아랍어, 베트남어), 보건, 진로와 직업 등의 과목으로 한다.
- 창의적 체험활동은 ㉡으로 한다.

풀이   ㉠ 과학/기술·가정/정보

㉡ 자율 활동, 동아리 활동, 봉사 활동, 진로 활동

다음 표는 2015 개정 교육과정의 초·중등학교 교육과정 총론(교육부 고시 제2015-74호)에 수록된 중학교 시간 배당 기준이다. ㉠~㉤에 들어갈 내용을 쓰시오.

출처: 교육부 고시 제2015-74호

구분		1~3학년
교과(군)	국어	442
	사회(역사 포함)/도덕	510
	수학	374
	㉠	㉡
	체육	272
	예술(음악/미술)	272
	영어	340
	선택	170
	소계	3,060
창의적 체험활동		306
총 수업 시간 수		3,366

① 표에서 1시간 수업은 ㉢분을 원칙으로 하되, 기후 및 계절, 학생의 발달 정도, 학습 내용의 성격, 학교 실정 등을 고려하여 탄력적으로 편성·운영할 수 있다.
② 학년군 및 교과(군)별 시간 배당은 연간 ㉣주를 기준으로 한 3년간의 기준 수업 시수를 나타낸 것이다.
③ 총 수업 시간 수는 3년간의 최소 수업 시수를 나타낸 것이다.
④ 정보 과목은 ㉤시간을 기준으로 편성·운영한다.

풀이 ㉠ 과학/기술·가정/정보

㉡ 680

㉢ 45

㉣ 34

㉤ 34

다음은 2015 개정 교육과정의 초·중등학교 교육과정 총론(교육부 고시 제2015-74호)에 수록된 고등학교 편제이다. ㉠~㉢에 들어갈 내용을 쓰시오.

> – 고등학교 교육과정은 교과(군)와 창의적 체험활동으로 편성한다.
> – 교과는 보통 교과와 전문 교과로 한다.
>
> ○ 보통 교과
> ㉮ 보통 교과의 영역은 기초, 탐구, 체육·예술, 생활·교양으로 구성하며, 교과(군)는 국어, 수학, 영어, 한국사, 사회(역사/도덕 포함), 과학, 체육, 예술, 기술·가정/제2외국어/한문/교양으로 한다.
> ㉯ 보통 교과는 공통 과목과 선택 과목으로 구분한다. 공통 과목은 국어, 수학, 영어, 한국사, 통합사회, 통합과학(과학탐구실험 포함)으로 하며, 선택 과목은 ㉠으로 구분한다
> ○ 전문 교과
> ㉮ 전문 교과는 전문 교과 I 과 전문 교과 II로 구분한다.
> ㉯ 전문 교과 I 은 과학, 체육, 예술, 외국어, 국제 계열에 관한 과목으로 한다.
> ㉰ 전문 교과 II는 ㉡에 따라 경영·금융, 보건·복지, 디자인·문화콘텐츠, 미용·관광·레저, 음식 조리, 건설, 기계, 재료, 화학 공업, 섬유·의류, 전기·전자, 정보·통신, 식품 가공, 인쇄·출판·공예, 환경·안전, 농림·수산해양, 선박 운항 등에 관한 과목으로 한다. 전문 교과 II의 과목은 전문 공통 과목, 기초 과목, 실무 과목으로 구분한다.
>
> – 창의적 체험활동은 ㉢으로 한다.

풀이　㉠ 일반 선택 과목과 진로 선택 과목

　　　㉡ 국가직무능력표준(NCS, National Competency Standards)

　　　㉢ 자율 활동, 동아리 활동, 봉사 활동, 진로 활동

다음 표는 2015 개정 교육과정의 초·중등학교 교육과정 총론(교육부 고시 제2015-74호)에 수록된 고등학교 단위 배당 기준의 일부이다. ㉠~㉤에 들어갈 내용을 쓰시오.

출처: 교육부 고시 제2015-74호

구분	교과 영역	교과(군)	공통 과목(단위)	필수 이수 단위	자율 편성 단위
교과 (군)	기초	국어	국어(8)	10	학생의 적성과 진로를 고려하 여 편성
		수학	수학(8)	10	
		영어	영어(8)	10	
		한국사	한국사(6)	6	
	탐구	사회 (역사/도덕 포함)	통합사회(8)	10	
		과학	통합과학(8) 과학탐구실험(2)	12	
	체육·예술	체육		10	
		예술		10	
	㉠	㉡		㉢	
	소계			94	86
창의적 체험활동					24(408시간)
총 이수 단위					204

① 1단위는 ㉣분을 기준으로 하여 ㉤회를 이수하는 수업량이다.
② 1시간의 수업은 50분을 원칙으로 하되, 기후 및 계절, 학생의 발달 정도, 학습 내용의 성격, 학교 실정 등을 고려하여 탄력적으로 편성·운영할 수 있다.

풀이 ㉠ 생활·교양

㉡ 기술·가정/제2외국어/한문/교양

㉢ 16

㉣ 50

㉤ 17

다음 표는 2015 개정 교육과정의 초·중등학교 교육과정 총론(교육부 고시 제2015-74호)에 수록된 고등학교 보통 교과의 교과 영역, 교과(군), 공통 과목, 선택 과목을 나타낸 것이다. 물음에 답하시오.

출처: 교육부 고시 제2015-74호

교과 영역	교과(군)	공통 과목	선택 과목		
			일반 선택	( )	
기초	국어	국어	화법과 작문, 독서, 언어와 매체, 문학	실용 국어, 심화 국어, 고전 읽기	
	수학	수학	수학Ⅰ, 수학Ⅱ, 미적분, 확률과 통계	실용 수학, 기하, 경제 수학, 수학과제 탐구	
	영어	영어	영어 회화, 영어Ⅰ, 영어 독해와 작문, 영어Ⅱ	실용 영어, 영어권 문화, 진로 영어, 영미문학 읽기	
	한국사	한국사			
탐구	사회 (역사/도덕 포함)	통합사회	한국지리, 세계지리, 세계사, 동아시아사, 경제, 정치와 법, 사회·문화, 생활과 윤리, 윤리와 사상	여행지리, 사회문제 탐구, 고전과 윤리	
	과학	통합과학 과학탐구 실험	물리학Ⅰ, 화학Ⅰ, 생명과학Ⅰ, 지구과학Ⅰ	물리학Ⅱ, 화학Ⅱ, 생명과학Ⅱ, 지구과학Ⅱ, 과학사, 생활과 과학, 융합과학	
체육 예술	체육		체육, 운동과 건강	스포츠 생활, 체육 탐구	
	예술		음악, 미술, 연극	음악 연주, 음악 감상과 비평 미술 창작, 미술 감상과 비평	
㉠	㉡	㉢		농업 생명 과학, 공학 일반, 창의 경영, 해양 문화와 기술, 가정과학, 지식 재산일반	
	제2외국어		독일어Ⅰ, 프랑스어Ⅰ, 스페인어Ⅰ, 중국어Ⅰ	일본어Ⅰ, 러시아어Ⅰ, 아랍어Ⅰ, 베트남어Ⅰ	독일어Ⅱ, 프랑스어Ⅱ, 스페인어Ⅱ, 중국어Ⅱ
	한문		한문Ⅰ		일본어Ⅱ, 러시아어Ⅱ, 아랍어Ⅱ, 베트남어Ⅱ
	교양		철학, 논리학, 심리학, 교육학, 종교학, 진로와 직업, 보건, 환경, 실용 경제, 논술		

① 선택 과목의 기본 단위 수는 ㉣단위이다.
② 교양 교과목을 제외한 일반 선택 과목은 2단위 범위 내에서 증감하여 편성·운영할 수 있다.

…

(1) ㉠~㉣에 들어갈 내용을 쓰시오.

(2) 위 표를 참조하여 아래 ㉠~㉢에 들어갈 내용을 쓰시오.

> 고등학교 교과목은 1학년 대상의 '공통 과목'과 2~3학년 대상의 '선택 과목'으로 분류된다. 선택 과목은 다시 '일반 선택' 과목과 ㉠ 과목으로 분류된다.
> 교육부는 인공지능 수요에 부응하기 위해 교육과정을 개정하고 2021학년도 신입생부터 고등학교 보통교과의 ㉠ 과목으로 '인공지능 수학'과 ㉡를 적용할 수 있도록 하였다.
> '인공지능 수학'은 수학 교과에 추가되며, ㉡ 과목은 ㉢ 교과에 추가된다.

풀이 (1) ㉠ 생활·교양

　　 ㉡ 기술·가정

　　 ㉢ 기술·가정, 정보

　　 ㉣ 5

(2) ㉠ 진로 선택

　　 ㉡ 인공지능 기초

　　 ㉢ 기술·가정

2015 개정 교육과정의 초·중등학교 교육과정 총론(교육부 고시 제2015-74호)에서는 다음과 같은 교과 교육과정 개선의 방향이 제시되었다. ㉠, ㉡에 들어갈 내용을 쓰시오.

- 창의 융합형 인재 양성을 위한 교과 교육과정을 개발한다.
- ㉠
- ㉡
- 교과 교육과정의 리더십을 확보한다.
- 범교과 학습 주제를 포함한 교과 교육과정을 개발한다.

풀이 ㉠ 핵심역량을 반영한 교과 교육과정을 개발한다.

　　 ㉡ 학생 중심 교육과정을 개발한다.

다음은 정보 교과 관련 서로 다른 교육과정의 특징을 비교한 것이다. ㉠~㉣에 들어갈 내용을 쓰시오.

교육과정	특징
2007 개정	• 단위 학교의 교육과정 편성·운영 자율권 확대 • ㉠ 도입
2009 개정	• ㉡ 도입
2015 개정	• 공교육 정상화를 목표로 창의융합형 인재 양성을 목표로 설정 • 학교 교육 전 과정에서 학생들의 핵심역량 육성을 강조 • 중학교에 ㉢ 운영 • ㉣ 강화 • 고등학교는 공통과목과 선택과목(일반선택/진로선택) 개설 • 특성화고는 국가직무능력표준(NCS) 연계 강화
2022 개정	• 자기 주도성, 창의와 혁신, 포용성과 시민성을 강조 • 중학교의 자유학기(1학년) 편성 영역 및 운영 시간을 적정화함 • 고등학교 교육과정을 학점 기반 ㉤으로 명시함 • 고등학교 교과를 공통과목과 선택과목으로 분류하고, 선택과목의 종류를 ㉥으로 재구조화함 • 정보 교과는 초중학교 정보 과목의 수업 시수를 확대하여 교육과정을 재구조화함

풀이 ㉠ 교과 집중이수제

㉡ 교과군과 학년군

㉢ 자유학기제

㉣ 소프트웨어 교육

㉤ 선택 교육과정

㉥ 일반 선택과목, 진로 선택과목, 융합선택과목

5.1.2 정보 교과 교육과정

2015 개정 교육과정 및 NCS 기반 고교직업교육과정 도입에 따라 중등학교 교사자격 표시과목 및 세부이수 기준이 개정되었다. 다음 표는 표시과목이 정보·컴퓨터(Informatics & Computer) 인 교과의 기본이수과목(또는 영역)을 나타낸 것이다. ㉠, ㉡에 들어갈 내용을 쓰시오.

기본이수과목(또는 영역)	비고
① ㉠ ② ㉡ ③ 자료구조, 데이터베이스 ④ 운영체제, 네트워크 ⑤ 컴퓨터구조, 논리회로 ⑥ 정보통신윤리, 소프트웨어공학	① 분야 필수 ②~⑥ 분야 중 각 분야에서 1과목 이상 이수

풀이 ㉠ 컴퓨터(정보)교육론, 프로그래밍

㉡ 알고리즘, 이산수학, 인공지능

다음은 서로 다른 교육과정에서 정보 교과의 변화된 내용을 나타낸 것이다. ㉠, ㉡에 들어갈 내용을 쓰시오.

학교급	2009 개정 교육과정	2015 개정 교육과정	2022 개정 교육과정
초등학교	실과에서 ICT 내용 (12시간)	실과에서 SW 교육 (17시간 이상)	실과에서 SW 교육 (34시간 이상)
중학교	정보 (선택 교과)	정보(보통 교과, 34시간 이상 편성·운영)	• ㉠
고등학교	정보 (심화 선택 교과)	정보(일반 선택 교과)	• ㉡ • 인공지능 기초, 데이터 과학(보통 교과, 진로 선택 과목) • 소프트웨어와 생활(보통 교과, 융합 선택과목)

풀이 ㉠ 정보(공통 교육과정, 과학/기술·가정/정보, 68시간 이상 편성·운영)

㉡ 정보(선택 중심 교육과정, 보통 교과, 기술·가정/정보/제2외국어/한문/교양, 일반 선택 과목)

다음 표는 2015 개정 정보과 교육과정의 과목 현황을 나타낸 것이다. ㉠~㉢에 들어갈 내용을 쓰시오.

교과(군)	과목					
	공통 교육과정		㉠			
			고			
	초	중	보통 교과			전문 교과 전문 교과 Ⅰ
			공통	일반 선택	진로 선택	
정보	-	정보	-			
기술가정				정보	㉡	
㉢						정보과학

풀이 ㉠ 선택 교육과정
㉡ 인공지능 기초
㉢ 과학 계열

다음은 2015 개정 정보과 교육과정에 대한 개정의 방향 및 중점 사항을 설명한 것이다. ㉠~㉤이 각각 무엇에 대한 설명인지 쓰시오.

㉠ 정보 교과를 통해 학습자들이 창의·융합적 사고를 형성할 수 있도록 정보과 교육과정을 개선하되, 정보 교과의 학습 계통성을 확립하고, 정보 교과의 구조 및 체계의 충실한 학습을 도모하기 위한 교육과정을 개발하였다.
㉡ 총론에서 제시한 핵심역량 요소를 중심으로 정보과 교육과정 문서에 반영하되, 정보 교과를 통해 기를 수 있는 교과 핵심역량을 정의하고 교과 핵심역량 하위 요소를 중심으로 정보과 교육과정을 개발하였다.
㉢ 교과 핵심역량 함양을 위해 반드시 알아야 할 핵심 개념, 기능을 중심으로 내용 요소 및 학습 요소의 양을 조절하고, 성취기준의 수준을 하향 조정하여 적절성과 엄격성에 기반한 정보 교과 체계를 구축하였다.
㉣ 교육과정 중심의 정보 교과 수업이 학교 현장에서 진행될 수 있도록 정보 교과의 핵심 개념, 지식 및 기능을 명료화하고, 학교급간 관련성과 연결성을 도모하였다.
㉤ 국가·사회적 요구의 교육적 내용을 수용하기 위해 정보 교과 지식 체계를 기반으로 한 범교과 학습이 충실히 이루어질 수 있도록 교육과정을 구성하였다.

풀이 ㉠ 창의·융합형 인재 양성

㉡ 교과 핵심역량 반영

㉢ 학습자 중심의 교육과정 개발

㉣ 교과 교육과정의 리더십 확보

㉤ 국가·사회적 요구 반영

다음 표는 서로 다른 교육과정에서 제시한 정보과 교과 역량을 나타낸 것이다. ㉠~ ㉢에 들어갈 내용을 쓰시오.

2009 개정 교육과정	2015 개정 교육과정	2022 개정 교육과정
•계산적 사고Computational Thinking) •정보윤리적 소양	•정보문화소양 •컴퓨팅 사고력 •㉠	•컴퓨팅 사고력 •㉡ •㉢

풀이 ㉠ 협력적 문제해결력

㉡ 디지털 문화 소양

㉢ 인공지능(AI) 소양

다음 표는 2015 개정 정보과 교육과정에서 제시하고 있는 교과 역량을 나타낸 것이다. ㉠~ ㉢에 들어갈 내용을 쓰시오.

정보 교과 역량 요소	의미	하위 요소
정보문화 소양	정보사회의 가치를 이해하고 정보사회 구성원으로서 윤리의식과 시민의식을 갖추고 정보기술을 활용하여 문제를 해결할 수 있는 능력이다.	•정보윤리의식 •㉠ •정보기술활용능력
컴퓨팅 사고력	컴퓨터과학의 기본 개념과 원리 및 컴퓨팅 시스템을 활용하여 실생활과 다양한 학문 분야의 문제를 이해하고 창의적으로 해법을 구현하여 적용할 수 있는 능력이다.	•추상화(abstraction) 능력 •자동화(automation) 능력 •㉡
협력적 문제 해결력	네트워크 컴퓨팅 환경에 기반 한 다양한 지식·학습 공동체에서 공유와 효율적인 의사소통, 협업을 통해 문제를 창의적으로 해결할 수 있는 능력이다.	•㉢ •디지털 의사소통능력 •공유와 협업능력

풀이 ㉠ 정보보호능력　　　㉡ 창의·융합 능력　　　㉢ 협력적 컴퓨팅 사고력

2015 개정 정보과 교육과정에서 교과가 추구하는 교과 역량을 다음과 같이 기술하고 있다. ㉠~㉢에 들어갈 내용을 쓰시오.

> 정보 교과에서 추구하는 교과 역량은 '정보문화소양', '컴퓨팅 사고력', '협력적 문제해결력'으로 역량별 의미와 하위 요소는 다음과 같다.
> '정보문화소양'은 정보사회의 가치를 이해하고 정보사회 구성원으로서 윤리의식과 시민의식을 갖추고 정보기술을 활용하여 문제를 해결할 수 있는 능력을 말한다. '정보문화소양'은 '정보윤리의식', '정보보호능력', ㉠을 포함한다.
> '컴퓨팅 사고력'은 컴퓨터과학의 기본 개념과 원리 및 컴퓨팅 시스템을 활용하여 실생활 및 다양한 학문분야의 문제를 이해하고 창의적으로 해법을 구현하여 적용할 수 있는 능력을 말한다. '컴퓨팅 사고력'은 ㉡과 프로그래밍으로 대표되는 '자동화(automation) 능력', '창의·융합 능력'을 포함한다. 추상화는 문제의 복잡성을 제거하기 위해 사용하는 기법으로 핵심요소 추출, 문제 분해, 모델링, 분류, 일반화 등의 방법으로 이루어진다. 추상화 과정을 통해 도출된 문제해결 모델은 프로그래밍 과정을 통해 자동화된다.
> '협력적 문제해결력'은 네트워크 컴퓨팅 환경에 기반한 다양한 지식·학습 공동체에서 공유와 효율적인 의사소통, 협업을 통해 문제를 창의적으로 해결할 수 있는 능력을 말한다. '협력적 문제해결력'은 '협력적 컴퓨팅 사고력', '디지털 의사소통능력', ㉢을 포함한다.

풀이 ㉠ 정보기술 활용능력　　　㉡ 추상화(abstraction) 능력　　　㉢ 공유와 협업능력

〈참조〉
다음 표는 정보 교과의 필요성, 역할, 내용 영역, 역량, 학교급별 특성 및 연계성을 나타낸 것이다.

출처: 교육부 고시 제2015-74호

교과(교육)의 필요성		21세기 지식·정보사회의 인재는 정보와 정보처리기술을 올바르게 활용할 뿐만 아니라, 새로운 지식과 정보, 기술을 창의적으로 생성하고 협력적으로 문제를 해결하는 능력을 갖추어야 한다. 정보(Informatics)는 컴퓨터과학의 기본 개념과 원리 및 기술을 바탕으로 실생활과 다양한 학문 분야의 문제를 창의적이고 효율적으로 해결하기 위한 학문 분야이며, 정보 교과는 컴퓨터과학적 지식과 기술의 탐구와 더불어 실생활의 문제 해결을 위해 새로운 지식과 기술을 창출하고 이를 통합적으로 적용하는 능력과 태도를 함양한다.
교과 (교육)	본질과 의의	정보 교과는 지식·정보사회를 올바르게 이해하고 정보사회 구성원으로서의 정보윤리의식, 정보보호능력, 정보기술활용능력 등 정보문화소양을 갖추고 컴퓨터과

의 역할		학의 기본 개념과 원리를 바탕으로 실생활 및 다양한 학문 분야의 문제를 창의적으로 해결하는 컴퓨팅 사고력 및 네트워크 컴퓨팅 기반 환경의 다양한 공동체에서 협력적 문제해결력을 기른다.
	기능	① 정보사회 구성원으로서 갖추어야 할 정보윤리, 정보보호를 실천하며, 정보를 효율적으로 관리하고 생산하는 능력과 태도를 고취한다. ② 컴퓨터과학의 기본 개념과 원리를 습득하고 컴퓨팅 시스템을 활용하여 문제를 창의적으로 해결하는 능력을 신장한다. ③ 문제 해결을 위한 해법을 컴퓨터과학의 관점에서 설계하고 이를 소프트웨어로 구현하는 프로그래밍 능력과 태도를 함양한다. ④ 과학, 인문학, 예술 등 다양한 학문 분야의 문제를 컴퓨터과학의 관점에서 재해석하고 창의·융합적으로 해결하는 능력을 함양한다. ⑤ 네트워크 컴퓨팅 기반 환경의 다양한 지식 공동체, 학습 공동체에서 협력적 문제해결을 위한 지식과 정보의 공유, 효율적 의사소통, 협업 능력을 함양한다.
교과의 내용 영역		정보문화, 자료와 정보, 문제 해결과 프로그래밍, 컴퓨팅 시스템
교과의 역량		• 정보문화소양: 정보윤리의식, 정보보호능력, 정보기술활용능력 • 컴퓨팅 사고력: 추상화(abstraction) 능력, 자동화(automation) 능력, 창의·융합 능력 • 협력적 문제해결력: 협력적 컴퓨팅 사고력, 디지털 의사소통능력, 공유와 협업 능력
학교급별 특성 및 연계성	중학교	초등학교 5~6학년군 실과에서 이수한 소프트웨어 기초 소양 교육을 바탕으로 이수하며, 고등학교의 일반 선택 과목인 정보 및 과학계열 전문 교과 I 과목인 정보과학의 선수 과목으로서의 연계성을 갖는다.
	고등 학교	중학교에서 이수한 정보 교과 교육을 바탕으로 이수하며, 과학계열 전문 교과 I 과목인 정보과학의 선수 과목으로서의 연계성을 갖는다.

2015 개정 교육과정에서 정보과학 과목에서 추구하는 역량을 다음과 같이 기술하고 있다. ㉠, ㉡에 들어갈 내용을 쓰시오.

정보과학 과목에서 추구하는 역량은 '컴퓨팅 사고력'과 '협력적 문제해결력'으로 역량별 의미와 하위 요소는 다음과 같다.

'컴퓨팅 사고력'은 컴퓨터과학의 기본 개념과 원리 및 컴퓨팅 시스템을 활용하여 실생활 및 다양한 학문 분야의 문제를 이해하고 창의적으로 해법을 구현하여 적용할 수 있는 능력을 말한다. '컴퓨팅 사고력'은 '추상화(abstraction) 능력'과 프로그래밍으로 대표되는 '자동화(automation) 능력', ㉠을 포함한다. 추상화는 문제의 복잡성을 제거하기 위해 사용하는 기법으로 핵심요소 추출, 문제 분해, 모델링, 분류, 일반화 등의 방법으로 이루어진다. 추상화 과정을 통해 도출된 문제 해결 모델은 프로그래밍 과정을 통해 자동화된다.

'협력적 문제해결력'은 네트워크 컴퓨팅 환경에 기반 한 다양한 지식·학습 공동체에서 공유와 효율적인 의사소통, 협업을 통해 문제를 창의적으로 해결할 수 있는 능력을 말한다. '협력적 문제해결력'은 '협력적 컴퓨팅 사고력', ㉡, '공유와 협업능력'을 포함한다.

풀이 ㉠ 창의·융합 능력

㉡ 디지털 의사소통능력

〈참조〉

▪ 정보과 과목의 교과 역량 및 하위 요소

학교급	과목	교과 역량	하위 요소
중	정보	정보문화소양	정보윤리의식, 정보보호능력, 정보기술활용능력
고		컴퓨팅 사고력	추상화 능력, 자동화 능력, 창의·융합 능력
		협력적 문제해결력	협력적 컴퓨팅 사고력, 디지털 의사소통능력, 공유와 협업능력
고	정보과학	컴퓨팅 사고력	추상화 능력, 자동화 능력, 창의·융합 능력
		협력적 문제해결력	협력적 컴퓨팅 사고력, 디지털 의사소통능력, 공유와 협업능력

다음 표는 2015 개정 정보과 교육과정에서 제시한 교과의 총괄 목표, 세부 목표, 학교급별 목표를 나타낸 것이다. ㉠~㉢에 들어갈 내용을 쓰시오.

출처: 교육부 고시 제2015-74호

목표 수준		목표 진술
총괄 목표		정보윤리의식, 정보보호능력, 정보기술활용능력을 기르고 컴퓨터과학의 기본 개념과 원리, 컴퓨팅 기술을 바탕으로 실생활 및 다양한 학문 분야의 문제를 창의적이고 효율적으로 해결하는 능력과 협력적 태도를 기르는 데 중점을 둔다.
세부 목표		① 정보사회의 특성을 이해하고, 정보윤리 및 정보보호를 올바르게 실천할 수 있는 태도를 기른다. ② 정보기술을 활용하여 정보를 효율적으로 관리하고 생산하는 능력과 태도를 기른다. ③ 컴퓨팅 원리에 따라 문제를 추상화하여 해법을 설계하고 프로그래밍 과정을 통해 소프트웨어로 구현하여 ㉠할 수 있는 능력을 기른다. ④ 컴퓨팅 시스템의 구성 및 동작 원리를 이해하고 실생활의 문제를 해결할 수 있는 창의적 컴퓨팅 시스템을 구현할 수 있는 능력을 기른다.
학교급별 목표	중학교	중학교 정보에서는 기초적인 정보윤리의식과 정보보호능력을 함양하고 실생활의 문제해결을 위해 정보기술활용능력과 컴퓨팅 사고력, 협력적 문제해결력을 기르는데 중점을 둔다. ① 정보사회의 특성을 올바르게 이해하고 정보윤리를 실천할 수 있는 태도를 기른다. ② 정보기술을 활용하여 문제 해결에 필요한 자료와 정보를 ㉡하는 능력과 태도를 기른다. ③ 컴퓨터과학의 기본 개념과 원리에 따라 실생활의 문제를 추상화하여 해법을 설계하고 프로그래밍 과정을 통해 소프트웨어로 구현하여 자동화할 수 있는 능력을 기른다. ④ 컴퓨팅 시스템의 구성 및 동작 원리를 이해하고 다양한 입·출력 장치와 프로그래밍을 통해 문제해결에 적합한 피지컬 컴퓨팅 시스템을 구성하는 능력을 기른다.
	고등학교	고등학교 정보에서는 정보윤리의식을 바탕으로 정보보호를 실천하기 위한 역량을 강화하고 실생활의 기초적인 문제뿐만 아니라 다양한 학문 분야의 복잡한 문제해결을 위해 정보기술활용능력과 컴퓨팅 사고력, 협력적 문제해결력을 기르는 데 중점을 둔다. ① 정보사회에서 정보과학의 가치와 영향력을 인식하고 정보윤리, 정보보호 및 보안을 실천할 수 있는 태도를 기른다. ② 정보 활용 목적에 따라 효율적인 디지털 표현 방법을 이해하고 정보기술을 활용하여 자료와 정보를 ㉢하는 능력과 태도를 기른다. ③ 컴퓨터과학의 기본 개념과 원리에 따라 다양한 학문 분야의 문제를 추상화하여 해법을 설계하고 프로그래밍 과정을 통해 소프트웨어로 구현하여 자동화할 수 있는 능력을 기른다. ④ 컴퓨팅 시스템의 효율적인 자원 관리 방법을 이해하고 다양한 학문분야의 복잡한 문제해결을 위한 피지컬 컴퓨팅 시스템을 창의적으로 구현할 수 있는 능력을 기른다.

풀이 ㉠ 자동화   ㉡ 수집하고 효율적으로 구조화   ㉢ 수집, 분석, 관리

다음은 2015 개정 교육과정에서 제시한 정보과학 과목의 목표를 나열한 것이다. ㉠, ㉡에 들어갈 내용을 쓰시오.

> 정보과학 과목의 목표는 컴퓨터과학의 기본 개념과 원리, 컴퓨팅 기술을 바탕으로 실생활 및 다양한 학문 분야의 문제를 창의·융합적으로 해결하는 능력과 협력적 태도를 기르는 데 중점을 둔다.
>
> • 프로그래밍을 통해 ㉠를 개발하고 문제를 해결하는 역량을 기른다.
> • 자료를 효율적으로 처리하는 방법을 이해하고 문제 해결에 활용하는 능력을 기른다.
> • 다양한 학문 분야의 복잡한 문제를 해결하기 위한 효율적인 ㉡을 설계하고 구현하는 능력을 기른다.
> • 컴퓨팅 시스템의 구성 및 동작 원리를 이해하고 실생활의 문제를 해결할 수 있는 창의적 컴퓨팅 시스템을 구현할 수 있는 능력을 기른다.

풀이 ㉠ 소프트웨어   ㉡ 알고리즘

 다음 표는 2009 개정 교육과정과 2015 개정 교육과정에서 중학교 정보 교과의 내용 체계를 비교하여 나타낸 것이다. ㉠~㉢에 들어갈 내용을 쓰시오.

2009 개정 교육과정		2015 개정 교육과정		
영역	내용 요소	영역	핵심 개념	내용 요소
정보과학과 정보윤리	•정보과학과 정보사회 •정보의 윤리적 활용 •정보사회의 역기능과 대처	정보 문화	정보사회	•정보사회의 특성과 진로
			정보윤리	•개인정보와 저작권 보호 •사이버 윤리
정보기기의 구성과 동작	•컴퓨터의 구성과 동작 •운영체제의 이해 •네트워크의 이해	자료와 정보	자료와 정보의 표현	•자료의 유형과 디지털 표현
			자료와 정보의 분석	•자료의 수집 •정보의 구조화
정보의 표현과 관리	•자료와 정보 •정보의 이진표현 •정보의 구조화	㉠	추상화	•문제 이해 •핵심요소 추출
			알고리즘	•알고리즘 이해 •알고리즘 표현
			㉡	㉢
문제해결	•문제해결 방법	컴퓨팅	컴퓨팅	•컴퓨팅 기기의 구성과 동작

2009 개정 교육과정		2015 개정 교육과정		
영역	내용 요소	영역	핵심 개념	내용 요소
방법과 절차	•문제해결 절차 •프로그래밍의 기초	시스템	시스템의 동작 원리	원리
			피지컬 컴퓨팅	•센서 기반 프로그램 구현

풀이 ㉠ 문제 해결과 프로그래밍

㉡ 프로그래밍

㉢ 입력과 출력, 변수와 연산, 제어 구조, 프로그래밍 응용

다음 표는 2009 개정 교육과정과 2015 개정 교육과정에서 고등학교 정보 교과의 내용 체계를 비교하여 나타낸 것이다. ㉠~㉢에 들어갈 내용을 쓰시오.

2009 개정 교육과정		2015 개정 교육과정		
영역	내용 요소	영역	핵심 개념	내용 요소
정보과학과 정보윤리	•정보과학과 정보사회 •정보의 윤리적 활용 •정보사회의 역기능과 대처	정보 문화	정보사회	•정보과학과 진로
			정보윤리	•정보보호와 보안 •저작권 활용 •사이버 윤리
정보기기의 구성과 동작	•컴퓨터의 구성과 동작 •운영체제의 이해 •네트워크의 이해	자료와 정보	자료와 정보의 표현	•효율적인 디지털 표현
			자료와 정보의 분석	•자료의 분석 •정보의 관리
정보의 표현과 관리	•정보의 효율적 표현 •자료와 정보의 구조 •정보의 관리	문제 해결과 프로그래밍	추상화	•문제 분석 •문제 분해와 모델링
			알고리즘	•알고리즘 설계 •알고리즘 분석
			프로그래밍	•프로그램 개발 환경 •변수와 자료형 •연산자 •표준입출력과 파일입출력 •중첩 제어 구조 •배열 •함수 •프로그래밍 응용
문제해결	•문제 해결 전략	㉠	㉡	㉢

2009 개정 교육과정		2015 개정 교육과정		
영역	내용 요소	영역	핵심 개념	내용 요소
방법과 절차	•프로그래밍 •알고리즘의 응용		피지컬 컴퓨팅	•피지컬 컴퓨팅 구현

 ㉠ 컴퓨팅 시스템

㉡ 컴퓨팅 시스템의 동작 원리

㉢ 운영체제 역할, 네트워크 환경 설정

다음은 서로 다른 정보과 교육과정에서 정보 과목의 영역 구성을 비교한 것이다. ㉠~㉣에 들어갈 내용을 ⓐ~ⓜ에서 모두 선택하여 나열하시오.

교육과정	영역 구성
2007 개정	정보기기의 구성과 동작, ㉠
2009 개정	문제해결 방법과 절차, ㉡
2015 개정	정보 문화, ㉢
2022 개정	컴퓨팅 시스템, ㉣

ⓐ 정보의 표현과 관리, ⓑ 정보기기의 구성과 동작, ⓒ 자료와 정보, ⓓ 데이터, ⓔ 문제해결과 프로그래밍, ⓕ 알고리즘과 프로그래밍, ⓖ 정보 과학과 정보 윤리, ⓗ 디지털 문화, ⓘ 정보 사회와 정보 기술, ⓙ 문제해결 방법과 절차, ⓚ 정보의 표현과 관리, ⓛ 인공지능, ⓜ 컴퓨팅 시스템

풀이 ㉠ : ⓐ, ⓘ, ⓙ

㉡ : ⓑ, ⓖ, ⓚ

㉢ : ⓒ, ⓔ, ⓜ

㉣ : ⓓ, ⓕ, ⓗ, ⓛ

다음은 서로 다른 3가지 정보과 교육과정의 특징을 비교한 것이다. 물음에 답하시오.

교육과정	특징
2007 개정	• 정보 과학의 원리와 문제해결력 중시 • 정보 윤리 내용 강화 • 학교급 간 학습 내용의 체계성 유지 • 중학교와 고등학교의 내용 체계와 단계별 학습 내용을 구분하여 제시 • ㉠
2009 개정	• 2007 개정 교육과정과의 일관성 유지를 위해 중학교와 고등학교의 교과명을 동일하게 '정보'로 유지 • 교육 내용은 단계적 학습이 가능하도록 체계성 유지 • 정보과학에 대한 소개와 정보윤리의 중요성 부각 • ㉡
2015 개정	• 초등 5~6학년 실과와 중학교, 고등학교의 정보교과를 소프트웨어 교육 중심으로 개편 • 실과에 도입되는 소프트웨어 교육은 놀이 중심의 알고리즘 체험과 교육용 도구를 활용한 프로그래밍 체험을 통해 쉽고 재미있게 배울 수 있도록 구성 • 고등학교 정보과목은 심화 선택과목이었던 것을 일반 선택과목으로 전환 • ㉢

ⓐ 과목 명칭을 '정보'로 통일

ⓑ 정보과학으로서의 정체성을 표현할 수 있는 계산적 사고 교육을 교과 목표로 제시

ⓒ 이전 교육과정에서 정보 과목으로 불리던 중학교 정보와 고등학교 정보를 정보 교과로 통합하여 '과학/기술 · 가정/정보' 교과군으로 개편

ⓓ 중학교와 고등학교의 목표를 통합하여 제시

ⓔ 중학교와 고등학교의 정보 교과는 컴퓨터 과학의 원리, 문제해결능력, 정보기술의 올바른 사용 등에 관한 내용으로 구성

ⓕ 중학교 정보 1, 2, 3 단계를 통합하여 하나의 단계로 제시

(1) ㉠~㉢에 들어갈 내용을 ⓐ~ⓕ에서 각각 2가지씩 선택하여 나열하시오.

(2) 위의 3가지 교육과정에 공통으로 적용된 교육과정 모형을 2가지 나열하시오.

풀이 (1) ㉠ ⓐ, ⓓ   ㉡ ⓑ, ⓕ   ㉢ ⓒ, ⓔ

(2) 정보과학 모형(Informatics model), 문제 해결 모형

다음 표는 2015 개정 중학교 정보과 교육과정의 내용 체계를 나타낸 것이다. ㉠~㉢에 들어갈 내용을 쓰시오.

출처: 교육부 고시 제2015-74호

영역	핵심 개념	일반화된 지식	기능
정보 문화	정보사회	정보의 생산과 활용이 중심이 되는 사회이며, 정보와 관련된 새로운 직업이 등장함	탐색하기 분석하기 실천하기 계획하기
	정보윤리	㉠	
자료와 정보	자료와 정보의 표현	숫자, 문자, 그림, 소리 등 아날로그 자료는 디지털로 변환되어 컴퓨터 내부에서 처리됨	분석하기 표현하기 수집하기 관리하기
	자료와 정보의 분석	문제 해결을 위해 필요한 자료와 정보의 수집과 분석은 검색, 분류, 처리, 구조화 등의 방법으로 이루어짐	
문제 해결과 프로그래밍	추상화	문제를 이해하고 분석하여 문제 해결을 위해 불필요한 요소를 제거하거나 작은 문제로 나누는 과정임	비교하기 분석하기 ㉡ 표현하기 프로그래밍하기 구현하기 협력하기
	알고리즘	문제 해결을 위한 효율적인 방법과 절차임	
	프로그래밍	문제의 해결책을 프로그래밍 언어로 구현하여 동화하는 과정임	
컴퓨팅 시스템	컴퓨팅 시스템의 동작 원리	다양한 하드웨어와 소프트웨어가 유기적으로 결합된 컴퓨팅 시스템은 외부로부터 자료를 입력받아 효율적으로 처리하여 출력함	분석하기 설계하기 프로그래밍하기 구현하기 협력하기
	㉢	마이크로컨트롤러와 다양한 입출력 장치로 피지컬 컴퓨팅 시스템을 구성하고 프로그래밍을 통해 제어함	

풀이 ㉠ 정보사회에서 구성원이 지켜야 하는 올바른 가치관과 행동 양식임

㉡ 핵심요소 추출하기

㉢ 피지컬 컴퓨팅

다음 표는 2015 개정 고등학교 정보과 교육과정의 내용 체계를 나타낸 것이다. ㉠~㉢에 들어갈 내용을 쓰시오.

출처: 교육부 고시 제2015-74호

영역	핵심 개념	일반화된 지식	기능
정보 문화	정보사회	정보의 생산과 활용이 중심이 되는 사회이며, 정보와 관련된 새로운 직업이 등장함	탐색하기 평가하기 실천하기 계획하기
	정보윤리	정보사회에서 구성원이 지켜야 하는 올바른 가치관과 행동 양식임	
자료와 정보	자료와 정보의 표현	숫자, 문자, 그림, 소리 등 아날로그 자료는 디지털로 변환되어 컴퓨터 내부에서 처리됨	분석하기 선택하기 수집하기 관리하기 협력하기
	자료와 정보의 분석	㉠	
문제 해결과 프로그래밍	추상화	문제를 이해하고 분석하여 문제 해결을 위해 불필요한 요소를 제거하거나 작은 문제로 나누는 과정임	비교하기 분석하기 핵심요소추출하기 분해하기 설계하기 표현하기 프로그래밍하기 구현하기 협력하기
	알고리즘	㉡	
	프로그래밍	문제의 결책을 프로그래밍 언어로 구현하여 동화하는 과정임	
컴퓨팅 시스템	컴퓨팅 시스템의 동작 원리	다양한 하드웨어와 소프트웨어가 유기적으로 결합된 컴퓨팅 시스템은 외부로부터 자료를 입력받아 효율적으로 처리하여 출력함	활용하기 관리하기 설계하기 프로그래밍하기 구현하기 협력하기
	피지컬 컴퓨팅	㉢	

풀이 ㉠ 문제 해결을 위해 필요한 자료와 정보의 수집과 분석은 검색, 분류, 처리, 구조화 등의 방법으로 이루어짐

㉡ 다양한 제어 구조를 이용하여 알고리즘을 설계하고, 수행 시간의 관점에서 알고리즘을 분석함

㉢ 마이크로컨트롤러와 다양한 입·출력 장치로 피지컬 컴퓨팅 시스템을 구성하고 프로그래밍을 통해 제어함

다음 표는 2015 개정 정보과 교육과정의 '추상화' 핵심 개념의 일반화된 지식과 내용요소를
나타낸 것이다. ㉠, ㉡에 들어갈 내용을 쓰시오.

핵심 개념	일반화된 지식	내용요소	
		중학교	고등학교
추상화	문제를 이해하고 분석하여 문제 해결을 위해 불필요한 요소를 제거하거나 작은 문제로 나누는 과정이다.	㉠	㉡

풀이　㉠ 문제 이해, 핵심요소 추출
　　　㉡ 문제 분석, 문제 분해와 모델링

다음 표는 2015 개정 정보과 교육과정에서 고등학교 정보과학 과목의 내용 체계를 나타낸
것이다. ㉠, ㉢에 들어갈 내용을 쓰시오.

출처: 교육부 고시 제2015-74호

영역	핵심 개념	일반화된 지식	내용 요소
프로그래밍	연산 수행	변수와 상수, 연산자를 이용하여 연산을 수행한다.	변수와 상수 연산자
	자료 저장	자료 저장 및 처리에 효율적인 자료형을 선택하거나 정의하여 활용한다.	자료형 다차원 배열
	흐름 제어	효율적인 프로그램을 설계하기 위해 프로그램의 실행 흐름을 제어한다.	㉠ 중첩 제어 구조
	㉢	프로그램의 생산성과 최적화를 위해 프로그램 구조를 기능 단위로 분할한다.	함수 변수와 영역
자료 처리	자료구조	자료와 정보를 효율적으로 처리하고 관리하기 위해 자료 간의 관계를 구조화하고 정의한다.	선형 자료구조 비선형 자료구조
	정렬과 탐색	정렬과 탐색은 컴퓨터 내부의 자료 처리를 위한 기본적인 방법이다.	자료의 정렬 자료의 탐색
알고리즘	문제와 알고리즘	계산의 관점에서 문제를 분류하고, 문제 해결을 위한 알고리즘의 복잡도를 표현함으로써 성능을 비교하고 효율성을 분석한다.	문제 알고리즘 복잡도
	탐색기반 알고리즘	컴퓨팅 시스템의 탐색 능력을 기반으로 해를 찾는 알고리즘을 설계하고 탐색 공간을 줄임으로써 효율성을 높인다.	전체 탐색 탐색 공간의 배제

영역	핵심 개념	일반화된 지식	내용 요소
	관계기반 알고리즘	㉢	관계 정의 동적 계획법
컴퓨팅 시스템	시뮬레이션	모의실험을 설계하고 구현하기 위해 근사, 난수, 시각화 등의 방법을 이용한다.	시뮬레이션 설계 시뮬레이션 구현
	피지컬 컴퓨팅	마이크로프로세서와 다양한 입.출력 장치로 피지컬 컴퓨팅 시스템을 구성하고 프로그래밍을 통해 제어한다.	피지컬 컴퓨팅 구성 피지컬 컴퓨팅 구현

풀이 ㉠ 순차, 탐색, 반복 구조

㉡ 모듈화

㉢ 주어진 문제와 부분 문제와의 관계를 정의하고 동적 테이블을 구성하는 방법으로 최적해를 구한다.

다음 표는 2015 개정 정보과 교육과정의 내용 체계를 나타낸 것이다. 중학교 정보는 초등학교 5~6학년군 실과에서 이수한 소프트웨어 기초소양 교육을 바탕으로 이수하며, 고등학교 일반 선택과목인 정보의 선수 과목으로서의 연계성을 갖는다. 중학교와 고등학교의 내용 요소를 비교한 아래 표에서 ㉠~㉣에 들어갈 내용을 쓰시오.

영역	핵심 개념	내용 요소	
		중학교	고등학교
정보 문화	정보사회	•정보사회의 특성과 진로	•정보과학과 진로
	정보윤리	•개인정보와 저작권 보호 •사이버 윤리	㉠
자료와 정보	자료와 정보의 표현	•자료의 유형과 디지털 표현	•효율적인 디지털 표현
	자료와 정보의 분석	•자료의 수집 •정보의 구조화	•자료의 분석 •정보의 관리
문제 해결과 프로그래밍	추상화	㉡	㉢
	알고리즘	•알고리즘 이해 •알고리즘 표현	•알고리즘 설계 •알고리즘 분석
	프로그래밍	㉣	•프로그램 개발 환경 •변수와 자료형 •연산자

영역	핵심 개념	내용 요소	
		중학교	고등학교
			•표준입출력과 파일입출력 •중첩 제어 구조 •배열 •함수 •프로그래밍 응용
컴퓨팅 시스템	컴퓨팅 시스템의 동작 원리	•컴퓨팅 기기의 구성과 동작 원리	ⓜ
	피지컬 컴퓨팅	•센서 기반 프로그램 구현	•피지컬 컴퓨팅 구현

ⓖ 정보보호와 보안, 저작권 활용, 사이버 윤리

ⓛ 문제 이해, 핵심요소 추출

ⓒ 문제 분석, 문제 분해와 모델링

ⓔ 입력과 출력, 변수와 연산, 제어 구조, 프로그래밍 응용

ⓜ 운영체제 역할, 네트워크 환경 설정

2015 개정 교육과정에서 고등학교 정보과학 과목은 중학교에서 이수한 정보와 고등학교 정보의 심화과목으로서 내용체계의 연계성을 갖도록 설계되었다. 고등학교 정보와 정보과학의 내용 요소를 비교한 아래 표에서 ㉠~㉤에 들어갈 내용을 쓰시오.

고등학교 정보			정보과학		
영역	핵심 개념	내용 요소	영역	핵심 개념	내용 요소
문제 해결과 프로그래밍	추상화	•문제 분석 •문제 분해와 모델링	×	×	×
	알고리즘	•알고리즘 설계 •알고리즘 분석	알고리즘	•문제와 알고리즘	•문제 •알고리즘 복잡도
				•탐색기반 알고리즘	•전체 탐색 •탐색 공간의 배제
				㉠	㉡
	프로	•프로그램 개발	프로	•연산 수행	•변수와 상수

고등학교 정보			정보과학		
영역	핵심 개념	내용 요소	영역	핵심 개념	내용 요소
	그래밍	환경 •변수와 자료형 •연산자 •표준입출력과 파일입출력 •중첩 제어 구조 •배열 •함수 •프로그래밍 응용	그래밍	㉠	•연산자
				•자료 저장	㉡
				•흐름 제어	•순차, 선택, 반복 구조 •중첩 제어 구조
				㉣	㉤

풀이 ㉠ 관계기반 알고리즘

㉡ 관계 정의, 동적 계획법

㉢ 자료형, 다차원 배열

㉣ 모듈화

㉤ 함수, 변수의 영역

5.1.3 성취기준 및 평가기준

다음은 2015 개정 중학교 정보과 교육과정에서 '자료와 정보' 영역의 성취기준 중 1개를 나타낸 것이다. 물음에 답하시오.

[9정02-02] 인터넷, 응용 소프트웨어 등을 활용하여 문제 해결을 위한 자료를 수집하고 관리한다.

(1) 성취기준과 관련된 교과의 역량과 하위 요소를 쓰시오.
(2) 위 핵심역량 하위 요소를 신장할 수 있는 학습활동의 예를 제시하시오.

풀이 (1) 정보문화소양, 정보기술활용능력
(2) 인터넷 검색을 통해 자료와 정보를 수집하고 스프레드시트로 정리하기

다음은 2015 개정 중학교 정보과 교육과정의 영역별 성취기준을 나타낸 것이다. ㉠~㉤이 각각 어떤 영역의 성취기준인지 해당 영역의 이름을 쓰시오.

㉠ 실생활의 정보를 표, 다이어그램 등 다양한 형태로 구조화하여 표현한다.
㉡ 문제 해결에 필요한 요소와 불필요한 요소를 분류한다.
㉢ 실생활 문제 해결을 위한 소프트웨어를 협력하여 설계, 개발, 비교 · 분석한다.
㉣ 컴퓨팅 시스템을 구성하는 하드웨어와 소프트웨어의 역할을 이해하고 유기적인 상호 관계를 분석한다.
㉤ 정보기술의 발달과 소프트웨어가 개인의 삶과 사회에 미친 영향과 가치를 분석하고 그에 따른 직업의 특성을 이해하여 자신의 적성에 맞는 진로를 탐색한다.

풀이 ㉠ 자료와 정보
㉡ 문제 해결과 프로그래밍(추상화와 알고리즘)
㉢ 문제 해결과 프로그래밍(프로그래밍)
㉣ 컴퓨팅 시스템
㉤ 정보 문화

〈참조〉 중학교 정보과 교육과정에서 영역별 성취기준

영역	성취기준
정보 문화	• 정보기술의 발달과 소프트웨어가 개인의 삶과 사회에 미친 영향과 가치를 분석하고 그에 따른 직업의 특성을 이해하여 자신의 적성에 맞는 진로를 탐색한다. • 정보사회 구성원으로서 개인정보와 저작권 보호의 중요성을 인식하고 개인정보 보호, 저작권 보호 방법을 실천한다. • 정보사회에서 개인이 지켜야 하는 사이버 윤리의 필요성을 이해하고 사이버 폭력 방지와 게임 · 인터넷 · 스마트폰 중독의 예방법을 실천한다.
자료와 정보	• 디지털 정보의 속성과 특징을 이해하고 현실 세계에서 여러 가지 다른 형태로 표현되고 있는 자료와 정보를 디지털 형태로 표현한다. • 인터넷, 응용 소프트웨어 등을 활용하여 문제 해결을 위한 자료를 수집하고 관리한다. • 실생활의 정보를 표, 다이어그램 등 다양한 형태로 구조화하여 표현한다.
추상화와 알고리즘	• 실생활 문제 상황에서 문제의 현재 상태, 목표 상태를 이해하고 목표 상태에 도달하기 위해 수행해야 할 작업을 분석한다. • 문제 해결에 필요한 요소와 불필요한 요소를 분류한다. • 논리적인 문제 해결 절차인 알고리즘의 의미와 중요성을 이해하고 실생활 문제의 해결 과정을 알고리즘으로 구상한다. • 문제해결을 위한 다양한 방법과 절차를 탐색하고 명확하게 표현한다.

영역	성취기준
프로그래밍	• 사용할 프로그래밍 언어의 개발 환경 및 특성을 이해한다. • 다양한 형태의 자료를 입력받아 처리하고 출력하기 위한 프로그램을 작성한다. • 변수의 개념을 이해하고 변수와 연산자를 활용한 프로그램을 작성한다. • 변수의 개념을 이해하고 변수와 연산자를 활용한 프로그램을 작성한다. • 순차, 선택, 반복의 개념과 원리를 이해하고, 세 가지 구조를 활용한 프로그램을 작성한다. • 실생활 문제 해결을 위한 소프트웨어를 협력하여 설계, 개발, 비교·분석한다.
컴퓨팅 시스템	• 컴퓨팅 시스템을 구성하는 하드웨어와 소프트웨어의 역할을 이해하고 유기적인 상호 관계를 분석한다. • 센서를 이용한 자료 처리 및 동작 제어프로그램을 구현한다.

다음은 2015 개정 중학교 정보과 교육과정의 '정보 문화' 영역에 대한 평가기준의 일부를 나타낸 것이다. ㉠~㉢에 들어갈 평가기준을 기술하시오.

교육과정 성취기준			평가기준
정보기술의 발달과 소프트웨어가 개인의 삶과 사회에 미친 영향과 가치를 분석하고 그에 따른 직업의 특성을 이해하여 자신의 적성에 맞는 진로를 탐색한다.	정보기술의 발달과 소프트웨어가 개인의 삶과 사회에 미친 영향과 가치를 분석한다.	상	정보기술의 발달과 소프트웨어가 개인의 삶과 사회에 미치는 영향과 가치를 평가할 수 있다.
		중	정보기술의 발달과 소프트웨어의 영향에 따른 개인의 삶과 사회의 변화를 설명할 수 있다.
		하	정보기술의 발달과정과 소프트웨어의 역할을 설명할 수 있다.
	정보기술의 발달과 소프트웨어 영향에 따른 미래 사회의 직업 특성을 자신의 진로 선택과 관련지어 설명한다.	상	㉠
		중	㉡
		하	㉢

풀이 ㉠ 정보기술의 발달과 소프트웨어로 인한 미래사회의 직업 특성을 탐색하고 자신의 진로 선택과 관련지어 설명할 수 있다.

㉡ 정보기술의 발달과 소프트웨어로 인한 미래사회의 직업 특성을 설명할 수 있다.

㉢ 미래사회의 직업 특성을 설명할 수 있다.

다음은 2015 개정 중학교 정보과 교육과정의 '문제 해결과 프로그래밍' 영역에서 성취기준 [9정 03-01]에 대한 평가기준을 작성한 것이다. 작성한 평가기준에 어떤 문제가 있는지 기술하시오.

교육과정 성취기준		평가기준
[9정03-01] 실생활 문제 상황에서 문제의 현재 상태, 목표 상태를 이해하고 목표 상태에 도달하기 위해 수행해야 할 작업을 분석한다.	상	실생활 문제 상황을 분석하여 문제의 현재 상태와 목표 상태 모두를 정확히 정의할 수 있다.
	중	실생활 문제 상황에서 문제의 현재 상태와 목표 상태 중 하나만 정확히 정의할 수 있다.
	하	실생활 문제 상황이 무엇인지 설명할 수 있다.

풀이 현재 상태에서 목표 상태에 도달하는 과정에서 수행한 작업에 대한 평가기준이 없다. 이 문제를 해결하는 방법의 하나는 다음과 같이 성취기준을 2개로 분류하고 각각에 대한 평가기준을 작성하면 된다.

교육과정 성취기준			평가기준
실생활 문제 상황에서 문제의 현재 상태, 목표 상태를 이해하고 목표 상태에 도달하기 위해 수행해야 할 작업을 분석한다.	[평가준거 성취기준 ①] 실생활 문제 상황을 분석하여 문제의 현재 상태와 목표 상태를 명확히 파악한다.	상	실생활 문제 상황을 분석하여 문제의 현재 상태와 목표 상태를 명확히 정의할 수 있다.
		중	문제 상황을 분석하여 문제의 현재 상태와 목표 상태를 설명할 수 있다.
		하	문제 상황을 분석하여 해결해야 할 문제가 무엇인지 설명할 수 있다.
	[평가준거 성취기준 ②] 실생활 문제의 현재 상태에서 목표 상태에 도달하기 위해 수행해야 할 작업을 분석한다.	상	실생활 문제의 현재 상태에서 목표 상태에 도달하기 위해 수행해야 할 작업을 순서대로 제시할 수 있다.
		중	문제의 현재 상태에서 목표 상태에 도달하기 위해 수행해야 할 작업이 무엇인지 설명할 수 있다.
		하	문제의 현재 상태와 목표 상태의 차이를 설명할 수 있다.

다음은 2015 개정 중학교 정보과 교육과정에서 프로그래밍 영역의 성취기준 중 1개를 나타낸 것이다. 물음에 답하시오.

[9정04-04] 순차, 선택, 반복의 개념과 원리를 이해하고, 세 가지 구조를 활용한 프로그램을 작성한다.

(1) 평가기준 설정이 필요한 이유를 기술하시오.

(2) 위 성취기준에 대한 평가기준을 3단계로 설정하고, 설정한 이유를 기술하시오.

(3) 설정한 평가기준이 정보 교과의 핵심역량의 하나인 컴퓨팅 사고력에 어떻게 기여할 수 있는지 기술하시오.

풀이 (1) 모든 교육활동을 하기에 앞서 목적을 이루기 위해 달성해야 할 구체적인 사항으로 교육목표가 제시된다. 학생들이 교육목표에 대하여 어느 정도의 수준에 도달했는지를 판단하기 위해 학생의 도달 정도를 상/중/하 로 구분하여 학생들이 무엇을 알고 있고, 할 수 있는지의 정도를 기술한 평가기준은 정보교육에서 반드시 필요하다.

(2) 평가기준을 설정할 때 교육과정 성취기준에 적합하게 개발하고, 지식, 기능, 태도 면을 모두 갖추어야한다. 또한 각 수준은 지식이나 능력을 성취한 수준의 차이만 있도록 한다. 이를 근거로 위의 성취기준에 대한 평가기준을 3단계(상/중/하)로 설정해보자. 먼저, '상' 수준으로 '순차, 선택, 반복의 개념과 원리를 이해하고 세 가지 구조를 활용한 프로그램을 작성할 수 있다.' 로 성취기준에 우수하게 도달한 수준으로 진술할 수 있다. 다음 '중' 수준으로는 '순차, 선택, 반복의 개념과 원리를 이해하고 세 가지 구조를 활용한 문(statement)을 작성할 수 있다.'로 상위 수준보다 지식과 능력의 차이가 나도록 진술한다. 그리고 '하' 수준으로는 '순차, 선택, 반복의 개념과 원리를 이해할 수 있다.'로 부정적 표현을 포함하지 않고 상위 수준보다 이해와 수행이 미흡한 수준을 기준으로 진술할 수 있다.

위와 같이 설정한 평가기준은 단계별 평가를 통해 학생이 프로그래밍의 기본 개념과 원리를 이해하고 있는지, 이를 활용한 프로그램의 정확성과 효율성을 평가하고, 문제 해결에 적합한 개념과 함수를 사용하였는지를 평가할 수 있다. 이를 바탕으로 학생의 도달 수준을 판단하고 피드백을 통해 학생이 추상화와 알고리즘 등 프로그래밍 과정을 통해 설계한 문제해결 과정을 자동화할 수 있는 능력을 함양하는데 기여할 수 있다.

(3) 2015개정 교육과정 프로그래밍의 성취기준은 특정 프로그래밍 언어의 기능 습득에 치중하지 않고 문제를 해결하기 위한 프로그램의 창의적인 설계 및 개발 과정을 통해 컴퓨팅 사고력을 신장하는 데 초점을 두고 있다. 이를 평가하는 기준은 성취기준에 부합하도록 설정되었고, 학생의 프로그래밍에 대한 도달 정도를 판단할 수 있으므로 컴퓨팅 사고력의 신장에 기여할 수 있다.

다음 (가)는 2015 개정 중학교 정보과 교육과정에서 정보문화 영역의 성취기준을 나타낸 것이고, (나)와 (다)는 각각 이와 관련된 '교수·학습 방법 및 유의사항'과 '평가 방법 및 유의사항'을 나타낸 것이다. 물음에 답하시오.

(가)	[9정01-02] 정보사회 구성원으로서 개인정보와 저작권 보호의 중요성을 인식하고 개인정보 보호, 저작권 보호 방법을 실천한다.
(나)	• 개인정보 유출로 인한 피해 사례를 조사하고 각 사례별 문제점에 따른 ㉠ 방안을 수립하도록 한다. • 인터넷 상에서 ㉡를 표기한 저작물을 찾아 해당 저작물의 이용 범위에 적합한 사용법을 설명하도록 한다. 또한 자신의 저작물에 ㉡를 사용하여 이용 허가 범위를 표시한 뒤 저작물을 공유하도록 한다.
(다)	• 개인정보 유출로 인한 최근의 피해 사례를 조사하도록 하고 발표 과정을 관찰하여 사례별 문제점에 따른 ㉠ 방안을 수립하였는지 평가한다. • 발표 및 저작물을 공유하는 과정을 관찰하여 ㉡에 따른 디지털 저작물 사용 방법을 정확하게 설명하고 자신의 저작물을 제작하여 공유할 때 이를 적요하였는지 평가한다.
(라)	2020년 확정된 것으로 개인정보 보호법, 정보통신망법, 신용정보법을 통합하여 일컫는 용어이다. 개인정보 보호법은 추가 정보의 결합 없이는 개인을 식별할 수 없도록 안전하게 처리된 가명 정보의 개념을 도입한 것이다. 가명 정보를 이용하면 개인정보를 활용해 새로운 서비스나 기술, 제품 등을 개발할 수 있어 기업들이 신사업을 전개할 수 있다.
(마)	공공저작물에 특화된 라이선스로 아래와 같은 유형이 있다. 공공저작물의 자유로운 이용을 촉진할 수 있는 표준화된 이용허락제도의 도입과 유통체계마련을 위해 도입되었다. ⊙PEN 출처표시 상업용금지 변경금지

(1) ㉠에 들어갈 용어는 무엇인가?

(2) ㉡에 들어갈 용어는 무엇인가?

(3) ㉡과 관련하여 아래 표의 ⓐ, ⓑ에 들어갈 내용을 쓰시오.

⊙	⊖	⊜
저작자 표시 (Attribution)	비영리 (Noncommercial)	ⓐ
⊕	⊗	↻
저작물 사용 허락	ⓑ	동일조건 변경 허락 (Share Alike)

(4) (라)의 설명에 해당하는 용어는 무엇인가?

(5) (마)의 설명에 해당하는 용어는 무엇인가?

풀이 (1) 개인정보 보호 실천

(2) 저작물 이용 허락 표시(CCL, Creative Commons License)

(3) ⓐ 변경금지(No Derivative), ⓑ 이차적 저작물 허락

(4) 빅데이터 3법(또는 데이터경제 3법)

(5) 공공누리(또는 공공저작물 자유이용허락 표시제)

다음은 2015 개정 중학교 정보과 교육과정의 '자료와 정보' 영역에 대한 성취수준과 일반적 특성을 나타낸 것이다. ㉠, ㉡에 들어갈 일반적 특성을 기술하시오.

성취 수준	일반적 특성
A	실생활에서 사용되는 디지털 정보의 사례를 탐색하여 아날로그 정보와의 차이점을 분석할 수 있고 실생활에 존재하는 다양한 형태의 자료와 정보를 사용 목적에 부합하는 디지털로 표현할 수 있다. 컴퓨팅 도구를 활용하여 문제 해결에 필요한 자료를 수집, 관리할 수 있는 방안을 탐색하고 정보를 효과적으로 전달하기 위한 가장 적절한 형태로 구조화하여 표현할 수 있다.
B	㉠
C	실생활에서 사용되는 디지털 정보의 사례를 탐색하여 아날로그 정보와의 차이점을 분석할 수 있고 주어진 형태의 자료와 정보를 사용 목적에 부합하는 디지털로 표현할 수 있다. 컴퓨팅 도구를 활용하여 문제 해결에 필요한 자료를 수집, 관리할 수 있는 방안을 탐색하고 정보를 효과적으로 전달하기 위한 형태로 표현할 수 있다.
D	실생활에서 사용되는 디지털 정보의 사례를 탐색하여 아날로그 정보와의 차이점을 이해하고 주어진 형태의 자료와 정보를 디지털로 표현할 수 있다. 컴퓨팅 도구를 활용하여 주어진 정보와 자료를 관리할 수 있는 방안을 탐색하고 정보를 효과적으로 전달하기 위한 형태로 표현할 수 있다.
E	㉡

풀이 ㉠ 실생활에서 사용되는 디지털 정보의 사례를 탐색하여 아날로그 정보와의 차이점을 분석할 수 있고 주어진 형태의 자료와 정보를 사용 목적에 부합하는 디지털로 표현할 수 있다. 컴퓨팅 도구를 활용하여 문제 해결에 필요한 자료를 수집, 관리 방안을 탐색하고 정보를 효과적으로 전달하기 위한 가장 적절한 형태로 구조화하여 표현할 수 있다.

㉡ 실생활에서 사용되는 디지털 정보를 이해하고 주어진 형태의 자료와 정보를 디지털로 표현할 수 있다. 컴퓨팅 도구를 활용하여 주어진 자료와 정보를 전달하기 위한 형태로 표현할 수 있다.

다음은 2015 개정 고등학교 정보과 교육과정의 영역별 성취기준을 나타낸 것이다. ⊙~⑩이 각각 어떤 영역의 성취기준인지 해당 영역의 이름을 쓰시오.

> ⊙ 동일한 정보가 다양한 방법으로 디지털로 변환되어 표현될 수 있음을 이해하고 정보 활용 목적에 따라 보다 효율적인 방법을 선택한다.
> ⓒ 순차 구조, 선택 구조, 반복 구조 등의 제어 구조를 활용하여 알고리즘을 설계한다.
> ⓓ 다양한 학문 분야의 문제 해결을 위한 알고리즘을 협력하여 설계한다.
> ⓔ 피지컬 컴퓨팅 장치의 동작을 제어하기 위한 프로그램을 작성한다.
> ⑩ 소프트웨어 저작권 보호 제도 및 방법을 알고 올바르게 활용한다.

풀이 ⊙ 자료와 정보

ⓒ 문제 해결과 프로그래밍(추상화와 알고리즘)

ⓓ 문제 해결과 프로그래밍(프로그래밍)

ⓔ 컴퓨팅 시스템

⑩ 정보 문화

〈참조〉 고등학교 정보과 교육과정에서 영역별 성취기준

영역	성취기준
정보 문화	• 정보사회에서 정보과학의 지식과 기술이 활용되는 분야를 탐색하고 영향력을 평가한다. • 정보과학 분야의 직업과 진로를 탐색한다. • 정보보호 제도 및 방법에 따라 올바르게 정보를 공유하는 방법을 실천한다. • 정보보안의 필요성을 이해하고 암호 설정, 접근 권한 관리 등 정보보안을 실천한다. • 소프트웨어 저작권 보호 제도 및 방법을 알고 올바르게 활용한다. • 사이버 공간에서 발생하는 사회적 문제를 예방하기 위한 제도를 이해하고 사이버 윤리를 실천한다.
자료와 정보	• 동일한 정보가 다양한 방법으로 디지털로 변환되어 표현될 수 있음을 이해하고 정보 활용 목적에 따라 보다 효율적인 방법을 선택한다. • 컴퓨팅 환경에서 생산되는 방대하고 복잡한 종류의 자료들을 수집, 분석, 활용하기 위한 컴퓨팅 기술의 역할과 중요성을 이해한다. • 인터넷, 응용 소프트웨어 등 컴퓨팅 도구를 활용하여 문제 해결을 위한 자료를 수집하고 분석한다. • 정보를 관리하는 데 적합한 컴퓨팅 도구를 선택하고 이를 활용하여 정보를 체계적으로 관리한다.
추상화와 알고리즘	• 복잡한 문제 상황에서 문제의 현재 상태, 목표 상태를 이해하고 목표 상태에 도달하기 위해 수행해야 할 작업을 분석한다. • 복잡한 문제 상황에서 문제 해결에 불필요한 요소를 제거하거나 필요한 요소를 추출한다.

영역	성취기준
	• 복잡하고 어려운 문제를 해결 가능한 작은 단위의 문제로 분해하고 모델링 한다. • 순차 구조, 선택 구조, 반복 구조 등의 제어 구조를 활용하여 알고리즘을 설계한다. • 다양한 알고리즘의 성능을 수행시간의 관점에서 분석하고 비교한다.
프로 그래밍	• 텍스트 기반 프로그래밍 언어의 개발 환경 및 특성을 이해한다. • 자료형에 적합한 변수를 정의하고 이를 활용한 프로그램을 작성한다. • 다양한 연산자를 활용한 프로그램을 작성한다. • 표준입출력과 파일 입출력을 활용한 프로그램을 작성한다. • 순차, 선택, 반복 구조를 활용한 프로그램을 작성한다. • 중첩 제어 구조를 활용한 프로그램을 작성한다. • 배열의 개념을 이해하고 배열을 활용한 프로그램을 작성한다. • 함수의 개념을 이해하고 함수를 활용한 프로그램을 작성한다. • 다양한 학문분야의 문제 해결을 위한 알고리즘을 협력하여 설계한다.
컴퓨팅 시스템	• 운영체제의 개념과 기능을 이해하고 운영체제를 활용하여 컴퓨팅 시스템의 자원을 효율 적으로 관리한다. • 유무선 네트워크의 특성을 이해하고 사용하는 컴퓨팅 시스템의 네트워크 환경을 설정한다. • 문제해결에 적합한 하드웨어를 선택하여 컴퓨팅 장치를 구성한다. • 피지컬 컴퓨팅 장치의 동작을 제어하기 위한 프로그램을 작성한다.

다음은 2015 개정 고등학교 정보과 교육과정의 '추상화와 알고리즘' 영역에 대한 평가기준의 일부를 나타낸 것이다. ㉠~㉢에 들어갈 평가기준을 기술하시오.

교육과정 성취기준			평가기준
복잡한 문제 상황에서 문제의 현재 상태, 목표 상태를 이해하고 목표 상태에 도달하기 위해 수행해야 할 작업을 분석한다.	복잡한 문제 상황을 분석하여 문제의 현재 상태와 목표 상태를 정의한다.	상	복잡한 문제 상황을 분석하여 문제의 현재 상태와 목표 상태를 명확히 정의할 수 있다.
		중	복잡한 문제 상황을 분석하여 문제의 현재 상태와 목표 상태를 설명할 수 있다.
		하	복잡한 문제 상황에서 해결해야 할 문제가 무엇인지 분석할 수 있다.
	복잡한 문제의 현재 상태에서 목표 상태에 도달하기 위해 수행해야 할 작업의 종류와 순서를 분석한다.	상	㉠
		중	㉡
		하	㉢

풀이 ㉠ 복잡한 문제의 현재 상태에서 목표 상태에 도달하기 위해 수행해야 할 작업의 종류를 순서대로 제시할 수 있다.

ㄴ 복잡한 문제의 현재 상태에서 목표 상태에 도달하기 위해 수행해야 할 작업이 무엇인지 설명할 수 있다.

ㄷ 복잡한 문제의 현재 상태와 목표 상태의 차이가 무엇인지 설명할 수 있다.

다음은 2015 개정 고등학교 정보과 교육과정의 '정보문화' 영역에 대한 성취수준과 일반적 특성을 나타낸 것이다. ㉠, ㉡에 들어갈 일반적 특성을 기술하시오.

성취수준	일반적 특성
A	㉠
B	정보사회에서 발생하는 다양한 현상을 이해하고 자신의 진로에 정보과학 분야가 어떤 영향을 주는지 탐색하고, 다양한 사례에서 정보보호, 정보보안, 저작권 보호 등을 법과 제도적인 관점에서 분석하고, 사이버 공간에서 이루어지는 행위에 대한 규범을 구체적인 사례를 들어 설명할 수 있다.
C	정보사회에서 발생하는 다양한 현상을 이해하고 자신의 진로에 정보과학 분야가 어떤 영향을 주는지 탐색하고, 제시된 사례에서 정보보호, 정보보안, 저작권 보호 등을 법과 제도적인 관점에서 분석하고, 사이버 공간에서 이루어지는 행위에 대한 규범을 설명할 수 있다.
D	㉡
E	정보사회에서 발생하는 다양한 현상을 이해하고 제시된 사례를 정보보호, 정보보안, 저작권 보호 등을 법과 제도적인 관점에서 분석할 수 있다.

풀이 ㉠ 정보사회에서 발생하는 다양한 현상을 이해하고 자신의 진로에 정보과학 분야가 어떤 영향을 주는지 탐색하고, 다양한 사례에서 정보보호, 정보보안, 저작권 보호 등을 법과 제도적인 관점에서 분석하고 실천 계획을 수립할 수 있다. 사이버 공간에서 이루어지는 행위에 대한 규범을 구체적인 사례를 들어 설명할 수 있다.

ㄴ 정보사회에서 발생하는 다양한 현상을 이해하고 자신의 진로에 정보과학 분야가 어떤 영향을 주는지 인식하고, 제시된 사례에서 정보보호, 정보보안, 저작권 보호 등을 법과 제도적인 관점에서 분석할 수 있다.

다음은 2015 개정 교육과정에서 정보과학 과목의 영역별 성취기준을 나타낸 것이다. ㉠~㉣이 각각 어떤 영역의 성취기준인지 해당 영역의 이름을 쓰시오.

> ㉠ 다양한 정렬 알고리즘을 구현하고 효율성을 비교·분석한다.
> ㉡ 문제를 계산 가능 문제와 불가능 문제로 나누고, 계산 가능 문제는 결정 문제, 탐색 문제, 계수 문제, 최적해 문제 등으로 분류한다.
> ㉢ 변수의 적용 범위를 이해하고 효율적인 모듈화 프로그램을 작성한다.
> ㉣ 문제 해결을 위한 시뮬레이션 프로그램을 구현한다.

풀이 ㉠ 자료 처리
　　㉡ 알고리즘
　　㉢ 프로그래밍
　　㉣ 컴퓨팅 시스템

〈참조〉 정보과학 과목의 영역별 성취기준

영역	성취기준
프로그래밍	• 변수와 상수를 활용하여 프로그램을 작성한다. • 다양한 연산자를 활용하여 프로그램을 작성한다. • 기본 자료형과 사용자 정의 자료형을 활용하여 프로그램을 작성한다. • 다차원 배열을 활용하여 프로그램을 작성한다. • 순차, 선택, 반복 구조를 활용하여 프로그램을 작성한다. • 중첩 제어 구조를 활용하여 프로그램을 작성한다. • 함수를 정의하는 방법을 이해하고 문제 해결을 위해 필요한 함수를 모듈화하여 프로그램을 작성한다. • 변수의 적용 범위를 이해하고 효율적인 모듈화 프로그램을 작성한다.
자료 처리	• 선형 자료구조의 종류와 특성을 이해하고 프로그래밍을 통해 구현한다. • 비선형 자료구조의 종류와 특성을 이해하고 프로그래밍을 통해 구현한다. • 다양한 정렬 알고리즘을 구현하고 효율성을 비교·분석한다. • 순차 탐색과 이진 탐색 알고리즘을 구현하고 효율성을 비교·분석한다. • 깊이 우선 탐색과 너비 우선 탐색 알고리즘을 구현하고 효율성을 비교·분석한다.
알고리즘	• 문제를 계산 가능 문제와 불가능 문제로 나누고, 계산 가능 문제는 결정 문제, 탐색 문제, 계수 문제, 최적해 문제 등으로 분류한다. • 알고리즘을 자연어, 의사코드 등으로 표현하고 알고리즘의 수행시간을 측정하여 다양한 표기법을 이용하여 나타낸다. • 전체 탐색 방법을 이용하여 문제를 해결하는 알고리즘을 설계하고 프로그래밍을 통해 구현한다.

영역	성취기준
	• 탐욕(욕심쟁이) 알고리즘을 이용하여 전체 탐색 방법의 효율을 높일 수 있는 알고리즘을 설계하고 프로그래밍을 통해 구현한다. • 분기한정 알고리즘을 이용하여 전체 탐색 방법의 효율을 높일 수 있는 알고리즘을 설계하고 프로그래밍을 통해 구현한다. • 관계기반 알고리즘을 이해하고 전체 문제와 부분 문제의 재귀적 관계를 정의한다. • 하향식 동적 계획법을 이용한 알고리즘을 설계하고 프로그래밍을 통해 구현한다. • 상향식 동적 계획법을 이용한 알고리즘을 설계하고 프로그래밍을 통해 구현한다.
컴퓨팅 시스템	• 문제 해결을 위한 시뮬레이션 프로그램을 설계한다. • 문제 해결을 위한 시뮬레이션 프로그램을 구현한다. • 문제 해결을 위한 피지컬 컴퓨팅 시스템을 설계하고 구성한다. • 피지컬 컴퓨팅 시스템을 제어하기 위한 프로그램을 구현한다.

5.1.4 교수·학습 방법 및 평가 방법

다음 표는 Keller의 ARCS 이론에서 요소, 하위 범주, 의미를 나타낸 것이다. 물음에 답하시오.

요소	하위 범주	의미
㉠	지각적 각성	흥미를 끌 수 있는 외적인 자극은 무엇인가?
	탐구적 각성	탐구의 질문을 유발하는 것은 무엇인가?
	변화성과 다양성	학습 내용을 어떻게 다양한 방식으로 제시하는가?
관련성	친밀성	수업 내용과 학습자의 요구를 어떻게 만족시키는가?
	목적 지향성	학습자의 요구를 어떻게 만족시키는가?
	동기 부합성	최적의 선택, 책임감을 언제 제공할 것인가?
자신감	㉡	성공에 대한 긍정적인 기대감을 어떻게 신장시키는가?
	성공의 기회 제시	성공적인 학습경험을 어떻게 제공하는가?
	㉢	성공이 자신의 노력과 능력과 연관됨을 어떻게 제공하는가?
만족감	내재적 강화	새로운 지식, 기술의 사용 기회를 어떻게 제공하는가?
	외재적 보상	성공에 대한 외적 기회를 어떻게 제공하는가?
	공정성 강조	학습 성취에 긍정적인 만족감을 어떻게 형성하는가?

(1) ㉠~㉢에 들어갈 내용을 쓰시오.

(2) A교사는 탐색 알고리즘의 교수·학습을 위해 다음과 같은 동기유발 계획을 만들었다. ㉮~㉰가 위의 표에서 각각 어떤 하위 범주에 해당하는지 쓰시오.

> ㉮ : 탐색 알고리즘을 활용할 수 있는 실생활의 문제들을 제시한다.
> ㉯ : 학생들의 동기에 맞는 다양한 학습의 목표나 이유를 제시한다.
> ㉱ : 수업의 마지막 단계에서 학생들이 배운 내용을 적용할 수 있도록 한다.
> ㉰ : 탐색 알고리즘의 학습 내용과 평가 내용을 일치시킨다.

풀이 (1) ㉠ 주의집중 ㉡ 학습의 필요조건 제시
ㄷ 개인적 통제 증대
(2) ㉮ 목적 지향성 ㉯ 동기 부합성
㉱ 내재적 강화 ㉰ 공정성 강조

다음 (가)는 2015 개정 중학교 정보과 교육과정에서 '프로그래밍' 핵심개념에 대한 '교수·학습 방법 및 유의사항'과 '평가 방법 및 유의사항'의 일부를 나타낸 것이다. (나)는 2015 개정 정보과 교육과정의 '교수·학습 및 평가의 방향'에서 (가)와 관련된 내용의 일부이다. (나)의 ㉠~㉢에 들어갈 내용을 쓰시오.

(가)	• 프로그래밍을 통한 융합 문제해결 프로젝트를 협력적으로 수행할 수 있도록 지도하고, 수행 과정에서 구성원의 적극적 참여를 유도하기 위해 프로젝트 계획 단계에서 구성원의 임무와 역할을 명확히 분담하도록 안내한다. • 프로그램 개발 과정을 공유·비교·분석하는 활동을 통해 프로그램을 지속적으로 수정·보완하여 효율적인 프로그램을 완성할 수 있도록 지도한다. • 협력적 프로젝트의 수행 과정을 평가할 때는 학습자 간 유의미한 상호작용이 이루어졌는지, 구성원 각자의 역할을 책임감 있게 수행하였는지 등을 종합적으로 고려한다.
(나)	• 프로그래밍, 피지컬 컴퓨팅 시스템 구현과 같은 문제 해결을 위한 협력적 프로젝트 수행을 통해 ㉠을 함양할 수 있도록 한다. • 모둠별 탐구 활동의 성과물에 대한 평가뿐만 아니라 협업 및 발표, 토론 수행 등의 전과정에서 합리적이고 객관적인 평가가 이루어질 수 있도록 평가 기준과 구체적인 ㉡를 마련하고 교사 평가뿐만 아니라 ㉢를 위한 도구로 활용한다.

풀이 ㉠ 의사소통능력, 창의·융합적 사고능력, 정보처리능력
㉡ 체크리스트
㉢ 동료 평가, 자기 평가

다음은 2015 개정 중학교 정보과 교육과정에서 '컴퓨팅 시스템' 핵심개념에 대한 '교수·학습 방법 및 유의사항'의 일부를 나타낸 것이다. 아래 내용 외에 협력적 피지컬 컴퓨팅의 프로그램과 관련된 유의사항 1가지를 쓰시오. 그리고 이와 관련된 평가 시 유의사항 1가지를 쓰시오.

> • 실생활에서 컴퓨팅 시스템을 활용한 사례를 찾고 각 시스템을 구성하는 하드웨어와 소프트웨어의 유기적인 관계와 역할을 탐구하여 발표하도록 한다.
> • 피지컬 컴퓨팅 장치의 동작 설계에서부터 제어 프로그램 개발까지의 과정을 공유하고 비교·분석하는 활동을 통해 효율적인 프로그램을 개발할 수 있도록 지도한다.

풀이 ㉠ 교수·학습 유의사항 : 피지컬 컴퓨팅 장치의 구성보다는 제어를 위한 동작 설계와 프로그램 작성 과정에 중점을 두고 지도하며, 가급적 '문제해결과 프로그래밍' 영역에서 선택한 프로그래밍 언어를 사용하도록 한다.

㉡ 평가 유의사항 : 동일한 문제 해결을 위해 구현한 피지컬 컴퓨팅 시스템이라 하더라도 다양한 형태의 하드웨어와 프로그램으로 구현할 수 있다. 따라서 학습자가 구현한 피지컬 컴퓨팅 시스템을 평가할 때는 동작 수행의 정확성과 더불어 하드웨어 구성과 프로그램 설계의 창의성과 효율성에 중점을 두고 평가한다.

다음은 2015 개정 고등학교 정보과 교육과정에서 '프로그래밍' 핵심개념에 대한 '교수·학습 방법 및 유의사항'의 일부를 나타낸 것이다. 아래 내용 외에 협력적 프로젝트 수행과 관련된 유의사항 1가지를 쓰시오. 그리고 이와 관련된 평가 시 유의사항 1가지를 쓰시오.

> • 실생활 및 다양한 학문 분야에서 해결해야 하는 문제를 컴퓨팅 사고력을 기반으로 해결해 보는 활동에 중점을 둔다.
> • 프로그래밍 활동에서의 학습자 간 개인차를 고려하여 동료 간 코칭이나 팀 티칭 등의 방법을 적극 활용한다.
> • 공개용 소프트웨어나 오픈 소스 통합 개발 환경을 선택함으로써 교수·학습 활동에 학습자의 접근성을 높일 수 있도록 한다.

풀이 ㉠ 교수·학습 유의사항 : 프로그래밍을 통한 융합 문제해결 프로젝트를 협력적으로 수행할 수 있도록 지도하고, 수행 과정에서 구성원의 적극적 참여를 유도하기 위해 프로젝트 계획 단계에서 구성원의 임무와 역할을 명확히 분담하도록 안내한다.

ⓛ 평가 유의사항 : 협력적 프로젝트의 수행 과정을 평가할 때는 학습자 간 유의미한 상호 작용이 이루어졌는지, 구성원 각자의 역할을 책임감 있게 수행하였는지 등을 종합적으로 고려한다.

다음은 2015 개정 정보과 교육과정에서 교수·학습 방향의 일부를 나타낸 것이다. 아래 내용 외에 학습자의 수준과 개인차와 관련하여 고려할 내용 3가지를 기술하시오.

- 컴퓨팅 사고력을 기반으로 문제를 해결할 수 있는 역량을 기를 수 있도록 교수·학습을 설계한다.
- 개념에 대한 정확한 이를 바탕으로 이를 응용할 수 있도록 학습을 유도한다.
- 내용 요소별 핵심 개념 및 원리를 안내하고 학습자가 새로운 문제 상황에서 핵심개념과 원리를 적용하여 해결해 볼 수 있는 풍부한 기회를 제공하도록 한다.
- 교과 내에서의 영역 간 연계성, 초등학교 실과에서 이수한 소프트웨어 관련 내용, 타 교과와의 연계성까지 고려한 학습 경험을 할 수 있도록 조직하여 융합적 사고력을 기르도록 한다.
- 프로그래밍, 피지컬 컴퓨팅 시스템 구현과 같은 문제 해결을 위한 협력적 프로젝트 수행을 통해 의사소통능력, 창의·융합적 사고능력, 정보처리능력을 함양할 수 있도록 한다.
- 특정 정보기술이나 컴퓨팅 도구의 사용법 습득에 치중하지 않도록 유의하고 문제 해결을 위한 정보기술의 활용, 프로그램 설계 및 개발 프로젝트 수행을 통해 컴퓨팅 사고력을 신장하는 데 중점을 둔다.
- 학습자의 흥미와 동기를 유발할 수 있는 적절한 수준의 문제를 활용하되, 학습 전개 상황에 따라 계열화하여 제시한다.

풀이 ㉠ 학습자의 수준과 실습실 환경에 적합한 교육용 프로그래밍 언어와 피지컬 컴퓨팅 장치를 선택하여 사용한다.
㉡ 학습자 간 개인차를 고려하여 동료 간 코칭이나 팀 티칭 등의 방법을 적극 활용한다.
㉢ 학습자의 수준과 진로 방향을 고려한 탐구 활동이나 프로젝트를 제시하여 학습자의 꿈과 재능이 발휘될 수 있도록 한다.

다음은 2015 개정 정보과 교육과정에서는 다양한 교수 · 학습 방법을 제시하고 있다. ㉠~㉢의 설명에 해당하는 교수 · 학습 방법의 이름을 쓰시오.

㉠ 교사가 제시하는 학습 목표에 따라 학습 단원 내용을 학습하는 형태가 아니라 학생들 스스로가 문제의식을 가지고 주제를 선정하는 단계에서부터 조사나 연구, 발표 및 평가에 이르기까지 학습의 전 과정에 걸쳐 학생들 스스로가 참여하는 학습 모형이다. 객관적인 인식론에 근거하여 교사가 주도하는 수업이 아니라 주관적 인식론에 근거하여 학생의 자율성을 강조하는 자기 주도적 학습 형태이다.

㉡ 소집단 내의 능력수준이 서로 다른 학습자들이 공동 목표 성취를 위해 협동과 집단 간의 경쟁이 주는 장점을 활용한다. 학습자 개인의 동기유발을 효율적으로 도모하고 서로 협력하면서 바람직한 학습목표와 사회적 목표를 달성하고자 하는 학습 방법이다. 이 학습 방법은 집단의 구성원들이 공동의 목표를 향해서 함께 학습하며, 구성원 모두가 다른 구성원의 학습에 책임을 진다는 것을 기본 아이디어로 하고 있다.

㉢ 컴퓨터과학의 기본 개념인 알고리즘, 이진수, 데이터 압축 등을 카드, 줄, 크레용 등 우리 생활 속의 소재를 이용하여 게임이나 퍼즐을 통해 쉽게 가르치는 방법이다. 인접 학문과의 연계가 가능하고, 학습 장소에 구애받지 않는다는 장점이 있다. 알고리즘을 프로그래밍 언어로 구현할 때는 이 활동을 통해 충분히 이해한 후 프로그래밍이 이루어져야 한다.

㉣ 어떤 문제를 해결하거나 주제의 학습을 위해 교사가 학생들의 능동적인 탐구행위를 크게 자극하는 학습형태이다. 이것은 일반적으로 탐구수업과 동의어로 사용되기도 하지만 수업 기술의 하나로서의 탐구법이나 교수 계획으로서의 탐구수업과는 구별되어야 한다.

㉤ 어떤 문제의 긍정적인 면과 부정적인 면을 생각해 보고, 가장 바람직한 문제 해결 방법 또는 대안을 찾는 학습 기법의 하나이다. PMI 기법을 수업에 적용하면 토론 논제에 대한 쟁점을 쉽게 찾을 수 있고, 논제에 대한 깊이 있는 해결책을 찾을 수 있다.

㉥ 학생들에게 특수한 상황이나 장면에 처해보도록 하거나 특정의 역할을 실행해보도록 함으로써 자신이나 타인이 가지고 있는 가치관 혹은 신념을 깊이 있고 명확하게 이해할 수 있도록 하는 실천적 교수 · 학습 방법이다.

㉦ 실제 상황에서 일어날 수 있는 사례를 모의적으로 체험하면서 그 사례와 대응방법을 학습해가는 교육기법으로 체험학습 기법의 하나이다. 보통 미리 설정된 모의장면 속에서 체험하기 때문에 감수성 훈련과 같은 직접적 체험기법과는 다르다. 학습자에게는 선택하고 위험을 감수해야 하는 실제와 유사한 상황이 주어지며, 그 속에서 다양한 의사결정을 하게 된다.

㉧ 개인적으로 작업을 진행한 후 통합하는 방식이 아니라 두 사람이 하나의 컴퓨터를 사용하여 협력적 분업의 형태로 프로그램을 작성한다. 극한 프로그래밍(Extreme Programming) 개발 절차 과정 중의 하나로 두 명의 프로그래머가 하나의 컴퓨터에 앉아 알고리즘 설계, 코딩, 디버깅 등을 협업하는 형태이다.

ⓩ 학습해야 할 기능이나 절차의 실제적인 사례를 교사나 시범자가 직접 제시하고 학습자는 이를 관찰한다. 학습자는 시범을 통하여 익힌 것을 교수자의 통제 하에 직접 연습하고 적용해 본다.

ⓩ 복수의 교사가 역할을 분담한 후 복수의 학급을 해체하여 이룬 한 무리의 학습자로 탄력적인 집단을 편성하여 학습 및 생활을 협력 지도하는 방식이다. 학습자의 개인차와 교사 자질의 개인차가 있을 때 효과적으로 대응할 수 있다.

ⓚ 학습자가 다른 학습자를 돕고 가르치면서 학습하는 방법이다. 학습자 입장의 학생은 자신이 이해하지 못한 정보에 대한 명확한 설명을 듣고 피드백을 받을 수 있다. 교수자 입장의 학생은 자신이 가지고 있는 지식과 기술을 강화할 수 있어서 자아 존중감을 증진시킬 수 있다.

 ㉠ 프로젝트학습　　　ⓛ 협력학습　　　ⓒ 언플러그드 학습
㉣ 탐구학습　　　㉤ 토의·토론 학습　　　ⓗ 역할놀이
ⓢ 게임학습　　　ⓞ 짝 프로그래밍　　　ⓩ 시범실습법
ⓩ 팀 티칭　　　ⓚ 동료 교수법

기억장치 관리 방법인 페이징 기법에 관하여 탐구학습을 수행하고자 한다. 조건을 고려하여 물음에 답하시오.

조건

- 학습자는 고등학생이다.
- 2진수, 페이징 기법에 대한 기초 개념을 학습하였다.
- 페이징 기법에서 논리 주소의 구성은 다음과 같다.

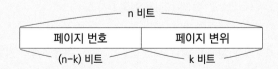

- [가설] 페이징 기법을 적용할 때, 모든 페이지는 각각 2^k개의 워드로 구성된다.

(1) '가설'의 옳고 그름을 판단하고, 근거를 서술하시오.

(2) '가설'에 대하여 탐구학습을 수행하는 경우 '자료 해석 및 가설 검증' 단계의 교수·학습 과정을 교사 활동과 학생 활동으로 구분하여 설계하시오.

풀이 (1) 위의 가설은 옳은 가설이다. 그 이유는 동일한 크기의 페이지를 사용하는 페이징 기법에서 n비트 논리 주소 중에서 페이지 변위가 k비트이므로 한 페이지의 크기는 $0 \sim (2^k-1)$ 범위에 속한다. 따라서 모든 페이지는 2^k 개의 워드로 구성된다.

(2) 탐구학습은 학습자의 자율적인 학습 능력을 계발하고 탐구 과정의 체득에 초점을 두는 학습법이다. 탐구학습의 절차는 문제의 발견 및 인식, 가설설정, 자료수집을 위한 실험 설계, 실험을 통한 자료수집 및 처리, 자료 해석 및 가설 검증, 잠정적인 결론 및 일반화의 6단계 활동으로 이루어진다. 위의 가설에 대하여 탐구학습을 하는 경우 '자료 해석 및 가설 검증' 단계에 수행해야 할 교사와 학생의 활동은 다음과 같다.

단계	하위단계	교사 활동	학생 활동
자료 해석 및 가설 검증	자료 해석	페이지 변위가 서로 다른 다수의 페이징 기법 자료들을 제공한다. 학생의 해석에 대한 피드백을 정리하되 결론을 주어서는 안 된다.	페이지 변위 비트가 달라짐에 따라 변화되는 페이지 크기와의 상관관계를 해석한다.
	가설 검증	학생이 올바른 검증과정을 거쳐서 검증하는지를 관찰하고 검증과정에서 비약이나 오류가 있다면 발문법을 통한 피드백으로 교정해준다.	페이지 변위 비트인 k비트를 변화시켜 보면서 페이징 시스템의 기본 가정에 따라 페이지들이 동일한 크기로 구성되는지 확인한다. 최종적으로 변위 비트가 k일 때 페이지 크기가 2^k 워드가 되는지 확인한다.

문제 중심 학습(PBL: Problem Based Learning)에 대한 물음에 답하시오.

(1) PBL을 정의하시오.
(2) PBL에서 제시되는 '문제'의 특징을 설명하시오.
(3) PBL의 장점을 설명하시오.
(4) PBL의 교수학습 절차를 나열하고, 이들 중에서 '문제 확인' 단계에서 학습자의 활용 내용을 기술하시오.

풀이 (1) 문제 중심 학습은 학습자의 관심, 흥미와 연관되고 실세계와 밀접하게 연결된 문제를 학습자가 직접 해결하면서 지식과 기술, 태도를 형성하는 것이다.

(2) ① 비구조화된 문제이다. 문제의 정의와 해결 방안이 명료한 구조화된 문제와는 달리, 비구조화된 문제를 문제의 정의가 쉽지 않아 재정의할 필요가 있고, 문제해결

에 필요한 부가적인 정보가 필요하다. 이러한 비구조화된 문제는 해결안이나 결과가 어떤 한 가지 혹은 몇 가지로 제한될 수 있는 것이 아니라 접근하는 방향에 따라 여러 가지 다른 결론에 도달할 수 있다.

② 복잡하고 실제적 맥락을 가지고 있어야 한다. 학교라는 상황에서만 통하는 인위적이고 비실용적인 문제가 아니라 모든 상황에 있어서 현실성에 바탕을 둔 문제이야 한다. 따라서 문제는 학습자 자신들에게 필요한 것이어서 실질적인 도움을 줄 수 있어야 한다.

③ 학생들에게 탐구하고, 정보를 수집하고, 반성적 사고를 하도록 요구하고, 자신의 논리에 기초하여 결론을 도출할 수 있도록 지원하는 도전과 동기적 요소를 포함해야 한다.

④ 확실한 방향이 제시된 문제이어야 한다. 주어진 문제에 학습자의 역할과 기대되는 학습 결과물에 대한 명시가 분명하게 제시되어 있어야 한다.

(3) 문제 중심 학습은 문제, 사례, 과제를 중심으로 학습이 전개되는 교수·학습 모형이다. PBL에서는 학습자들의 실생활, 관심과 직접적인 관련이 있으며, 구체적 상황에 기반을 두는 문제를 중심으로 학습이 진행된다. 이러한 PBL의 장점은 다음과 같다.

① 복잡한 비구조적인 문제를 제시하여, 학습자들이 문제를 파악하고 관련 자료를 수집하는 등의 문제해결 과정을 통해 문제해결 능력을 신장시킬 수 있다.

② 학습자 중심의 교수·학습 방법이다. 학습자는 문제의 규명부터 시작하여 문제를 풀어가는 전 과정과 결과에 대한 전적으로 책임을 진다. 외부 관계자들에게 자신의 결과물과 그것을 도출해 내기까지의 과정에 대하여 논리적으로 설득력 있게 자신의 견해는 제시하고 설명할 수 있는 능력을 습득할 수 있다.

③ 학생들의 협동학습 환경을 강조한다. 협동학습을 통해 다른 사람들의 다양한 견해와 관점을 접하게 됨으로써 개인이 지닌 사고의 영역과 범주, 관련 분야에 대한 전문적 지식을 넓힐 수 있는 계기를 마련하게 된다.

④ 학습자의 자아 성찰을 중시한다. 협동학습과 자율적 학습으로 나누어져 있어 학습 과정에서 자아 성찰적 질문을 통해 학습의 내용과 문제해결 과정, 그리고 자신이 속한 협력 집단 내에서 이루어지고 있는 학습활동에 대해 끊임없는 반성적 사고를 해야 한다.

(4) PBL의 교수학습 절차는 문제 제시, 문제 확인, 개별적 자기주도 학습, 문제 재확인, 문제 해결, 발표, 문제 결론으로 이루어질 수 있다. 문제 해결 단계에서 문제가 해결되지 않으면 문제 확인 단계로 돌아가 다음 단계를 반복한다. 문제 제시 단계에서 책, 동영상 콘텐츠, 역할 놀이, 작문 등의 다양한 방법을 통해 복잡하고 비구조화된 문제들을 제시한다. 문제 확인 단계에서는 자신의 수준에서 문제를 이해하고, 자신의 단어로 문

제를 정의한다. 이 단계에서 학습자는 자신이 알고 있는 한계 내에서 문제를 파악하므로 학습자의 초기 시도는 사전 지식과 경험을 통해 이해한 것에 기반한다. 이 단계에서 학생들을 모둠으로 나누고, 그룹 구성원과 함께 토의하여 문제를 명료화한다. 또한, 학습자는 자신이 알고 있는 것과 알아야 할 것을 서술하여 필요한 정보를 조직하고, 다음 단계에서 각자 전문적으로 개별학습을 통해 정보를 수집하는 과정을 거친다.

다음은 2015 개정 정보과 교육과정에서 평가 방향의 일부를 나타낸 것이다. 아래 내용 외에 학습자의 능력이나 수준과 관련하여 고려할 내용 2가지를 기술하시오.

- 평가 항목은 정보문화소양, 컴퓨팅 사고력, 협력적 문제해결력의 하위 요소를 기반으로 구체화한다.
- 모둠별 탐구 활동의 성과물에 대한 평가뿐만 아니라 협업 및 발표, 토론 수행 등의 전과정에서 합리적이고 객관적인 평가가 이루어질 수 있도록 평가 기준과 구체적인 체크리스트를 마련하고 교사 평가뿐만 아니라 동료 평가, 자기 평가를 위한 도구로 활용한다.
- 토론 과정 평가 시, 모든 구성원의 발언 내용과 태도를 평가하기 위해 소규모의 모둠별 토론이 진행되도록 하고 구성원들이 번갈아 가며 발언할 수 있도록 안내한다.

풀이 ㉠ 학습자의 능력과 수준을 고려하여 다양한 평가 문항을 제시함으로써 학습자가 성취감을 경험할 수 있도록 한다.
㉡ 학습자의 수준을 정확히 파악하고 교수 · 학습 설계에 반영할 수 있도록 형성평가를 적극 활용한다.

다음은 2015 개정 정보과 교육과정에서는 다양한 평가방법을 제시하고 있다. ㉠~㉡의 설명에 해당하는 평가방법의 이름을 쓰시오.

㉠ 자신의 감정, 태도, 신념, 가치, 신체 상태를 스스로 표현하거나 기술하도록 하는 방법을 말한다. 이 평가 방법은 정의적 특성의 인지적 요소 및 정의적 요소를 효율적으로 평가할 수 있고, 직접 관찰할 수 없는 감정이나 신념을 측정할 수 있다는 장점이 있다.
㉡ 학습에 참여한 학생들이 관심사, 쟁점, 결과 등에 관한 정보를 체계적으로 수집하여 평가하려는 접근이다. 학생이 평가 장면을 있는 그대로 대면하고 평가 장면에서의 의미와 가치가 충분히 발현되도록 하며 가능하면 선입견을 배제하는 것을 특징으로 한다.

ⓒ 관찰자가 학생의 언어나 행동 등에 관한 자료를 직접 수집하는 방법이다. 관찰은 가장 기본적이고 전통적인 자료수집방법으로 관찰에서는 관찰자가 측정도구의 역할을 한다. 이 평가방법은 관찰자가 직접 행동에 관한 평가의 자료를 수집하려고 할 때 적합하며 정의적 특성의 행동 요소를 평가하는 데도 사용될 수 있다.

풀이 ㉠ 자기평가　　　　　㉡ 동료평가　　　　　㉢ 관찰평가

다음은 2015 개정 중학교 정보과 교육과정에서 '문제해결과 프로그래밍' 영역의 '알고리즘' 핵심개념에 대한 교수·학습 지도안, 성취기준, 평가기준, 평가지를 나타낸 것이다. 물음에 답하시오.

<교수학습 지도안>

영역	문제해결과 프로그래밍		핵심개념	알고리즘
학습주제	알고리즘 이해하기, 알고리즘 표현하기			
학습목표	1. 알고리즘의 중요성을 이해하고, 실생활 문제의 해결과정을 알고리즘으로 설계할 수 있다. 2. 문제 해결을 위한 다양한 방법과 절차를 탐색하고 명확하게 표현할 수 있다.			
학습단계		교수학습 활동		자료 (유의점)
목표 설정 (도입)	학습목표 확인 및 동기유발	• 학습목표 제시 • 알고리즘의 의미와 중요성 인식하기		
	활동 안내	• 모둠별 역할을 분담 • 토의·토론 방법 및 유의점 제시		모둠 구성
활동 (전개)	모둠별 언플러그드 활동 및 발표	<알고리즘 이해하기> • 짝과 함께 명령을 내리고 수행하는 역할 놀이하기 • 컴퓨터에게 명령을 내릴 때 주의할 점 알기		활동지1
		• 크기가 다른 3개의 공을 정렬하는 알고리즘을 활동으로 표현해 보기		활동지2
	모둠활동·발표	<알고리즘 표현하기> • 알고리즘의 표현방법 이해하기 • 도서관에서의 상황을 순차, 선택, 반복 구조로 각각 표현 해보기 • 일상생활의 문제를 순차, 선택, 반복 구조로 표현하고 모 둠별로 발표해보기		활동지3
정리 및 평가		평가 방법 : 자기평가, 동료평가, 관찰평가		

<성취기준>

[9정03-03] 논리적인 문제 해결 절차인 알고리즘의 의미와 중요성을 이해하고 실생활 문제의 해결 과정을 알고리즘으로 구성한다. [9정03-04] 문제 해결을 위한 다양한 방법과 절차를 탐색하고 명확하게 표현한다.	

<평가기준>

상	알고리즘이 중요한 이유를 명확하게 설명할 수 있고, 일상생활의 문제를 해결하기 위한 다양한 방법과 절차를 탐색할 수 있으며, 이를 순차 구조, 선택 구조, 반복 구조를 모두 이용하여 알고리즘으로 표현할 수 있다. 이러한 이해도를 바탕으로 모둠원 친구들이 모르는 부분에 대해서는 친절하게 설명을 잘 해주는 친구로 평가받는다.
중	알고리즘이 중요한 이유를 대략적으로 설명할 수 있고, 일상생활의 문제를 해결하기 위한 방법과 절차를 탐색할 수 있으며, 이를 순차 구조, 선택 구조만을 이용하여 알고리즘으로 표현할 수 있다. 모둠원과 협력하여 일상생활의 문제를 알고리즘으로 표현하려고 노력한다.
하	일상생활의 문제를 해결하기 위한 방법을 탐색할 수 있으며, 이를 순차 구조를 이용하여 알고리즘으로 표현할 수 있다. 모둠원의 도움을 받아 일상생활의 문제를 알고리즘으로 표현할 수 있다.

활동지1 (알고리즘 이해하기)

모둠명		모둠원	

1. 아래 그림을 한 번도 본 적이 없는 사람이 그릴 수 있도록 순서대로 정확히 설명해보자.

〈그림〉	〈설명〉
	㉠

2. 아래 설명한 게임 순서에 따라 위의 활동을 짝과 함께 해보자.
   - 짝이 그릴 그림을 학습지에 그린다. 이때 그릴 그림은 짝에게 비밀로 한다.
   - 짝에게 설명할 내용을 순서나 절차를 이용해 명확하게 적는다.
   - 짝에게 설명하고 짝이 설명한 대로 정확하게 그렸는지 확인한다.
   - 위의 과정을 짝과 번갈아 가면서 활동한다.

〈짝이 그릴 그림〉	〈짝에게 설명한 내용〉
	㉡

3. 컴퓨터에게 명령을 내릴 때 주의해야 할 점은 무엇일지 토의해 보자.

㉢

<평가지>

번호	평가내용	예/아니오
O 자기평가 토의 과정 및 결과를 생각하면서 자신 학습활동을 돌아보면서 스스로를 평가해보자.	
1	㉠	
2	정렬 알고리즘을 이해했는가?	

O 동료평가(모둠간)

2. 다른 모둠의 정렬 알고리즘에 대한 언플러그드 활동 영상을 보고 평가해보자.

번호	평가내용	평가척도(5/4/3/2/1점)				
		모둠1	모둠2	모둠3	모둠4	모둠4
1	정렬 알고리즘 표현을 위한 준비가 잘 되었는가?					
2	정렬 알고리즘에 맞게 활동 표현이 이루어졌는가?					
3	㉡					
4	㉢					
합계						

O 관찰평가

3. 교사에 의한 학생의 학습 달성도를 평가해보자.

평가요소	평가내용	평가결과
알고리즘	활동지를 꼼꼼히 작성했는가?	□ 5 □ 4 □ 3 □ 2 □ 1
	정렬 알고리즘을 오류 없이 표현했는가?	□ 5 □ 4 □ 3 □ 2 □ 1
	언플러그드 활동이 정렬 알고리즘을 효과적으로 표현하고 있는가?	□ 5 □ 4 □ 3 □ 2 □ 1

(1) 제시된 핵심개념에 대한 내용요소에는 '알고리즘 이해'와 '알고리즘 표현'이 있다. 이와 연계된 고등학교 교육과정에서의 내용요소를 나열하시오.

(2) 위에 제시된 수업에서 파악할 수 있는 교수학습 방법을 나열하시오.

(3) 위에 제시된 수업에서 파악할 수 있는 평가 방법을 나열하시오.

(4) 학습자가 활동지1의 ㉠~㉢에 기술한 내용이 다음과 같다. 위에서 제시한 평가기준을 적용하여 '알고리즘 이해' 관점만 평가하는 경우 이 학습자에 대한 평가 결과를 쓰고, 그 이유를 기술하시오.

㉠	• 가로가 ○cm, 세로 ○cm인 직사각형을 그린다. • 직사각형 안에 반지름이 ○cm인 원 3개를 수평으로 나란히 그린다. • 가장 왼쪽 원은 빨강색으로 칠한다. • 가운데 원은 주황색으로 칠한다. • 가장 오른쪽 원은 초록색으로 칠한다.
㉡	• 반지름이 ○cm인 원을 그린다. • 원 안을 노랑색으로 칠한다. • 원 내부의 윗부분에 반지름이 ○mm인 검은점 두 개를 ○cm 간격으로 찍는다. • 원 내부의 검은 점 아래에 아래로 볼록한 곡선을 그린다.
㉢	컴퓨터는 스스로 문제를 이해하고 분석할 수 없기 때문에 순서나 절차를 명확하게 설명해야 한다.

(5) 평가지에서 자기평가 방법의 ㉠에 들어갈 수 있는 평가내용을 제시하시오.

(6) 평가지에서 동료평가(모둠간) 방법의 ㉡, ㉢에 들어갈 수 있는 평가내용을 2가지 제시하시오.

풀이 (1) 알고리즘 설계, 알고리즘 분석

(2) 토의토론 학습, 게임학습, 역할놀이

(3) 자기평가, 동료평가, 관찰평가

(4) 상, ㉠과 ㉡의 내용으로 판단할 때 학습자는 알고리즘이 중요한 이유를 명확하게 이해하고 설명한 것으로 판단된다. 그리고 ㉢에서 컴퓨터에게 명령을 내릴 때 주의해야 할 점도 명확히 기술하였다.

(5) 컴퓨터에게 명령을 내릴 때 주의할 점을 알고 있는가?

(6) 모둠원의 역할 분담이 잘 이루어졌는가?
모둠원끼리 협력하여 문제를 해결했는가?

2015 개정 중학교 정보과 교육과정에서 '정보의 구조화' 내용 요소에 대한 수업을 진행하고자 한다. (가)는 이와 관련하여 정보 교과의 목표, 성취기준, 교수·학습 방법, 평가 방법을 나타낸 것이고, (나)는 교수·학습 지도안을 나타낸 것이다. 물음에 답하시오.

(가)

〈목표〉
중학교 '정보'에서는 기초적인 정보윤리의식과 정보보호능력을 함양하고 실생활의 문제 해결을 위해 정보기술활용능력과 컴퓨팅 사고력, 협력적 문제해결력을 기르는 데 중점을 둔다.
(1) 정보기술을 활용하여 문제 해결에 필요한 자료와 정보를 수집하고 효율적으로 구조화하는 능력과 태도를 기른다.

〈성취 기준〉
[9정02-03] 실생활의 정보를 표, 다이어그램 등 다양한 형태로 구조화하여 표현한다.

〈교수학습 방법〉
실생활의 정보를 표, 다이어그램 등 다양한 시각적 형태로 구조화하여 표현하도록 하고 산출물을 서로 비교하여 정보 활용 목적에 효과적인 형태인지 토론하도록 한다.

〈평가 방법〉
정보를 구조화한 산출물을 시연하고 토론하는 과정을 관찰하여 정보를 효과적으로 전달할 수 있는 형태로 구조화하였는지 평가한다.

(나)

영역		자료와 정보	핵심개념	자료와 정보의 분석
학습주제		정보의 구조화, 효율적인 구조화 방법 찾기		
학습목표		실생활의 정보를 표, 다이어그램 등 다양한 형태로 구조화하여 표현할 수 있다.		
학습단계		교수학습 활동		자료 (유의점)
목표 설정 (도입)	학습목표 확인 및 동기유발	• 학습목표 제시 • 알고리즘의 의미와 중요성 인식하기		
	활동 안내	• 모둠별 역할을 분담 • 토의·토론 방법 및 유의점 제시		모둠 구성
활동 (전개)	개인별 활동 및 발표	〈정보의 구조화〉 • ㉠		활동지1
	모둠별 활동·발표	〈효율적인 정보 구조화 방법 찾기〉 • 신문 기사를 읽고 모둠별로 구조화하여 표현하기 • ㉡ • ㉢		활동지2
정리 및 평가		평가 방법 : 자기평가, 동료평가, 관찰평가		

(1) ⊙~ⓒ에 들어갈 수 있는 내용을 쓰시오.

(2) 활동지1에 포함될 수 있는 실생활 정보의 구조화 형태를 나열하시오.

(3) 활동지1에 포함할 수 있도록 계층형으로 구조화할 수 있는 예를 제시하고 구조화한 결과를 작성하시오.

(4) 자기평가와 관찰평가에 대한 평가지를 작성하시오.

---

(1) ⊙ 다양한 구조화 형태의 특징을 이해하고 실생활 정보를 표, 다이어그램 등 다양한 형태로 구조화해보기

　　ⓒ 칠판 나누기를 통해 각 모둠별 구조화 사례를 칠판에 적고 발표하기

　　ⓒ PMI 토론 기법을 이용하여 효과적인 구조화 방법에 대해 토론하기

(2) 목록형, 테이블형, 계층형, 써클형, 플로우형, 그래프형

(3) 모둠별로 2명씩 짝을 지어 빙고게임을 하고 그 결과를 계층형으로 표현해 보자.

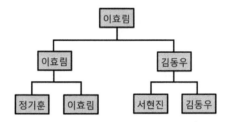

(4) O 자기평가 평가지

번호	평가 내용	예/아니오
1	목록형으로 표현하기에 적합한 자료의 예를 말할 수 있는가?	
2	테이블형으로 표현하기에 적합한 자료의 예를 말할 수 있는가?	
3	계층형으로 표현하기에 적합한 자료의 예를 말할 수 있는가?	
4	그래프형으로 표현하기에 적합한 자료의 예를 말할 수 있는가?	
5	써클형의 특징을 이해하고 자료를 써클형으로 표현할 수 있는가?	
6	플로우형의 특징을 이해하고 자료를 플로우형으로 표현할 수 있는가?	

O 관찰평가 평가지

평가요소	평가내용	평가결과
정보의 구조화	활동지를 꼼꼼히 작성했는가?	□ 5 □ 4 □ 3 □ 2 □ 1
	정보 구조화의 종류별 특징을 이해했는가?	□ 5 □ 4 □ 3 □ 2 □ 1
	정보 구조화의 종류별 사례를 이해했는가?	□ 5 □ 4 □ 3 □ 2 □ 1

5.2 2015 개정 인공지능 기초 교육과정

다음은 2015 개정 교육과정에서 교육부 고시(제2020-236호)와 관련된 내용이며, 초·중등 학교 교육과정의 총론 일부를 나타낸 것이다. ㉠~㉢에 들어갈 내용은 무엇인가?

Ⅱ. 학교 급별 교육과정 편성·운영의 기준

 4. 고등학교

 가. 편제와 단위 배당 기준

 1) ~ 2) 〈생략〉

 3) 보통교과

교과 영역	교과(군)	공통 과목	선택 과목	
			일반 선택	진로 선택
기초	국어	국어	화법과 작문, 독서, 언어와 매체, 문학	실용 국어, 심화 국어, 고전 읽기
	수학	수학	수학Ⅰ, 수학Ⅱ, 미적분, 확률과 통계	기본 수학, 실용 수학, ㉠, 기하, 경제 수학, 수학과제 탐구
	영어	영어	영어 회화, 영어Ⅰ, 영어 독해와 작문, 영어Ⅱ	기본 영어, 실용 영어, 영어권 문화, 진로 영어, 영미 문학 읽기
	한국사	한국사		
〈중략〉				
생활 · 교양	기술 · 가정		기술·가정, ㉡	농업 생명 과학, 공학 일반, 창의 경영, 해양 문화와 기술, 가정과학, 지식 재산 일반, ㉢
〈 생략 〉				

풀이 ㉠ 인공지능 수학

㉡ 정보

㉢ 인공지능 기초

다음은 2015 개정 정보과 교육과정(교육부 고시 제2020-236호)에서 인공지능 기초 과목의 성격과 교육목표에 관한 내용이다. ㉠~㉤에 들어갈 내용을 쓰시오.

> 인공지능 기초 과목의 내용에서 ㉠와 ㉡ 영역에서는 현대와 미래사회 구성원으로서 갖추어야 할 기본 소양을 함양하는 데 중점을 둔다. ㉢와 ㉣ 영역에서는 인공지능의 기본 개념과 원리, 기술 등을 활용하여 실생활 및 다양한 분야의 문제 해결 능력을 신장하는 데 중점을 둔다.
> 인공지능 기초 과목의 교육 목표는 정보 교과에서 배운 컴퓨터과학의 기본 개념을 기반으로 ㉤을 함양하고 인공지능의 기본 개념과 원리, 기계학습 모델의 활용 방법을 바탕으로 실생활 및 다양한 분야의 문제를 창의적이고 효율적으로 해결하는 능력을 기르는 것이다.

풀이
㉠ 인공지능의 이해

㉡ 인공지능의 사회적 영향

㉢ 인공지능의 원리와 활용

㉣ 데이터와 기계학습

㉤ 인공지능 소양, 인공지능 윤리의식, 인공지능 활용 능력

다음 표는 2015 개정 정보과 교육과정(교육부 고시 제2020-236호)에서 인공지능 기초 과목의 내용 체계 일부를 나타낸 것이다. ㉠~㉣에 들어갈 내용을 쓰시오.

영역	핵심 개념	일반화된 지식
인공지능의 이해	인공지능과 사회	인공지능은 4차 산업혁명의 핵심 기술로 사회와 직업의 변화를 이끌고 있다.
	㉠	인공지능은 지능 에이전트의 형태를 통하여 외부 환경을 인식, 학습, 추론, 행동함으로써 문제를 해결한다.
인공지능의 원리와 활용	인식	지능 에이전트는 시각, 청각 등의 인식을 통하여 세상과 상호작용 한다.
	㉡	문제 해결을 위해 해답에 이르는 다양한 경로를 탐색하거나, 세상의 지식과 정보를 구조화하여 표현하고 이를 이용하여 해를 도출한다.
	학습	인공지능에서의 학습은 데이터로부터 분류, 군집, 예측 등에 관한 모델을 자동으로 만드는 것이다.
데이터와	데이터	기계학습 모델 구현에 사용되며, 정형 데이터와 비정형 데이터로 구

영역	핵심 개념	일반화된 지식
기계학습		분된다.
	기계학습 모델	㉢
㉣	인공지능 영향력	인공지능은 개인의 삶과 사회에 긍정적·부정적 영향을 미친다.
	인공지능 윤리	사회의 구성원이 인공지능을 올바르게 활용하기 위해 갖추어야 하는 가치관과 행동 양식이다.

풀이 ㉠ 인공지능과 에이전트

㉡ 탐색과 추론

㉢ 지능적 문제를 정의하고, 문제 해결에 필요한 데이터를 준비하여, 모델의 훈련과 테스트 과정을 통하여 구현된다.

㉣ 인공지능의 사회적 영향

다음 표는 2015 개정 정보과 교육과정(교육부 고시 제2020-236호)에서 인공지능 기초 과목의 내용 체계 일부를 나타낸 것이다. 물음에 답하시오.

영역	핵심 개념	내용 요소	기능
인공지능의 이해	인공지능과 사회	• 인공지능의 개념과 특성 • 인공지능 기술의 발전과 사회 변화	탐색하기 비교하기 분석하기
	인공지능과 에이전트	• 지능 에이전트의 개념과 역할	
인공지능의 원리와 활용	인식	• 센서와 인식 • 컴퓨터 비전 • 음성 인식과 언어 이해	탐색하기 비교하기 분석하기
	탐색과 추론	• 문제 해결과 탐색 • 표현과 추론	㉢ 표현하기 설계하기
	학습	㉠	
데이터와 기계학습	데이터	• 데이터의 속성 • 정형 데이터와 비정형 데이터	탐색하기 분석하기 비교하기
	기계학습 모델	㉡	㉣ 평가하기
인공지능의 사회	인공지능 영향력	• 사회적 문제 해결	탐색하기

영역	핵심 개념	내용 요소	기능
적 영향		• 데이터 편향성	분석하기 예측하기 의사 결정하기 실천하기
	인공지능 윤리	• 윤리적 딜레마 • 사회적 책임과 공정성	

(1) ㉠, ㉡에 들어갈 내용 요소를 각각 2가지 나열하시오.

(2) ㉢, ㉣에 들어갈 기능을 각각 3가지 나열하시오.

풀이 (1) ㉠ 기계학습의 개념과 활용, 딥러닝의 개념과 활용

　　　 ㉡ 분류 모델, 기계학습 모델 구현

　　(2) ㉢ 최적화하기, 추론하기, 지식 생성하기

　　　 ㉣ 핵심요소 추출하기, 적용하기, 목표 설정하기

다음은 2015 개정 정보과 교육과정(교육부 고시 제2020-236호)에서 인공지능 기초 과목의 영역별 성취기준을 나타낸 것이다. ㉠~㉣에 해당하는 핵심 개념과 내용 요소를 쓰시오.

㉠ 지능 에이전트가 실생활에 활용된 다양한 사례를 탐색하고, 지능 에이전트의 역할을 이해한다.

㉡ 인공지능 사회의 구성원으로서 인공지능 윤리의 중요성을 인식하고 사회적 책임감을 갖고 공정성을 추구할 수 있는 방안을 제시한다.

㉢ 훈련 데이터를 분류 모델의 학습에 적용하고, 테스트 데이터를 이용하여 성능을 평가한다.

㉣ 규칙과 사실을 이용하여 지식을 표현하고, 추론을 통해 새로운 사실을 생성한다.

풀이 ㉠ 인공지능과 에이전트, 지능 에이전트의 개념과 역할

　　 ㉡ 인공지능 윤리, 윤리적 딜레마/사회적 책임과 공정성

　　 ㉢ 기계학습 모델, 기계학습 모델 구현/분류 모델

　　 ㉣ 탐색과 추론, 표현과 추론/문제 해결과 탐색

다음에 제시된 교수·학습 방법과 평가 방법에 대한 유의사항이 2015 개정 정보과 교육과정(교육부 고시 제2020-236호)의 인공지능 기초 과목에서 각각 어떤 영역에 해당하는지 쓰시오.

① 교수·학습 방법 및 유의사항

    ㉠ 데이터 편향성의 문제를 경험해 볼 수 있는 활동을 수행하고 데이터 공정성의 중요성을 설명할 수 있도록 지도한다.

    ㉡ 학습자의 진로와 연계된 주제의 프로젝트를 선택하도록 하여, 학습자가 인공지능 기술의 활용과 자신의 미래를 연결 지어 생각할 수 있도록 지도한다.

    ㉢ 센서를 활용한 이미지 인식, 음성 인식, 챗봇 등 간단한 인공지능 인식 프로그램을 체험하거나 만들어 보는 과정을 통해 다양한 인공지능 기법의 활용 분야를 탐색하고 동작 원리를 이해할 수 있도록 지도한다.

    ㉣ 일상생활에서 활용되는 인공지능의 역할을 조사하게 하고 개인의 삶과 사회 변화에 미치는 인공지능의 가치에 관해 토론해 보도록 지도한다.

② 평가 방법 및 유의사항

    ㉠ 인공지능의 특성을 학습하는 과정에서 인공지능인 것과 인공지능이 아닌 것을 비교·분석하도록 하고, 발표 과정을 관찰하여 차이점을 명확히 제시할 수 있는지 평가한다.

    ㉡ 실습 과제를 평가할 경우, 작성한 프로그램의 정확성과 효율성을 평가하기 보다는 프로그램 설계 과정의 논리성과 실습 과정을 통해 관련 인공지능 기법의 동작 원리를 이해하고 있는지에 중점을 두고 평가한다.

    ㉢ 학습 모델을 구현하기 위해 다양한 도구를 사용하되 도구 사용 방법에 중점을 두지 않도록 유의하여 평가한다.

    ㉣ 데이터 편향성이 인공지능 수행 결과에 미치는 영향을 사례를 바탕으로 조사하고 올바른 데이터 활용을 위해 유의해야 할 사항을 제시하는지 평가한다.

풀이

내용 영역 \ 유의사항	교수·학습 방법	평가 방법
인공지능의 이해	㉣	㉠
인공지능의 원리와 활용	㉢	㉡
데이터와 기계학습	㉡	㉢
인공지능의 사회적 영향	㉠	㉣

다음은 2015 개정 정보과 교육과정(교육부 고시 제2020-236호)의 인공지능 기초 과목에서 교수·학습의 방향을 나타낸 것이다. ㉠~㉢에 들어갈 내용을 쓰시오.

① 교과 내에서의 영역 간 연계성, 중학교 정보에서 이수한 내용, 타 교과와의 연계성까지 고려한 학습 경험을 할 수 있도록 교육 내용을 조직하여 ㉠을 기르도록 한다.

② 기계학습 모델 구현과 같은 프로젝트형 실습은 협업을 통해 ㉡을 함양할 수 있도록 한다.

③ 특정 인공지능 기술이나 도구의 사용법 습득에 치중하지 않도록 유의하고 문제 해결을 위한 인공지능 기술의 활용, 프로젝트 설계 및 수행을 통해 ㉢을 함양하는 데 중점을 둔다.

풀이 ㉠ 융합적 사고력
㉡ 의사소통 능력, 창의·융합적 사고 능력, 정보처리 능력
㉢ 인공지능 소양

다음은 2015 개정 정보과 교육과정(교육부 고시 제2020-236호)에서 인공지능 기초 과목의 평가 방향을 나타낸 것이다. ㉠~㉢에 들어갈 내용을 쓰시오.

① 학습자의 수준을 정확히 파악하고 교수·학습 설계에 반영할 수 있도록 ㉠를 적극 활용한다.

② 모둠별 탐구 활동의 성과물에 대한 평가뿐만 아니라 협업 및 발표, 토론 수행 등의 전 과정에서 합리적이고 객관적인 평가가 이루어질 수 있도록 평가 기준과 구체적인 체크리스트를 마련하고, 이를 교사 평가뿐만 아니라 ㉡의 도구로 활용한다.

③ 학습자의 능력과 수준을 고려하여 다양한 평가 문항과 긍정적인 ㉢을 제시함으로써 학습자가 성취감을 경험할 수 있도록 한다.

풀이 ㉠ 형성평가
㉡ 동료 평가, 자기 평가
㉢ 피드백

다음은 2015 개정 정보과 교육과정(교육부 고시 제2020-236호)에서 인공지능 기초 과목의 성취기준을 나타낸 것이다. 물음에 답하시오.

---

① 음성 인식과 언어 이해 기법의 활용 분야 및 동작 원리를 탐색하고, 인간과의 상호작용에 관련한 기술의 발전 방향을 제시한다.
② 인공지능이 개인의 삶, 사회와 직업을 어떻게 변화시키는지 탐색하고 인공지능 역할의 필요성과 중요성을 이해한다.
③ 축적된 데이터의 질과 양, 인간의 편향적 성향이 인공지능의 수행 결과에 미치는 영향을 탐색하고, 올바른 데이터 활용의 중요성을 인식한다.
④ 문제 해결에 필요한 데이터를 선정하고, 핵심 속성을 추출한다.

---

(1) 위의 성취기준 ①~④가 인공지능 기초 과목의 내용 체계에서 각각 어떤 영역에 해당하는지 쓰시오.

(2) 다음은 교수·학습 방법 및 유의사항을 나타낸 것이다. 위의 성취기준 ①~④와 연계되는 것을 한 개씩 선택하시오.

㉠ 데이터 편향성의 문제를 경험해 볼 수 있는 활동을 수행하고 데이터 공정성의 중요성을 설명할 수 있도록 지도한다.
㉡ 교육용 도구와 플랫폼을 활용하여 기계학습 모델을 쉽게 구현할 수 있도록 지도한다.
㉢ 실습 초기 단계에서는 이미 작성된 프로그램의 코드를 동일하게 만들어 보거나 부분적으로 수정하는 활동을 통해 인공지능 기법이 어떻게 구현되는지에 관한 기본적인 원리와 절차를 습득하는 데 중점을 둔다.
㉣ 일상생활에서 활용되는 인공지능의 역할을 조사하게 하고 개인의 삶과 사회 변화에 미치는 인공지능의 가치에 관해 토론해 보도록 지도한다.

---

(3) 다음은 평가 방법 및 유의사항을 나타낸 것이다. 위의 성취기준 ①~④와 연계되는 것을 한 개씩 선택하시오.

㉠ 직업의 변화를 조사하도록 하고 인공지능 발전과 연관을 지어 설명하는지 평가한다.
㉡ 실습 과제를 평가할 경우, 작성한 프로그램의 정확성과 효율성을 평가하기 보다는 프로그램 설계 과정의 논리성과 실습 과정을 통해 관련 인공지능 기법의 동작 원리를 이해하고 있는지에 중점을 두고 평가한다.
㉢ 토론, 협동 학습, 발표 등을 관찰하여 기계학습 모델 구현의 과정을 이해하고 있는지 평가한다.
㉣ 데이터 편향성이 인공지능 수행 결과에 미치는 영향을 사례를 바탕으로 조사하고 올바른 데이터 활용을 위해 유의해야 할 사항을 제시하는지 평가한다.

풀이 (1) ① 인공지능의 원리와 활용

② 인공지능의 이해

③ 인공지능의 사회적 영향

④ 데이터와 기계학습

(2) ① - ㉢, ② - ㉣, ③ - ㉠, ④ - ㉡

(3) ① - ㉡, ② - ㉠, ③ - ㉣, ④ - ㉢

5.3 2022 개정 교육과정

 다음은 2022 개정 교육과정(교육부 고시 제2022-33호)에 관련된 설명이다. ㉠~㉣에 들어 갈 내용을 쓰시오.

2022 개정 교육과정에서 지향하는 인간상으로 자기 주도성(주도성, 책임감, 적극적 태도), 창 의와 혁신(문제해결, 융합적 사고, 도전), 포용성과 시민성(배려, 소통, 협력, 공감, 공동체 의 식)을 제시하였다. 그리고 2022 개정 교육과정에서 제시한 핵심역량에는 자기관리 역량, ㉠, ㉡, 심미적 감성 역량, 협력적 소통 역량, 공동체 역량이 있다.

2022 개정 교육과정의 총론은 교육부 고시 ㉢에 나타나 있으며, 정보과 교육과정은 교육부 고 시 ㉣에 제시되어 있다.

풀이 ㉠ : 지식정보처리 역량, ㉡ : 창의적 사고 역량

㉢ : 제2022-33호 [별책 1], ㉣ : 제2022-33호 [별책 10]

〈참조〉

2022 개정 교육과정(교육부 고시 제2022-33호)에서 교육과정 총론, 초 · 중등학교 교육과 정, 정보과 교육과정에 대한 자료는 다음과 같다.

- 초 · 중등학교 교육과정 총론, 교육부 고시 제2022-33호 [별책 1]

- 실과(기술 · 가정)/정보과 교육과정, 교육부 고시 제2022-33호 [별책 10]

- 국가교육과정정보센터, http://ncic.re.kr/mobile.dwn.ogf.inventoryList.do

다음은 2022 개정 교육과정(교육부 고시 제2022-33호) 총론에 제시된 핵심역량을 기술한 것이다. ㉠~㉢의 핵심역량이 무엇인지 쓰시오.

> ㉠ : 개인과 사회가 마주치는 문제를 합리적으로 해결하기 위하여 다양한 영역의 지식과 정보를 깊이 있게 이해하고 탐구하며 활용할 수 있는 역량
> ㉡ : 인간의 삶과 문화의 다양성에 대한 공감적 이해와 감수성을 바탕으로 삶의 의미와 가치를 성찰하고 향유하는 역량
> ㉢ : 자신의 생각과 감정을 효과적으로 표현하고 다른 사람의 관점을 존중하며 경청하는 가운데 상호협력적인 관계에서 공도의 목적을 구현하는 역량

풀이 ㉠ : 지식정보처리 역량, ㉡ : 심미적 감성 역량, ㉢ : 협력적 소통 역량

다음은 2022 개정 교육과정(교육부 고시 제2022-33호) 총론에 제시된 정보 교과 관련 내용이다. ㉠~㉤의 내용을 쓰시오.

> ㉮ : 중학교 편재와 시간 배당 기준에 따르면 정보는 과학/기술·가정/정보 교과(군)에 속하며, 이 교과(군)에 배당된 시간은 1~3학년에 680시간이다. 정보는 정보 수업 시수와 학교자율시간 등을 활용하여 ㉠시간 이상 편성·운영한다.
> ㉯ : 일반 고등학교 편재와 학점 배당 기준에 따르면 보통 교과인 정보는 기술·가정/정보/제2외국어/한문/교양 교과(군)에 속하며, 이 교과(군)에는 이수할 최소 필수 이수 학점은 ㉡학점이다.
> ㉰ : 고등학교의 편재는 보통 교과와 ㉢로 구분되며, 보통 교과의 과목은 공통 과목과 선택 과목으로 구분한다. 그리고 선택 과목은 일반 선택 과목, 진로 선택 과목, 융합 선택 과목으로 구분한다.
> ㉱ : 고등학교 보통 교과의 기술·가정/정보 교과(군)에서 일반 선택 과목은 정보가 있고, 진로 선택 과목에는 ㉣이 있으며, 융합 선택 과목에는 ㉤이 있다.

풀이 ㉠ : 68시간, ㉡ : 16학점, ㉢ : 전문 교과, ㉣ : 인공지능 기초, 데이터 과학, ㉤ : 소프트웨어와 생활

다음은 2022 개정 교육과정(교육부 고시 제2022-33호) 총론에 제시된 핵심역량과 정보과 교과 역량에 관한 내용이다. 물음에 답하시오.

정보과 교과 역량	①	㉠, 자동화 능력, 창의·융합 능력
	②	㉡, 디지털 윤리의식, 디지털 기술활용 능력
	③	㉢, 데이터 문해력, 인공지능 윤리의식

2022 개정 교육과정 총론에 제시된 핵심역량 중 지식정보처리, 창의적 사고, 협력적 소통, 공동체 역량과 연계하여 정보과 교육과정에서는 다음과 같이 교과 역량을 설정하였다.

(1) ①, ②, ③에 들어갈 내용을 쓰시오.

(2) ㉠, ㉡, ㉢에 들어갈 내용을 쓰시오.

풀이 (1) ① : 컴퓨팅 사고력, ② : 디지털 문화 소양, ③ : 인공지능(AI) 소양
(2) ㉠ : 추상화 능력, ㉡ : 디지털 의사소통·협업 능력, ㉢ : 인공지능 문제해결력

다음은 2022 개정 정보과 교육과정의 내용 체계에 관한 설명이다. ㉠~㉢에 들어갈 내용을 쓰시오.

2022 개정 교육과정에서 정보 교과 내용 체계의 내용 요소를 3가지 범주로 제시하였다. 이들 중 ㉠은 구체적 지식 관점에서 핵심이 되는 내용을 선정하였으며, ㉡은 절차적 지식이 중요하게 고려되는 교과의 특성을 고려하였다. 그리고 ㉢은 디지털 사회의 핵심역량을 기르는 정보 교과의 전 과정을 통해 내면화되는 내용을 선정하였다.

풀이 ㉠ : 지식·이해, ㉡ : 과정·기능, ㉢ : 가치·태도

다음은 2022 개정 정보과 교육과정의 내용 체계에 관한 설명이다. ㉠~㉣에 들어갈 내용을 쓰시오.

> 고등학교의 일반 선택 과목인 정보는 중학교 정보와 동일한 영역으로 구성하여 일관성을 유지하였다. 진로 선택 과목인 ㉠~㉢은 과목의 성격과 학문적 기저를 고려하였다. 각 과목은 해당 내용이 필요한 진로와 연계될 수 있도록 아래와 같이 구성하였다. 융합선택 과목인 ㉣은 다양한 학문 분야와의 융합을 통해 문제해결을 경험할 수 있는 프로젝트 형태로 각 영역을 구성하였다.
>
> | 진로 선택 과목 | ㉠ | 컴퓨터과학, 데이터 과학, 정보시스템 분야의 지식 |
> |---|---|---|
> | | ㉡ | 컴퓨터과학, 데이터 과학 분야의 기초지식 |
> | | ㉢ | 컴퓨터과학과 소프트웨어 공학 분야에 관한 지식 |

풀이 ㉠ : 인공지능 기초, ㉡ : 데이터 과학, ㉢ : 정보과학, ㉣ : 소프트웨어와 생활

 다음 표는 2022 개정 중학교/고등학교 정보과 교육과정에서 정보 과목의 내용 체계를 나타낸 것이다. ㉠~㉣에 들어갈 내용을 쓰시오.

영역	내용 요소(지식·이해)	
	중학교	**고등학교**
컴퓨팅 시스템	• 컴퓨팅 시스템의 동작 원리 • 운영체제의 기능 • 피지컬 컴퓨팅의 개념	• 네트워크의 구성 • 사물인터넷 시스템의 구성 및 동작 원리
데이터	• 디지털 데이터 표현 방법 • 데이터 수집과 관리 • ㉠	• 디지털 데이터 압축과 암호화 • 빅데이터 개념과 분석
알고리즘과 프로그래밍	• 문제 추상화 • 알고리즘 표현 방법 • 순차적인 데이터 저장 • 논리 연산 • 중첩 제어 구조 • ㉢	• ㉡ • 정렬, 탐색 알고리즘 • 자료형 • 표준입출력과 파일입출력 • 다차원 데이터 활용 • 제어구조의 응용 • 클래스와 인스턴스
인공지능	• 인공지능의 개념과 특성 • 인공지능 시스템	• 지능 에이전트의 역할 • ㉣
디지털 문화	• 디지털 사회의 직업 • 디지털 윤리 • 개인정보와 저작권	• 디지털 사회와 진로 • 정보보호와 보안

풀이 ㉠ : 데이터 구조화 및 해석, ㉡ : 문제 분해와 모델링, ㉢ : 함수와 디버깅, ㉣ : 기계학습의 개념과 유형

다음 표는 인공지능 기초 과목에 대한 2015 개정 정보과 교육과정의 영역별 내용 요소와 2022 개정 정보과 교육과정의 영역별 내용 요소(지식·이해 범주)를 나타낸 것이다. 물음에 답하시오.

교육과정	영역	내용 요소
2015 개정 교육과정(교육부 고시 제2020-236호)	인공지능의 이해	• 인공지능의 개념과 특성 • 인공지능 기술의 발전과 사회 변화 • 지능 에이전트의 개념과 역할
	인공지능의 원리와 활용	• 센서와 인식 • 컴퓨터 비전 • 음성 인식과 언어 이해 • 문제 해결과 탐색 • 기계학습의 개념과 활용 • 딥러닝의 개념과 활용 • ㉠
	데이터와 기계학습	• 데이터의 속성 • 정형 데이터와 비정형 데이터 • 분류 모델 • 기계학습 모델 구현
	인공지능의 사회적 영향	• 사회적 문제 해결 • 사회적 책임과 공정성 • ㉡
2022 개정 교육과정(교육부 고시 제2022-33호)	인공지능의 이해	• 인공지능의 원리 • 인공지능과 탐색 • 지식의 표현과 추론
	인공지능과 학습	• 기계학습과 데이터 • ㉢ • 인공신경망과 딥러닝
	인공지능의 사회적 영향	• 인공지능의 발전과 사회 변화 • 인공지능과 진로 • ㉣
	인공지능 프로젝트	• 인공지능과 지속가능발전목표 • 인공지능 문제해결 절차

(1) ㉠, ㉡에 들어갈 내용 요소를 각각 2가지 나열하시오.

(2) ㉢, ㉣에 들어갈 내용 요소를 각각 1가지 나열하시오.

풀이 (1) ㉠ : 문제 해결과 탐색, 표현과 추론

　　　㉡ : 데이터 편향성, 윤리적 딜레마

　　(2) ㉢ : 기계학습 알고리즘

　　　㉣ : 인공지능과 윤리

다음은 2022 개정 중학교 정보과 교육과정의 성취기준을 나타낸 것이다. ㉠~㉣의 각 성취기준이 내용 체계의 어떤 영역에 해당하는지 쓰시오.

> ㉠ : 다양한 학문 분야의 문제 해결을 위해 협력하여 소프트웨어를 개발한다.
> ㉡ : 문제 해결 목적에 맞는 피지컬 컴퓨팅 구성요소를 선택하여 시스템을 구상한다.
> ㉢ : 디지털 공간에서 함께 살아가기 위해 개인정보 및 권리와 저작권을 보호하는 실천 방법을 탐구한다.
> ㉣ : 인공지능 학습에 필요한 데이터의 수집과 활용에서 발생하는 윤리적인 문제의 해결 방안을 구상한다.

풀이 ㉠ : 알고리즘과 프로그래밍, ㉡ : 컴퓨팅 시스템, ㉢ : 디지털 문화, ㉣ : 인공지능

다음은 2022 개정 중학교 정보과 교육과정의 교수·학습의 방향을 기술한 것이다. ㉠, ㉡에 들어갈 내용을 나열하시오.

> ㉮ : 실제적인 삶의 맥락에서 컴퓨팅을 통해 문제를 해결하도록 하는 학습 과제를 제시하여 학습자가 과제를 스스로 해결하는 과정에서 자연스럽게 ㉠, 디지털 문화 소양, 인공지능 소양을 함양할 수 있도록 지도한다.
> ㉯ : 정보 과목의 ㉡, 과정·기능을 활용하여 민주시민교육, 생태전환교육 등 현 시대가 당면한 여러 사회문제와 더불어 지속가능발전 등의 범교과 주제를 교수·학습 과제로 제시하여 주도성 있는 문제 해결 경험을 제공한다.

풀이 ㉠ : 컴퓨팅 사고력, ㉡ : 지식·이해

다음은 2022 개정 중학교 정보과 교육과정의 교수·학습 방법을 설명한 것이다. ㉮~㉰의 각 교수·학습 방법에서 ㉠~㉢에 적합한 것을 쓰시오.

> ㉮ : 교과 역량을 함양하기 위해 문제기반학습, ㉠, 디자인기반학습, 짝 프로그래밍, 탐구학습 등 각 영역의 핵심 아이디어를 습득하는 데 적절한 교수·학습 방법을 선택하여 활용한다.
> ㉯ : 디지털 교육 환경에 적응할 수 있도록 ㉡, 다양한 디지털 도구의 활용 등 디지털 도구에 대한 인지적 부담은 최소화하고, 활용에 대한 경험은 높일 수 있도록 활동을 구성한다.
> ㉰ : 다양한 커뮤니티 서비스, ㉢ 등을 활용하여 학생이 수업 현장에 있지 않더라도 학습 결손이 발생하지 않도록 교수·학습을 제공한다.

풀이 ㉠ : 프로젝트 기반학습, ㉡ : 온·오프라인 연계 수업, ㉢ : 온라인 교실

다음은 2022 개정 중학교 정보과 교육과정에서 평가의 방향을 기술한 것이다. ㉠~㉢에 들어갈 내용을 나열하시오.

> ㉮ : 평가 항목은 컴퓨팅 사고력, 디지털 문화 소양, ㉠의 하위 요소를 기반으로 구체화한다.
> ㉯ : 평가 내용은 지식·이해뿐 아니라, 과정·기능, ㉡의 측면 등을 다면적으로 반영하고 ㉢을 중시하는 평가를 통해 학생의 성장과 발달을 돕는 평가를 실현한다.

풀이 ㉠ : 인공지능 소양, ㉡ : 가치·태도, ㉢ : 과정

다음은 2022 개정 중학교 정보과 교육과정의 평가 방법을 설명한 것이다. 물음에 답하시오.

> ㉮ : 성취기준을 분석하고 재구성하여 지필평가에 국한하지 않고, 학생의 성장에 기여할 수 있는 평가 포트폴리오를 계획한다. 예를 들어, 관찰평가, 서술식 평가, 수행평가 등을 활용하거나, ㉠ 등과 같은 다면적 평가를 실행한다
> ㉯ : 개념적이거나 기능적으로 명확하게 파악할 수 있는 부분은 ㉡를, 결과물의 품질이나 심미적 부분을 평가할 때는 ㉢을 실시한다.
> ㉰ : 평가 내용이나 방법에 따라 ㉣과 같은 다양한 디지털 도구를 활용할 수 있다.

(1) ㉠에 들어갈 평가방법 2가지를 쓰시오.

(2) ㉡, ㉢에 들어갈 평가방법을 쓰시오.

(3) ㉣에 들어갈 디지털 도구 2가지를 쓰시오.

풀이 (1)

　　자기 평가, 동료 평가

(2)

　　㉡ : 정량적 평가, ㉢ : 정성적 평가

(3)

　　프로그램 자동 평가시스템, 학습관리시스템(LMS)

다음은 2022 개정 고등학교 정보 교육과정의 성취기준을 나타낸 것이다. ㉠~㉣의 각 성취기준이 내용 체계의 어떤 영역에 해당하는지 쓰시오.

> ㉠ : 디지털 데이터 압축의 개념과 필요성을 이해하고, 압축의 효율성을 분석하여 평가한다.
> ㉡ : 문제 해결에 적합한 피지컬 컴퓨팅 시스템 장치를 선택하여 사물인터넷 시스템을 설계한다.
> ㉢ : 데이터를 정렬하는 다양한 알고리즘의 특징과 효율을 비교·분석한다.
> ㉣ : 정보보안의 필요성을 이해하고, 보안 기술을 활용하여 디지털 윤리를 실천한다.

풀이 ㉠ : 데이터, ㉡ : 컴퓨팅 시스템, ㉢ : 알고리즘과 프로그래밍, ㉣ : 디지털 문화

다음은 2022 개정 고등학교 정보 교육과정의 교수·학습의 방향을 기술한 것이다. ㉠, ㉡에 들어갈 내용을 쓰시오.

> ㉮ : 내용 영역의 배열순서는 예시의 성격으로 중학교에서 이수한 학생의 수준, 학교의 학습 환경 등을 고려하여 ㉠을 자율적으로 재구성한다.
>
> ㉯ : ㉡ 플랫폼을 활용하는 디지털 기반 학습 이력을 활용하여 언제 어디서나 학습의 연장이 가능하도록 하며, 네트워크 기반의 온라인 활용을 통해 협력적으로 문제를 해결할 수 있는 역량을 함양하도록 활동을 구성한다.

풀이 ㉠ : 교육과정, ㉡ : 온라인 학습

다음은 2022 개정 고등학교 정보 교육과정의 교수·학습 방법을 기술한 것이다. ㉠~㉣에 들어갈 내용을 쓰시오.

> ㉮ : 학습자 개인별로 학습하는 속도가 다양할 수 있음을 고려하고, 최소 성취기준을 보장할 수 있도록 ㉠을 활용하여 온라인 학습자료를 제작 및 제공함으로써 학습 격차를 최소화하도록 노력한다.
>
> ㉯ : 디지털 교육 환경에 적응할 수 있도록 ㉡ 수업, 다양한 디지털 도구의 활용 등을 통해 디지털 도구에 대한 인지적 부담은 최소화하고, 활용에 대한 경험은 높일 수 있도록 활동을 구성한다.
>
> ㉰ : 영역 간 교육과정 재구성을 통해 제시된 문제를 해결하는 ㉢과 학습자가 주제를 선정하고 탐구하는 ㉣ 방법을 활용하여 의미 있는 학습자 중심의 활동 경험을 제공한다.

풀이 ㉠ : 학습관리시스템(LMS), ㉡ : 온오프라인 연계,

　　㉢ : 문제기반학습, ㉣ : 프로젝트 기반학습

다음은 2022 개정 고등학교 정보 교육과정에서 평가의 방향을 기술한 것이다. ㉠~㉣에 들어갈 내용을 나열하시오.

> ㉮ : 평가 항목은 컴퓨팅 사고력, 디지털 문화 소양, ㉠의 하위 요소를 기반으로 구체화한다.
> ㉯ : 평가 내용은 지식·이해뿐 아니라, 과정·기능, ㉡의 측면 등을 다면적으로 반영하고 ㉢을 중시하는 평가를 통해 학생의 성장과 발달을 돕는 평가를 실현한다.
> ㉰ : 성취기준의 도달 수준을 파악하기 위한 평가뿐만 아니라 학습한 내용의 전이를 통해 학습한 내용을 적용할 수 있는 과제를 제시하여 ㉣를 통합적으로 평가한다.

풀이 ㉠ : 인공지능 소양, ㉡ : 가치·태도, ㉢ : 과정, ㉣ : 이해와 사고

다음은 2022 개정 고등학교 정보 교육과정에서 평가 방법을 기술한 것이다. ㉠, ㉡에 들어갈 내용을 나열하시오.

> ㉮ : 성취기준을 분석하고 재구성하여 지필평가에 국한하지 않고, 학생의 성장에 기여할 수 있는 평가 ㉠를 계획한다. 예를 들면, 관찰평가, 수행평가, 서술식 평가 등을 활용하거나, 자기평가, 동료평가 등과 같은 ㉡를 실행한다.
> ㉯ : 실생활 및 다양한 학문 분야에서 해결할 수 있는 문제를 스스로 발견하도록 하고, 학생이 해결하는 수행 과정을 보고서나 ㉠ 형태로 누적하여 평가가 지속적으로 이루어지고 과정에 초점을 맞추도록 한다.

풀이 ㉠ : 포트폴리오, ㉡ : 다면적 평가

다음 표는 2022 개정 정보과 교육과정에서 진로 선택 과목인 인공지능 기초의 내용 요소를 나타낸 것이다. ㉠~㉥에 들어갈 내용을 ⓐ~ⓗ에서 각각 1개씩 선택하시오.

영역	내용 요소 (지식·이해)	내용 요소 (과정·기능)	내용 요소 (가치·태도)
인공지능의 이해	• 인공지능의 원리 • 인공지능과 탐색 • 지식의 표현과 추론	㉠	㉢
인공지능과 학습	• 기계학습과 데이터 • 기계학습 알고리즘 • 인공신경망과 딥러닝	㉡	㉣
인공지능의 사회적 영향	• 인공지능의 발전과 사회 변화 • 인공지능과 진로 • 인공지능과 윤리	㉢	㉤
인공지능 프로젝트	• 인공지능과 지속가능발전목표 • 인공지능 문제해결 절차	㉣	㉥

ⓐ 인공지능 소프트웨어 개발 및 평가 방법 설정하기
ⓑ 인공지능과 관련된 윤리적 딜레마 상황에 대해 논의하기
ⓒ 딥러닝을 활용한 문제 해결 방법 탐색하고 구현하기
ⓓ 탐색 알고리즘을 문제 해결에 적용하기
ⓔ 프로젝트를 수행하는 과정에서 윤리 문제 등 사회적 영향 인식
ⓕ 진로 및 직업 관점에서 인공지능의 중요성 인식
ⓖ 기계학습에 적용하는 데이터의 중요성 판단
ⓗ 인공지능의 필요성과 적용 가능성 인식

풀이 ㉠ : ⓓ, ㉡ : ⓒ, ㉢ : ⓑ, ㉣ : ⓐ
㉢ : ⓗ, ㉤ : ⓖ, ㉥ : ⓕ, ㉦ : ⓔ

다음 표는 2022 개정 교육과정에서 고등학교 정보과 진로 선택 과목의 내용 체계를 나타낸 것이다. ㉠~㉣에 들어갈 내용을 쓰시오.

과목	영역	내용 요소(지식·이해)
데이터 과학	데이터 과학의 이해	• 데이터 과학의 개념 • 데이터의 형태와 속성 • 데이터셋과 데이터베이스
	㉠	• 데이터 전처리 • 데이터 분석 방법
	데이터 모델링과 평가	• 데이터 모델의 개념 • 회귀 분석

		• 군집 분석
		• 연관 분석
	데이터 과학 프로젝트	• 데이터 과학의 주제
		• ⓒ
		• 결과의 의미 해석
정보과학	ⓒ	• 함수 정의와 호출
		• 재귀관계와 재귀함수
	데이터 구조	• 스택과 큐
		• 트리와 그래프
	알고리즘	• 탐색기반 알고리즘
		• 관계기반 알고리즘
		• 알고리즘 복잡도
	정보과학 프로젝트	• 문제 발견
		• 프로젝트 설계
		• ⓔ
		• 테스트와 디버깅

풀이 　ㄱ : 데이터 준비와 분석, ㄴ : 탐색적 데이터 분석, ㄷ : 프로그래밍, ㄹ : 오픈소스와 공유

다음 표는 2022 개정 교육과정에서 고등학교 정보과 융합선택 과목의 내용 체계를 나타낸 것이다. ㄱ~ㄹ에 들어갈 내용을 쓰시오.

영역	내용 요소(지식·이해)
세상을 변화시키는 소프트웨어	• 소프트웨어와 사회 변화 • 소프트웨어 융합과 문제해결
ㄱ	• 피지컬 컴퓨팅 도구 • 미디어아트 • 웨어러블 장치
현상을 분석하는 소프트웨어	• 데이터 유형별 수집 방법 • ㄴ
모의 실험하는 소프트웨어	• 시뮬레이션의 개념과 구성요소 • 시뮬레이션 활용 분야 • ㄷ
가치를 창출하는 소프트웨어	• 소프트웨어 스타트업의 개념 • ㄹ

풀이 　ㄱ : 창작을 지원하는 소프트웨어, ㄴ : 데이터 시각화와 분석, ㄷ : 시뮬레이션 모델,
ㄹ : 소프트웨어 스타트업 프로젝트

참고문헌

1. C 언어 프로그래밍, 안기수 저, 생능출판사, 2013

2. C로 쓴 자료구조론 2판, 이석호 역, 교보문고, 2008

3. C 언어로 쉽게 풀어쓴 자료구조 개정3판, 천인국 외2, 생능출판사, 2019

4. 데이터베이스 배움터, 홍의경 저, 생능출판사, 2012

5. 데이터베이스 시스템, 이석호 저, 정익사, 2009

6. 데이터통신 및 컴퓨터통신, 김종근 외1 역, 성진미디어, 2015

7. 데이터통신, 정진욱, 한정수 저, 생능출판사, 2017

8. 컴퓨터 네트워크, 정진욱 외4, 생능출판사, 2018

9. 소프트웨어 공학, 최은만 저, 정익사, 2014

10. 쉽게 배우는 소프트웨어 공학, 김치수 저, 한빛아카데미, 2015

11. 정보기술응용 개정판, 강오한 저, 생능출판, 2016

12. U 시대의 인터넷 윤리, 인터넷윤리실천협의회, 이한출판사, 2008

13. 2020 IEQ지도사 인터넷윤리자격, 윤미선 외3, 씨에스랩(주), 2020

14. IEQ 인터넷윤리자격 관리사 1급, IEQ합격자모임 저, 푸른에듀, 2013

15. 정보교과교육론 2판, 이태욱 외2, 한빛아카데미, 2020

16. 2015 개정 교육과정, 초·중등학교 교육과정 총론, 교육부 고시 제2015-74호

17. 2015 개정 정보과 교육과정, 실과(기술·가정)/정보과 교육과정, 교육부 고시 제 2015-74호, 별책10, 2015

18. 이양락, 표시과목별 중등교사 자격 기준과 평가 영역 및 평가 내용 요소 개발·보완 연구. 한국교육과정평가원 연구보고 CRO 2016-3-1, 2016

19. 2015 개정 교육과정 교수·학습 자료, 중학교 정보, 김재현 외3, 교육부·대전광역 시교육청·한국교육학술정보원, 2016

20. 정보·컴퓨터 중등교사 임용고사 문제집, 강오한 외2, 예스민, 2007

21. 정보·컴퓨터 임용고사 실전&기출 문제집, 강오한 저, 북스홀릭, 2010

22. 정보·컴퓨터 중등 임용고사 기출문항, 한국교육과정평가원 자료실, 평가원 홈페이지

23. 초·중등학교 교육과정 총론, 교육부 고시 제2020-236호 [별책 1], 교육부, 2020

24. 실과(기술·가정)/정보과 교육과정, 인공지능 기초 교육과정, 교육부 고시 제 2020-236호 [별책 10], 교육부, 2020

25. 초·중등학교 교육과정 총론, 교육부 고시 제2022-33호 [별책 1], 교육부, 2022

26. 실과(기술·가정)/정보과 교육과정, 교육부 고시 제2022-33호 [별책 10], 교육부, 2022

저자 약력

강오한(ohkang@anu.ac.kr)

- 경북대학교 전자계열 전산학 학사
- 한국과학기술원 전산학과 석사, 박사
- ㈜큐닉스컴퓨터 선임/책임 연구원
- 현. 안동대학교 컴퓨터교육과 교수

〈개정증보판〉 정보 · 컴퓨터 전공 A

1판 1쇄 발행 2021년 04월 05일
개정 1판 1쇄 발행 2023년 02월 24일
개정 1판 2쇄 발행 2024년 01월 25일
저   자 강오한
발 행 인 이범만
발 행 처 **21세기사** (제406-2004-00015호)
경기도 파주시 산남로 72-16 (10882)
Tel. 031-942-7861   Fax. 031-942-7864
E-mail : 21cbook@naver.com
Home-page : www.21cbook.co.kr
ISBN 978-89-8468-911-4

정가 30,000원